WoW!

seo
MAP 別冊

2024-25最新版
首爾
達人天書

U0053618

MAP GUIDE
WOW! MEDIA

f wow.com.hk

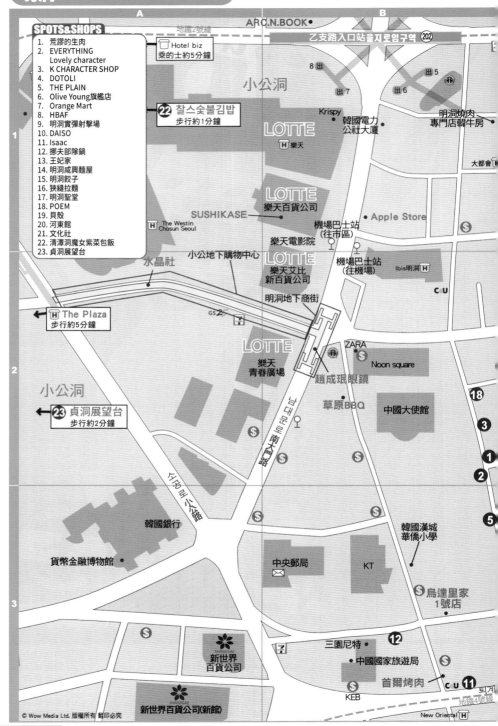

SPOTS&SHOPS

1. 荒謬的生肉
2. EVERYTHING
   Lovely character
3. K CHARACTER SHOP
4. DOTOLI
5. THE PLAIN
6. Olive Young旗艦店
7. Orange Mart
8. HBAF
9. 明洞實彈射擊場
10. DAISO
11. Isaac
12. 挪夫部隊鍋
13. 王妃家
14. 明洞咸興麵屋
15. 明洞餃子
16. 狹縫拉麵
17. 明洞聖堂
18. POEM
19. 貝殼
20. 河東館
21. 文化社
22. 清潭洞魔女紫菜包飯
23. 貞洞展望台

地鐵2號線

ARC.N.BOOK •

乙支路入口站을지로입구역 (202)

Hotel biz
乘的士約5分鐘

小公洞

8 出   出 5
出 7   出 6

Krispy
韓國電力
公社大廈

明洞燒肉
專門店韓牛房

22 찰스숯불김밥
步行約1分鐘

LOTTE
H 樂天

大都會

LOTTE
樂天百貨公司

SUSHIKASE

• Apple Store

機場巴士站
(往市區)

H The Westin
Chosun Seoul

樂天電影院

Ibis明洞 H

小公地下購物中心

LOTTE
樂天艾比
新百貨公司

機場巴士站
(往機場)

C U

明洞地下商街

水晶社

H The Plaza
步行約5分鐘

GS2

LOTTE
樂天
青春廣場

趙成珉眼鏡

ZARA

Noon square

小公洞

23 貞洞展望台
步行約2分鐘

草原BBQ

中國大使館

18

3

韓國漢城
華僑小學

韓國銀行

1

2

5

貨幣金融博物館 •

中央郵局

KT

S 烏達里家
1號店

S

新世界
百貨公司

三園尼特 •

• 中國國家旅遊局

12

首爾烤肉

C U

11

퇴계
地鐵4號線

KEB

新世界百貨公司(新館)

New Oriental H

© Wow Media Ltd. 版權所有 翻印必究

明洞

0　　50　　100m

45秒　　1.5分鐘

地鐵2號線

C　　　D

乙支路을지로

永江

KEB HANA銀行

廣開土

銀行會館

白醫院

河南豬肉家
明洞總店

Sunday Coffee

南大門稅務署

明洞1街

首爾YWCA

삼일로三路

19

ABC MART

20

蒲公英領土

天主教會館

平和廣播
電視臺

貢茶

首爾皇家

大韓YWCA
聯合會

21 步行約5分鐘 →

李惠卿
保健美容院

明洞街명동길

基督教
永樂教堂

CU

百濟
蔘雞湯

明洞餃子

明洞2街

明洞

삼일로三路

明洞海鮮湯

16

17

天主教明洞聖堂

14

M PLAZA

15

신서갈비

9

Henn na Hotel

4

烏達里家
2號店

明洞亭

沙威Savoy

HBAF

13

大家BBQ

7

SPAO

新韓銀行

Tabby

8

牛兄弟

KB國民
銀行

Sejong Hotel

L7 Hotels

機場巴士站
(往機場)

地鐵4號線

明洞CGV

出7

出8

出6

明洞站명동역 424

機場巴士站
(往市區)

出5

出3

出2

CU

南山洞3街

出4

Prince

Olive Young

10

Myeong Dong
Guest House

韓國紅十字會

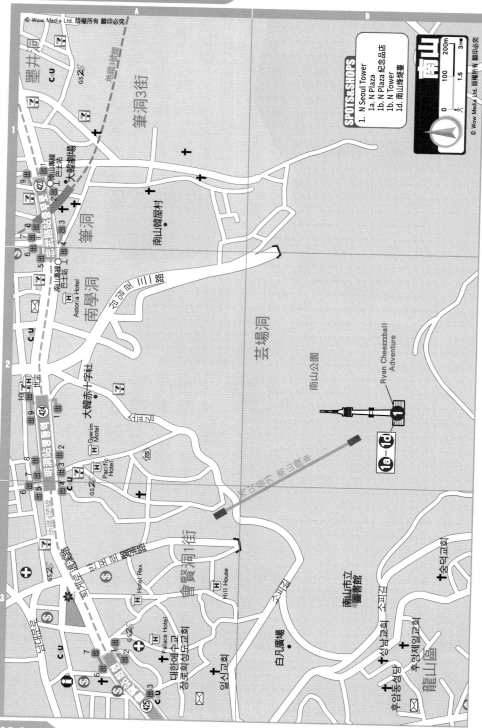

SPOTS&SHOPS

南山

1. N Seoul Tower
1a. N Plaza
1b. N Plaza 紀念品店
1b. N Tower
1d. 南山烽燧臺

0 100 200m
大 1.5 3分鐘

© Wow Media Ltd. 版權所有 翻印必究

墨井洞

筆洞3街

筆洞

南山韓屋村

南學洞

Astoria Hotel

南山公園

芸場洞

Ryan Cheezzzball Adventure

大韓赤十字社

Gyerim Motel

Pacific Hotel

會賢洞1街

Hotel Rex

Hill House

白凡廣場

南山市立圖書館

Palace Hotel

대한에수교
정주화성도교회

일시교회

龍山區

서남교회

승덕교회

후암동장로교회

후암제일교회

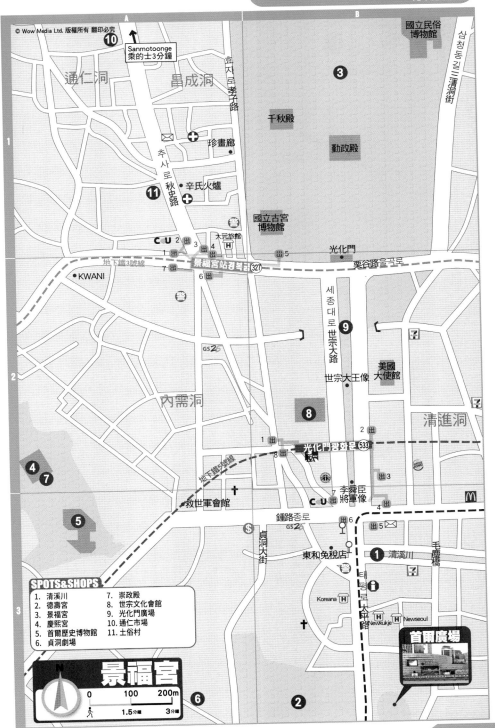

© Wow Media Ltd. 版權所有 翻印必究

Sanmotoonge
乘的士3分鐘

國立民俗
博物館

삼청동길 三淸洞街

通仁洞

昌成洞

자하문로 孝子路

千秋殿

勤政殿

추사로 秋史路

珍畫廊

辛氏火爐

國立古宮
博物館

光化門

栗谷路을곡로

CU

大元旅館

地下鐵3號線

景福宮站경복궁

KWANI

GS25

세종대로 世宗大路

美國
大使館

世宗大王像

內需洞

清進洞

地下鐵5號線

光化門광화문

救世軍會館

世宗文化會館

李舜臣
將軍像

CU

鍾路종로

GS25

貞洞
大街

東和免稅店

清溪川

毛廛橋

Koreana H

Newkukje H

Newseoul

태평로 太平路

SPOTS&SHOPS

1. 清溪川
2. 德壽宮
3. 景福宮
4. 慶熙宮
5. 首爾歷史博物館
6. 貞洞劇場
7. 崇政殿
8. 世宗文化會館
9. 光化門廣場
10. 通仁市場
11. 土俗村

景福宮

0   100   200m

1.5分鐘   3分鐘

首爾廣場

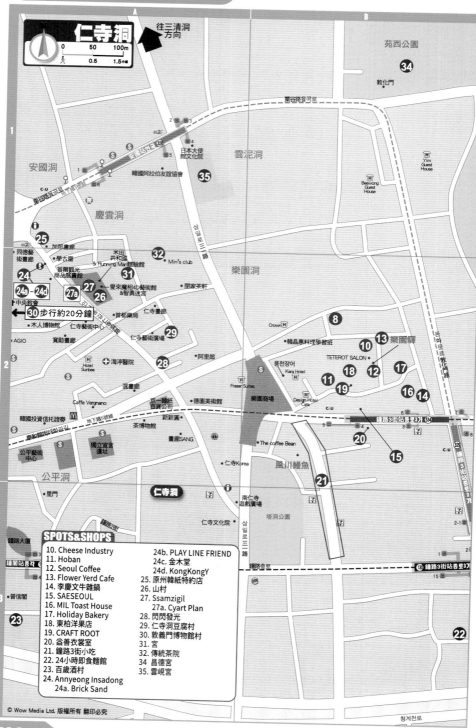

仁寺洞

往三清洞方向

0　50　100m
0.5　1.5分鐘

苑西公園

敦化門

栗谷路曲曲路

安國洞

雲泥洞

日本大使館文化院

韓國阿拉伯友誼協會

35

Yim Guest House

Beewong Guest House

慶雲洞

25　加那畫廊

同德藝術畫廊

學古齋

首爾觀光商品展賣館

米田共和國
& Running Man體驗館

樂園洞

Min's club

24　24a-24d

27a　27　26　31

愛來魔相4D藝術館&智勇迷宮

閔家茶軒

首都藥局

仁寺畫廊

30　步行約20分鐘

木人博物館

仁寺藝術中心

寶蘊畫廊

仁寺藝術廣場

29

AGIO

8

Crown H

韓品惠料理學習班

10　13　樂園驛

TETEROT SALON

Hotel Sunbee

海淨醫院

28

阿里郎

豊川장어
Kara Hotel

11　18　12　17

韓國投資信託證券

Caffe Vergnano

京一韓紙百貨公司

德圓美術館

Fraser Suites

19　16　14

選畫廊

樂園商場

Design Hotel Labs

6

茶博物館

新聞

畫廊SANG

The coffee Bean

20

公平藝術中心

獨立宣言遺址

鐘路3街站

534

公平洞

里門

仁寺Korea

風川鰻魚

15

仁寺洞

南仁寺遊戲廣場

21

鐘路大廈

鐘路站咖啡

仁寺文化院

塔洞公園

130　鐘路3街站香更3가

普信閣

23

22

청계천로

三清洞

0   100   200m

1.5   3分鐘

••••► 北村散步路線

三清洞

八判洞

비움 (VIUM)

青受亭

쿠엔하임

CONGDU

清

토이키노

북촌생활사박물관

36

七景

六景

五景

四景

嘉會洞韓屋村

嘉會博物館

Tea Guest House

33 步行約20分鐘 ►

花開路

國立民俗博物館

鐘路區

花洞

6

36b

BukChon Guest House

Seoul Guest House

苑西洞

黃家刀削麵

學古齋

三清洞路

삼청동길

7

36a

5

3

宮宴

2

Bongsan Guest House

樂古齋

MINI STOP

國立現代美術館

昭格洞

聞香齋

8

1

司諫洞

安國洞

4

9

齊洞

錦湖美術館

安國韓屋體驗館

法蓮寺

松峴洞

機場巴士站 (往機場)
GS25

出 2

出 3

安國站안국역

機場巴士站 (往市區)

雲峴宮

地下鐵3號線

粟谷路율곡로

328

出 6

GS25

往仁寺洞方向

三一路삼일로

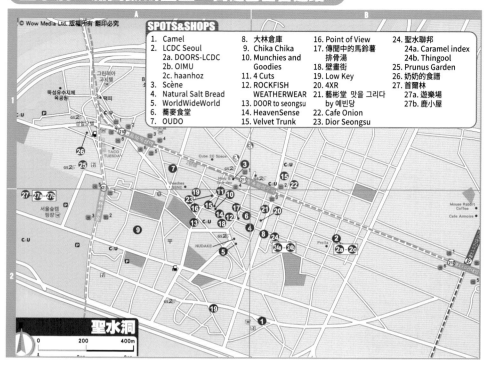

© Wow Media Ltd. 版權所有 翻印必究

SPOTS&SHOPS

1. Camel
2. LCDC Seoul
   2a. DOORS-LCDC
   2b. OIMU
   2c. haanhoz
3. Scène
4. Natural Salt Bread
5. WorldWideWorld
6. 蕎麥食堂
7. OUDO
8. 大林倉庫
9. Chika Chika
10. Munchies and Goodies
11. 4 Cuts
12. ROCKFISH WEATHERWEAR
13. DOOR to seongsu
14. HeavenSense
15. Velvet Trunk
16. Point of View
17. 傳聞中的馬鈴薯排骨湯
18. 壁畫街
19. Low Key
20. 4XR
21. 藝彬堂 맛을 그리다 by 예빈당
22. Cafe Onion
23. Dior Seongsu
24. 聖水聯邦
    24a. Caramel index
    24b. Thingool
25. Prunus Garden
26. 奶奶的食譜
27. 首爾林
    27a. 遊樂場
    27b. 鹿小屋

聖水洞

0　　200　　400m

加山數碼園區

0　　200　　400m
2.5分鐘　　5分鐘

SPOTS&SHOPS

3. MARIO Outlet I
   3a. MARIO Outlet II
   3b. MARIO Outlet III

維多利 Outlet
滿勝 Outlet
Fashion Island
HYHILL OUTLET
Alls Mall
W-Mall

© Wow Media Ltd. 版權所有 翻印必究

Paris Baguette
MATILDA BBQ CHICKEN
Goto Mall
南營洞兩門盤浦直營店
爐膵月食堂
biclo
SuShi maiu
8-2
8-1
紫菜包飯天國
高速巴士客運站
8
3a - 3e
美嘉歡樂影城中心
Paris Baguette
首爾JW萬豪酒店

SPOTS&SHOPS

3. 高速巴士地下街
   3a. WHITE
   3b. Hangaram Stationery Store
   3c. A-pril
   3d. SHINSEGAE FACTORY STORE
   3e. No Brand

高速巴士客運站

0　　150　　300m
2.3分鐘　　4.5分鐘

帕拉爾酒

汝矣島

0 200 400m
3分鐘 6分鐘

SPOTS&SHOPS
1. 63大廈
1a. 63ART
2. 鷺梁津水產市場
3. 汝矣島公園
4. 汝矣島純福音教會

國會議事堂

Lexington
M Hotel
Yoido

The Hyundai Seoul

機場巴士站
(往機場)
機場巴士站
(往市區)

漢江遊覽船

汝矣島中學

機場巴士站
(往機場)

機場巴士站
(往市區)

鷺梁津水產市場

KBS別館

新吉站
新吉站

奧林匹克大路올림픽대로

大方站

© Wow Media Ltd. 版權所有 翻印必究

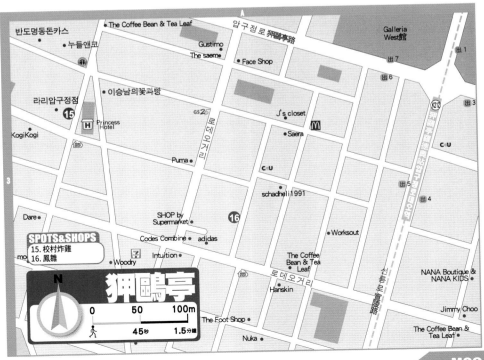

반도명동돈카스
The Coffee Bean & Tea Leaf
압구정로 狎鷗亭路
Galleria
West館

누들앤코
Gustimo
The saeme
Face Shop

이승남의꽃과빵
J's closet

라리압구정점
15
GS25
Princess
Hotel
Saera

KogiKogi
Puma
schadnelli1991

Dare
SHOP by
Supermarket
16
Codes Combine
adidas
Worksout

Intuition
The Coffee
Bean & Tea
Leaf

Woodry
NANA Boutique &
NANA KIDS

Hanskin
Jimmy Choo

SPOTS&SHOPS
15. 校村炸雞
16. 鳳雛

The Foot Shop
The Coffee Bean &
Tea Leaf

Nuka

狎鷗亭

N

0 50 100m
45秒 1.5分鐘

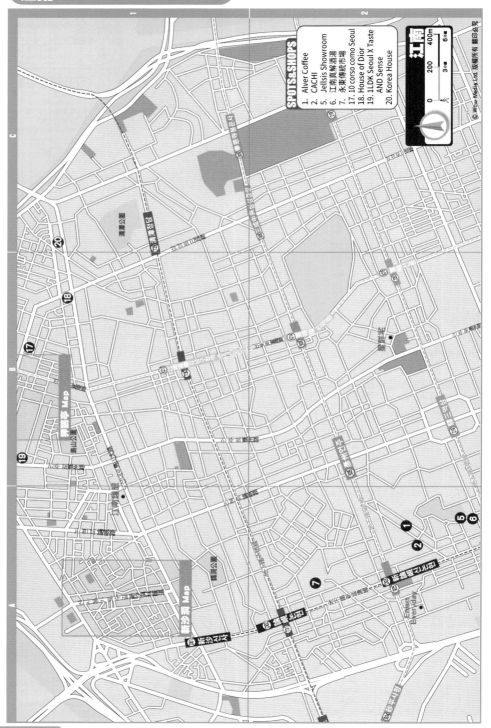

SPOTS&SHOPS

1. Alver Coffee
2. CACHI
5. Jelisis Showroom
6. 江南真解酒湯
7. 永東傳統市場
17. 10 corso como Seoul
18. House of Dior
19. 1LDK Seoul X Taste
    AND Sense
20. Korea House

江南

0   200   400m

© Wow Media Ltd. 版權所有 翻印必究

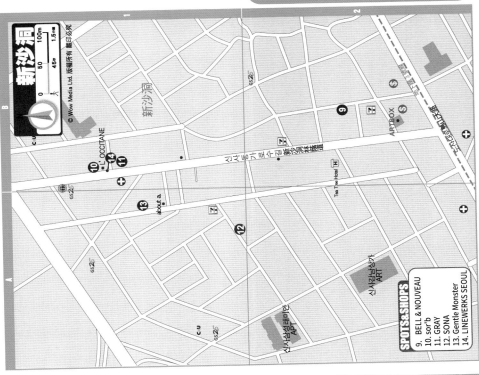

新沙洞

SPOTS&SHOPS
9. BELL & NOUVEAU
10. sor'b
11. GRAY
12. SONA
13. Gentle Monster
14. LINEWERKS SEOUL

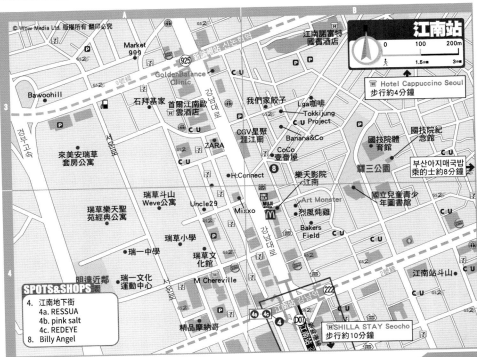

江南站

H Hotel Cappuccino Seoul
步行約4分鐘

江南諾富特
國賓酒店

부산아지매국밥
乘的士約8分鐘

H SHILLA STAY Seocho
步行約10分鐘

SPOTS&SHOPS
4. 江南地下街
  4a. RESSUA
  4b. pink salt
  4c. REDEYE
8. Billy Angel

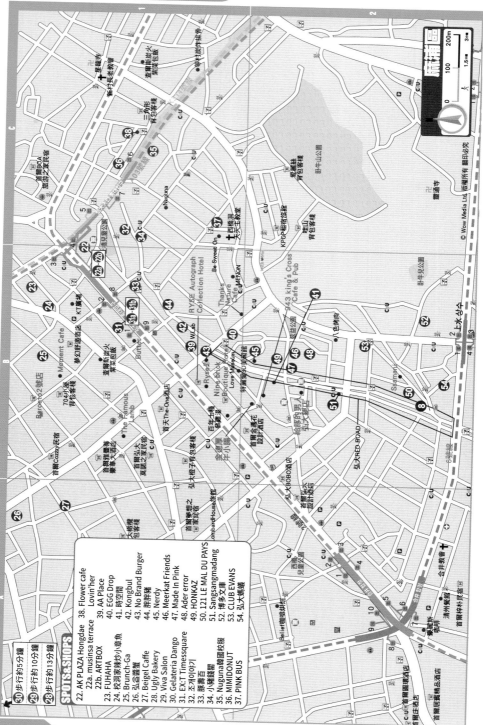

SPOTS&SHOPS

30 步行約5分鐘
29 步行約10分鐘
28 步行約13分鐘

22. AK PLAZA Hongdae
22a. musinsa terrace
22b. ARTBOX
23. FUHAHA
24. 校洞家辣炒小章魚
25. Brunch-Ga
26. 弘益醬蟹
27. Beigel Caffe
28. Ugly Bakery
29. Nerdy
30. Gelateria Dango
31. EX:T Timessquare
32. 조개[아?]
33. 豚壽百
34. 小雞錢罐
35. Nuguna韓國校服
36. MIMIDONUT
37. PINK BUS
38. Flower cafe
     Lovin'her
39. AA Place
40. EGG Drop
41. Kongbul
42. Kongbul
43. No Brand Burger
44. 胖胖豬
45. Viva Salon
46. Meerkat Friends
47. Made In Pink
48. Ader error
49. HONKAZ
50. 121 LE MAL DU PAYS
51. Sangsangmadang
52. 博多又康
53. CLUB EVANS
54. 弘大媽嬸

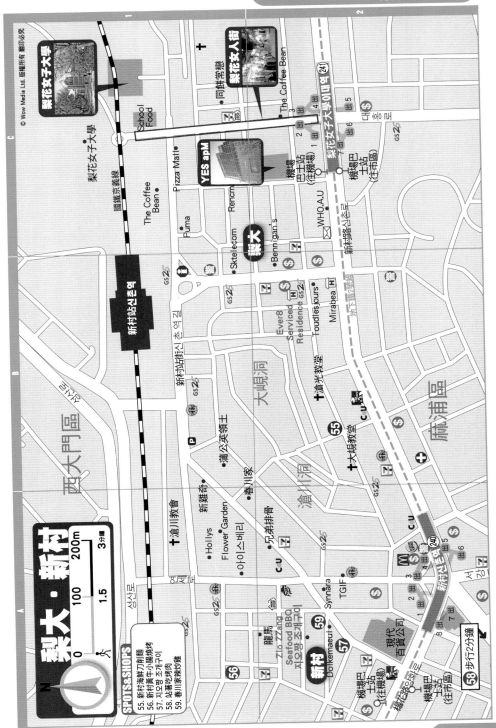

梨花女子大學

梨花女人街

同餅常戀

The Coffee Bean

School Food

YES aPM

梨花女子大學이대역 (24)

Pizza Mall

The Coffee Bean

機場巴士站 (往機場)

梨花女子大學

機場巴士站 (往市區)

新村站신촌역

新村站신촌역길

GS25

Puma

Rencm

Sktelecom

WHO.A.U

新村路신촌로

梨大

Bennigan's

地下鐵2號線

Ever8 Serviced Residence

Toudies jours

Mirabea

大峴洞

西大門區

滄川教會

倉光教堂

新雞奇

Flower Garden

이이스베리

浦公英領士

春川家

55

十大峴教堂

滄川洞

兄弟排骨

麻浦區

Hollys

龍ZZang
Zto ZZang
Seafood BBQ
지오짱 조개구이

站著吃烤肉

59

57

新村
Doikemaeul

Synnara

TGIF

現代百貨公司

新村신촌역 (240)

56

58 步行2分鐘

SPOTS&SHOPS

55. 新村海鮮刀削麵
56. 新村賣牛小腸燒烤
57. 지오짱 조개구이
58. 站著吃烤肉
59. 春川家辣炒雞

N

0 100 200m
1.5 3分鐘

© Wow Media Ltd. 版權所有 翻印必究

機場巴士站 Q(往市區)

機場巴士站 (往市區)

機場巴士站 (往機場)

M13

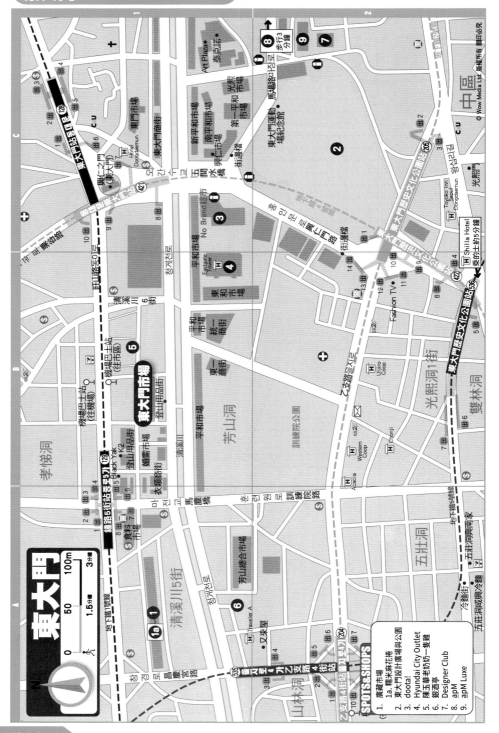

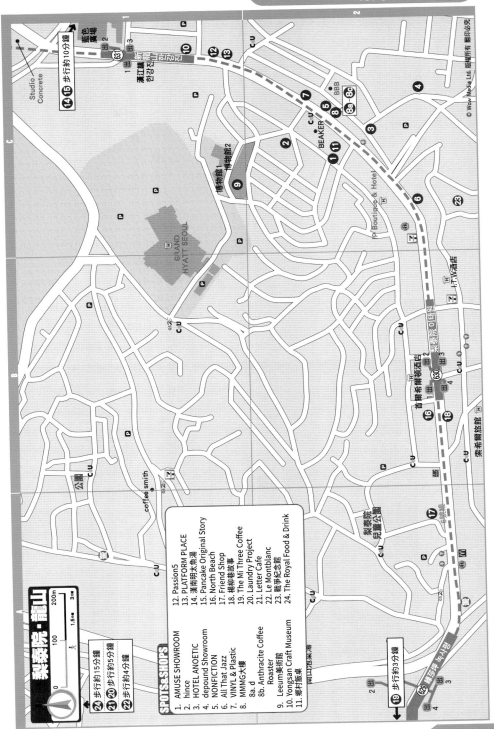

梨泰院・龍山

步行約15分鐘
步行約5分鐘
步行約4分鐘

步行約10分鐘

步行約3分鐘

0 100 200m
大 1.5秒 3秒

SPOTS&SHOPS

1. AMUSE SHOWROOM
2. hince
3. HOTEL ANOETIC
4. depound Showroom
5. NONFICTION
6. All That Jazz
7. VINYL & Plastic
8. MMMG大樓
8a. d
8b. Anthracite Coffee Roaster
9. Leeum美術館
10. Yongsan Craft Museum
11. 鄉村飯桌
12. Passion5
13. PLATFORM PLACE
14. 漢南明太魚湯
15. Pancake Original Story
16. North Beach
17. Friend Shop
18. 楊柳巷故事
19. The Mi Three Coffee
20. Laundry Project
21. Letter Cafe
22. Le Montblanc
23. 舅舅紀念館
24. The Royal Food & Drink

藍色廣場

Studio Concrete

漢江鎮 한강진

GRAND HYATT SEOUL

BEAKER

BBB

coffee smith

公園

梨泰院兒童公園

首爾希爾頓酒店

梨泰院 이태원

索希爾旅館

© Wow Media Ltd. 版權所有 翻印必究

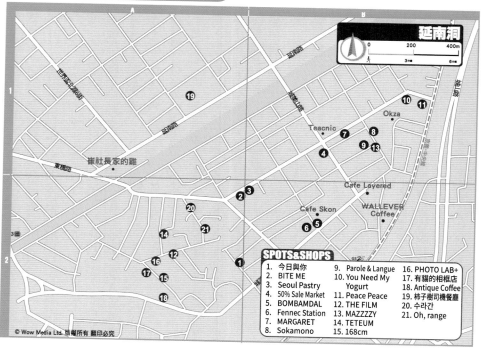

延南洞

SPOTS&SHOPS
1. 今日與你
2. BITE ME
3. Seoul Pastry
4. 50% Sale Market
5. BOMBAMDAL
6. Fennec Station
7. MARGARET
8. Sokamono
9. Parole & Langue
10. You Need My Yogurt
11. Peace Peace
12. THE FILM
13. MAZZZZY
14. TETEUM
15. 168cm
16. PHOTO LAB+
17. 有貓的相框店
18. Antique Coffee
19. 柿子樹司機餐廳
20. 수라간
21. Oh, range

© Wow Media Ltd. 版權所有 翻印必究

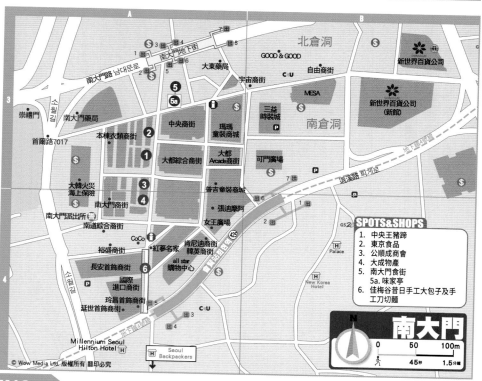

南大門

SPOTS&SHOPS
1. 中央王豬蹄
2. 東京食品
3. 公順成商會
4. 大成物產
5. 南大門食街
   5a. 味家亭
6. 佳梅谷昔日手工大包子及手工刀切麵

© Wow Media Ltd. 版權所有 翻印必究

序

WOW

用 WOW! MAP 去首爾！

識得揀，首爾絕對可以好好玩

首爾Cafe不管是咖啡品質還是打卡元素都極為高質，韓國美食不止傳統烤肉和泡菜鍋，亦有本地人個個排隊的牛骨湯麵、惹味燉排骨和稻燒炭香烤肉等，而購物更是以本地設計的時裝、化妝美容用品和文創用品獨佔鰲頭——不過，前題當然是要識揀！跟著WOW旅遊天書，一掀盡知營業詳情、地圖位置、招牌菜式和店舖品評，不用左搜右找，一書在手讓你「零中伏」玩勻首爾！

點樣可以用盡行程每分每秒？

想玩盡首爾每分每秒也不是一件容易的事。若果懂得安排行程，要玩得盡興、順利，編排行程是最重要一環。今年WOW達人天書為各位自遊行的朋友打開嶄新一頁。

識帶路嘅旅遊天書

看書前，大家先下載我們免費的獨家「WOW!MAP」APP，然後將書中想去的景點，用APP對準WOW MAP的QR Code「嘟一嘟」，就可將景點收藏到你的行程內。更可使用導航功能，交通工具運用、店舖資訊等等，十分方便。就算身處當地，都可以隨時check到最update資訊，十分互動。

一邊睇書，一邊編行程，超方便！

WOW!編輯部
wowmediabooks@yahoo.com

全港首創 WOW! MAP

全港首創WOW!Map，出發前預先下載，在計劃行程時只要一掃想去景點的WOW!Map，就可以自動為你收藏景點：交通導航、店舖資訊一目了然！編排行程從此輕鬆簡單。

  **wow.com.hk**

facebook.com/wow.com.hk

 www.wow.com.hk

facebook.com/wow.com.hk

WOW!

最新內容

首爾
達人天書
★★★★☆
SEOUL

麻浦區 SP034　香港首推

走進哈利波特電影場景

>> 哈利波特迷注意，走進魔法世界還可以穿上魔法袍呢

汝矣島 SP028

首爾最夯購物點

>> 一站式網羅韓流尖端本地品牌，盡在汝矣島現代百貨

麻浦區 SP072

紅磚屋裡的精緻蛋糕
氣氛細膩溫暖的首爾最佳的咖啡店之一

鐘路區 P185

韓屋內品嚐甜品與咖啡
全預約制的韓屋咖啡體驗

明洞 P160

12層高的韓國Daiso
提供大量₩1,000起的本地專屬商品！

麻浦區 SP063

隱世美味湯麵

>> 鮮香美味的手作牛腩麵線！

聖水洞 SP068

聖水洞最紅意式Café

>> 由意大利人經營，地道食材呈獻100%意式滋味

聖水洞 P086

文青必到複合空間

>> 4層樓高的大樓聚集各個韓國小眾品牌

江南區・瑞草區 P234

購物狂必到

>> 880米、620間平價時裝店街，隨時行到腳軟！

Seoul Highlight

江西區 SP036

首爾植物園
首爾第一座都市型植物園

聖水洞 P096

首爾最紅文具店
售賣各式簡約復古的質感小物，重拾日常生活中的儀式感

龍山・梨泰院 P268

被柴犬包圍的幸福感
3隻可以柴犬給你滿滿的幸福

首爾達人天書

CONTENTS
SEOUL

特集

首爾

便利標貼

WOW！搜羅第一手「最Like食買玩」！

WOW！為大家推介適合一家大小前往的好地方。

稱得上美食，物有所值。

櫻花綻放之美地，叫你沉醉粉紅世界下。

紅葉份外美，小紅葉帶你到最佳賞葉處。

好味又抵食，超值。

要影張沙龍靚相，認住呢個標誌。

帶你遊遊電影/電視劇熱點。

提供日語導賞

親身落手落腳體驗，好玩又夠Fun！

全港首創！全景旅遊天書，與你身歷其境！

全港首創！

WOW! MAP

WOW! MAP
識帶路嘅旅遊天書

全港首創 WOW! MAP，出發前預先下載，在計劃行程時只要一掃想去景點的 WOW! MAP，就可以自動為你收藏景點：交通導航、店鋪資訊一目了然！編排行程從此輕鬆簡單。

WOW! MAP
32

使用方法：
1. 手機下載及打開「WOW! MAP」App，登記成為會員。
2. 掃描頁底的 QR Code 時，即可看到店鋪相片、資訊還有導航功能。

QR MAP
32

Download on the App Store　ANDROID APP ON Google play

全港首創！

360°

AR360° 全景旅遊天書！
與你身歷其境！

使用方法：
手機下載「WOW AR」App，當見到 360° 標誌的相片時，以手機鏡頭對準該頁，即出現 AR 全景相片。

下載
WOW AR

即時體驗 GO！
SP016、SP018、SP020、SP023、SP026、P084、P086、P115、P125、P237

Download on the App Store　ANDROID APP ON Google play

別冊
MAP
撕開用，更方便！

地圖 GUIDE
精裝地圖 GUIDE，紀錄旅遊書內每一個介紹過的地方的位置，方便攜帶，一書足以走天下！

「QR碼」YouTube睇片，點止旅遊書咁簡單。

WOW! COUPON 優惠

美食、購物、遊樂優惠券！玩到邊、平到邊！

達人教室
歷史知識，風土習俗，旅遊貼士，慳錢秘技，一網打盡。自遊達人必讀秘笈。

WOW! 送：
購物、遊樂，優惠券！
玩到邊、平到邊！P.305

WOW! 達人天書 2021
20% off
10% off
Free Gift

＊書內所有價錢和酒店訂房，均只作參考之用。

建議行程 @ 首爾
📖 SEOUL

時間假期所限不能多留幾天，不妨在三天之內遊盡購物大本營明洞、小眾品牌集中地弘大，以及便宜又好逛的江南地下街！

day 1		
上午	仁川機場乘地鐵 (1小時7分鐘) ➡ 明洞
下午至晚上	明洞
住宿	麻浦、明洞一帶

3日2夜
首爾快閃精華遊

到達首爾後，到酒店check-in放下行李，稍作梳洗便到明洞大街，如需兌換韓元也可在這區兌換，然後步行至百濟蔘雞湯吃人參雞打底，爭取時間到附近逛街，在DOTOLI試試近年流行的似顏繪、12層高的DAISO等，晚上再到24小時營業的荒謬的生肉享用高質任食韓國烤肉。

day 2

全日	弘大
住宿	麻浦、明洞一帶

早上到Moment Café吃自烤麵包早餐，之後
到年輕潮區延南洞逛逛小眾品牌，如皮革手袋
Fennec Station、特賣場50% Sale Market和貓
控必到的Sokamono，下午茶可選巷弄裡的人氣Café
Parole & Langue，晚上可到CLUB EVANS
欣賞現場的爵士樂表演，看完表演想吃宵夜
的話可到博多文庫品嚐人氣拉麵。

day 3

上午及下午	江南
下午	江南乘地鐵 (1小時34分鐘) ➡ 仁川機場

早餐可到24小時營業的江南真解酒湯，之後再到高速
巴士地下街作最後衝刺，喜歡購買傳統韓國
乾貨的話則可到永東傳統市場，還有時間
的可以再到江南地下街、新沙洞林蔭大道
再逛逛，用盡最後一刻才出發到機場。

首爾

4日3夜

瘋狂購物遊

來到首爾怎能不瘋狂購物呢！弘大、漢南洞、聖水洞商圈絕對是年輕男女的購物熱點，可以找到時下韓妹必入新裝，還可以到不同的Coffee Shop打卡歎咖啡！

day 1	全日	仁川機場乘地鐵(49分鐘) ➡ 弘大
	住宿	麻浦、弘大一帶

於酒店Check-in後步行到弘益醬蟹品嚐鮮美的韓式醬蟹，之後再步行到延南洞一帶商圈，包括到手機用品專門店168cm、文創商品TETEUM、可愛寵物用品店BITE ME等，逛到累了就到綠意盎然的小白屋咖啡店MARGARET稍稍休息，晚上可到延南洞高質西餐廳今日與你吃晚餐。

day 2	上午	弘大乘地鐵 (28分鐘) ➡ 聖水洞
	下午	聖水洞
	晚上	聖水洞乘地鐵 (26分鐘) ➡ 新村
	住宿	弘大一帶

早餐後乘地鐵到聖水洞，可先到複合空間LCDC Seoul，再到麵包店Natural Salt Bread品嚐人氣海鹽牛油包，之後再到主街的Munchies and Goodies、Rockfish Weatherwear、Point of View，晚上到新村的新村黃牛小腸燒烤一嚐半世紀歷史的美味烤腸再回酒店。

day 3	上午及下午	弘大乘地鐵 (19分鐘) ➡ 鐘路
	晚上	鐘路
	住宿	弘大一帶

吃飽早餐後到鐘路區韓屋風格的雪花秀旗艦店，再到旁邊的o'sulloc TEA
HOUSE購買來自濟洲的好茶，喜歡可愛小物的可到Paperdollmate
ATELIER逛逛，下午到黃生家刀削麵品嚐米芝蓮級美
味麵線，再到仁寺洞購物中心Annyeong Insadong和
Ssamzigil逛逛本地文創商品，逛夠了可以到李慶文牛
雜鍋吃地道晚餐。

day 4	上午及下午	弘大乘地鐵 (11分鐘) ➡ 梨泰院
	下午	梨泰院乘地鐵 (1小時) ➡ 仁川機場

早餐後即把握時間到漢南洞，逛逛時裝品牌
depound、EMIS、NONFICTION，以及美妝店
AMUSE和hince，有時間再去VINYL & Plastic
逛逛各種音樂相關的產品，之後收拾行裝前往
機場離境。

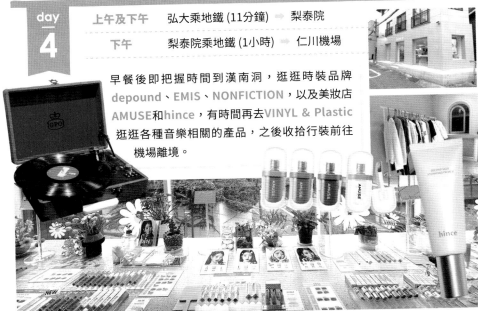

建議行程 @ 首爾

🏙 Seoul

5日4夜

首爾精華遊

去首爾一定不能錯過到全世界第六高的摩天大廈 SEOUL SKY，還有到熱點商場輕鬆閒逛，盡情享受精選景點及美食！

day 1	上午	仁川機場乘地鐵(1小時29分鐘) ➡ 蠶室
	下午及晚上	蠶室乘地鐵(15分鐘) ➡ 新沙洞
	住宿	蠶室

到韓國後，先到酒店放下行李及稍作梳洗，步行到高飯食堂吃午飯，之後再乘地鐵到江南，到Gentle Monster、1LDK Seoul X Taste AND Sence、Bell & NOUVEAU、NONFICTION等時裝店逛逛，喜歡親民一點的，不妨到高速巴士地下街和逛No Brand超市，肚餓就到鳳雛吃安東燉雞。

day 2	上午	蠶室乘地鐵(24分鐘) ➡ 東大門
	晚上	東大門
	住宿	蠶室

早餐後，可乘地鐵到東大門的廣藏市場購買傳統韓國乾濕貨，也可試試場內的小食，緊接下來就逛逛東大門的商場如Apm、doora！，逛到肚餓就吃陳玉華奶奶一隻雞。

day 3	上午	蠶室乘地鐵(11分鐘) ➡ 聖水洞
	下午	聖水洞乘地鐵(39分鐘) ➡ 弘大
	晚上	弘大
	住宿	蠶室

早餐後乘地鐵到聖水洞，到聖水聯邦、WorldWideWorld、Velvet Trunk等店逛街，逛到肚餓可以到傳聞中的馬鈴薯排骨湯或蕎麥食堂吃正餐，當然也可選Frolla和Nudake等Café，如果時間尚早可再到弘大商圈，逛逛毗鄰地鐵站的商場AK PLAZA Hongdae、Fennec Station，晚上到崔社長家的雞試試韓式辣雞鍋。

day 4	上午	蠶室乘地鐵(35分鐘) ➡ 汝矣島
	下午及晚上	汝矣島
	住宿	蠶室

早餐後，乘地鐵到汝矣島前往首爾最大的百貨公司THE HYUNDAI SEOUL一站式食、玩、買消磨大半天，之後回蠶室的酒店放好戰利品，再趁傍晚到554.5米高的SEOUL SKY俯瞰首爾的日夜景色，然後再逛樂天超市，晚飯可在樂天商場解決，或者到以優質熟成豬肉入饌的真雪濃湯用餐。

day 5	上午	蠶室乘地鐵(26分鐘) ➡ 明洞
	下午	明洞乘地鐵 (1小時7分鐘) ➡ 仁川機場

早餐後即把握時間到明洞購物，逛逛提供巨量飾品的THE PLAIN、藥妝店OLIVE YOUNG、12層高的DASIO，最後一餐午飯可吃河東館或明洞咸興麵屋，再出發往機場。

#遊韓必到!
SNS話題熱點

❤ 999

在這個SNS（Social Network Site/社交網站）橫行的世代，如果去旅行沒有去過最熱門的景點打卡簡直就似沒去過一樣！WOW記者當然深明這道理，即刻為你送上首爾最熱門的話題景點！

① #首爾最大百貨公司
THE HYUNDAI SEOUL
서울 영등포구 여의도동22

↑小島般浮在空的花園，名副其實是空中庭園。

❤ 💬 ✈ 🔖

要數全首爾最力夯的購物景點，必定要提汝矣島的現代百貨！現代百貨佔地27,000坪（約半個維多利亞公園），整座商場以簡潔明亮的純白為主，天花由玻璃組成，天然光自然灑入地下的休憩空間，四周以不同的綠色植物點綴，而一樓12米高的室內瀑布和5樓的室內空中花園Sound Forest更是熱門的打卡地點。除了有令人賞心悅目的室內造景外，重點推介B2層的本地潮牌emis、depound、BADBLOOD、HEIGHS EXCHANGE等，此外商場不時出現不同品牌的POP-UP店，喜歡新鮮感的朋友萬勿錯過。

↑ B1層設有美食廣場 22 Food truck PIAZZA。

MAP 別冊 M09 B-1

地 首爾永登浦區汝矣島洞22
時 星期一至四10:30-20:00、星期五至日10:30-20:30
網 www.ehyundai.com
電 (82)02-767-2233
交 地鐵5號線汝矣渡口站(527)1號出口直達，步行7分鐘

WOW! MAP

#柯達不只賣菲林
KODAK

1a

→燈芯絨棒球帽
W49,000

↓芥末色
Colorrest針織
背心W149,000

↓K字絨毛外套
W219,000

作為國際攝影用品品牌，相信大家對KODAK這個牌子都不會陌生，但原來品牌近年開展時裝分支「KODAK Apparel」，更在韓國設立全球唯一官方授權店。品牌貫徹標誌性的紅黃雙色，創出一系列包括衛衣、帽子、風褸等街頭風格的時裝，由於暫時只在韓國有實體店，因此吸引不少人特意前來朝聖。

網 hilightbrands-kodak.co.kr
電 (82)02-3277-0427

1b #新銳韓國品牌
emis

←Denim
Long Hobo
W84,000
牛仔拼布手袋，
長肩帶設計增加
休閒感。

←Paisley Eco bag
W28,000
宋慧喬同款印花袋都只是二百
現元有找，價格相當親民。

**Vintage Mini
Tote bag W69,000**
復古造型手袋有三色
可選。

網 emis.kr
電 (82)02-3277-0874

2017年創立的韓國新品牌，其休閒與時尚兼備的風格深受韓星歡迎，例如有孔曉振、韓韶禧、BoA等藝人，而國民偶像宋慧喬經常在上傳的私生活照片中穿著它的衛衣和手袋，足見emis的魅力！

1c #可愛泰迪熊餐廳
Teddy Beurre House
서울 영등포구 여의도동22

↑店內的泰迪熊會三五成群坐著「歎茶」，相當惬意。

❤ 💬 ✈ 🔖

由韓國知名美食Blogger開設的泰迪熊餐廳人氣極高，在現代百貨亦有分店，貫徹總店主題，店內陳設充滿法式鄉村風情，在不同角落更可找到泰迪熊和相關擺設，處處都是打卡位！而食物方面主要售賣法式麵包和甜點，人氣商品有泡芙、法式朱古力酥和輾成薄片的牛角包。

杏片牛角包
W5,800

←各式Crungji W5,300
壓成一片的牛角包烤得香脆，是店內的人氣之選。

時 星期一至五10:30-20:00、星期六日10:30-20:30
網 www.instagram.com/teddy.beurre.house
電 (82)02- 3277-8501

1d #首爾最大門市
LSR X STILL BOOKS

❤ 💬 ✈ 🔖

一站式有齊各種高音質的音響、耳機及喇叭，包括有聲學工程公司Devialet的高端音響Phantom、美國老牌音響公司Progressiveaudio的專業喇叭Extreme I等都可以在這裡找到。

↑運動的時候聽音樂耳機總是會掉落？不妨試試這些專為此設計的耳機吧。

←古典樂、爵士樂經典黑膠均可在此找到。

網 www.devialet.com
電 (82)02- 3277-0889

WOW! MAP
1c   1d

② #全世界第6高塔
樂天世界塔SEOUL SKY
서울 송파구 백제고분로 435 에스빌딩 6층

不畏高的朋友不妨參加SKYBRIDGE Tour，
以「大地在我腳下」的角度締造難忘回憶。

透過大片落地玻璃俯
瞰首爾的動人景色。

如果你喜歡俯瞰首爾景色，就請不要錯過這座高554.5米、全世界第六高的摩天大廈——樂天世界塔！先在地下乘搭每分鐘上升600米的天空電梯直達第117樓，到達118樓觀景台後可以360度欣賞首爾城景。若嫌未夠刺激，不妨在118樓參加SKY BRIDGE Tour，體驗在541米高度鳥瞰首爾城市的車水馬龍，120樓則是戶外觀景台SKYDECK，會根據當天天氣開放。值得一提的是117層至121層不設時間限制，建議當天天氣好的話，可在傍晚時分到達靜待日落，一次過欣賞首爾美麗的日與夜。

↑ 乘天空電梯不消一分鐘即達第117樓，有「最快的雙層電梯」與「最長輸送距離」的世界紀錄！

地 首爾松坡區百濟古墳路435 YES大樓 6樓
時 星期日至四 10:30-22:00、
星期五六及假期前一日 10:30-23:00
金 SEOUL SKY：13歲或以上成人 ₩27,000、12歲或以下小童 ₩24,000；SKYBRIDGE Tour₩96,000起
*現場買票比網上預定更優惠，敬請留意
網 seoulsky.lotteworld.com/ch/main/index.do
電 (82)02-3213-5000
交 地鐵2號線蠶室站(216)1或2號出口直達

WOW! MAP

3 #超跑空間
Peaches. D8NE
피치스 도원
서울 성동구 성수동2가301-16

室內分成展示區和用餐區。

店內不時有名車展出，歡迎遊人拍照留念。

展示箱中一對1971年adidas經典SUPERSTAR黑間波鞋。

Caffeine Booster
₩5,000
雙重濃縮咖啡因，每天早上週用。

💗 **999**

❤️ 💬 ✈️   🔖

韓國服飾品牌Peaches是一個以街車為概念的品牌，2021年品牌在聖水洞開設旗艦店，打造一個將汽車結合時尚、音樂等各個領域的複合文化空間，售賣時裝，同時也設有咖啡和輕食的餐飲區，以及與各品牌合作的展覽。

WOW! MAP

MAP 別冊 **M08 A-1**

地 首爾城東區聖水洞2街301-16
時 11:00-21:00
網 peachesoneuniverse.com
電 (82)02-468-7719
交 地鐵2號線聖水站4號出口步行約6分鐘

Jambon-beurre sandwich
₩14,800

THE REASON
啤酒 好朋友 好啤酒
I GET UP EVERY AFTERNOON

一進場每人都會派一個手帶，裝酒前要先觸碰一下感應器。

香港都買少見少的霓虹燈招牌，吸引大量韓國駐足停留欣賞。

④ #自助酒吧區

Art Monster
아트몬스터

서울 강남구 역삼동 817-5

♥ ○ ✈ 🔖

韓國人喜歡下班或者放學後小酌一杯，Art Monster
絕對是最人氣的一間酒吧！在韓國有數間分店，以
江南這間最受歡迎，門口掛滿了漢字的霓虹燈，
「酒味如藝」、「好朋友」等，是必打卡位之一。
手工啤酒是自助的，一進門會獲發手帶，每裝一
次酒就要先用手帶觸碰感應器，你可以選擇想喝的
量，就算是10ml也沒有問題，系統就會自動計算份
量及價錢，非常方便。店內一共有15款手工啤酒，
餐牌上寫名了每款酒精含量及口味，好酒量的話可
以每款試少少，一次過試完全部都不會覺得肉痛，
設計很有創意！

←W6,000/400ml起

一到晚上，店內就擠滿了韓國人，想找位置也不是易事。

↑ 自助倒酒區，客人可以按照自己的喜好再倒份量。

↑ 紙皮石地磚和啡色皮櫈甚有香港味，值得一讀！

↓ 喝酒怎麼會沒有炸雞呢，一口雞肉一口啤酒才過癮！

MAP 別冊 M11 B-4

地 首爾江南區驛三洞817-5
時 平日 17:00-01:00、
　 星期六 15:00-01:00、
　 星期日及公眾假期 15:00-23:00
網 www.facebook.com/
　 artmonsterbrewery/
電 (82)02-6448-6110
交 地鐵2號線(222)江南站11號出口
　 步行約3分鐘

↑ 就連店內都有很多霓虹燈，很有老香港的街道風格。

WOW! MAP

5 #走進電影場景
943 KING'S CROSS Cafe & Pub
킹스크로스 카페앤펍
서울 마포구 서교동 369-1

香港首推

↑門口的櫥窗很有環球影城的感覺呢!

→連分類帽也有,你想去哪個學院?

❤ 💬 ✈ 🔖

哈利波特迷注意,弘大街頭驚現9¾月台!這間咖啡廳於2018年年尾開始營運,近期才開始全面開放,外牆是有紅磚砌成,設計有濃濃的英倫風,未走進去已經有9¾月台、掃帚等著你去拍照,千萬不要錯過!一踏進去,就彷彿走進了書/電影的世界,咖啡廳樓高7層,不過只開放B1-4F,一進去要先點餐,每人低消是一杯飲品,當然要試試人氣的奶油啤酒,如果不想喝酒也可以點無酒精版,用來影相也好!

↑巫師朱古力W11,800
飲品置放一頂分類帽,旁邊還伸出幾條草,造型逗趣。

↑到了先不要急著進去,門口已經很好拍了。

騎上掃帚，你也可以成為魔法師！

←一整面的魔杖牆，可以拿出魔杖盒來拍照，不過裡面是空的。

↓店內還有哈利波特的學院服讓你穿著拍照。

←奶油啤酒 W11,800

店內的不同樓層都散佈了不少打卡位，一走進去，就會見到底層的魔杖牆，腦海馬上想起幾句咒語了吧！往上的幾層都是咖啡廳，不過有不同的魔幻電影主題，大家可以騎上掃帚扮作要飛天，又可以穿上魔法袍裝作是魔法學院的學生，還有分類帽、貓頭鷹等，完全滿足了小時候看電影時的幻想！

MAP 別冊 **M12 B-2**

地 首爾麻浦區西橋洞369-1
時 平日 11:30-21:30、
　 星期五六及日10:00-21:30 (L.O. 21:00)
網 www.instagram.com/943kingscross
電 (82)02-3144-2112
交 地鐵2號線(239)弘大入口站9號出口
　 步行約7分鐘

龜甲形的玻璃天幕設計感十足，而且採光度高，是來園的打卡位。

6 #市內的治癒空間
서울식물원

서울 강서구 마곡동 812 서울식물원

有很多家長都會帶小朋友來親親大自然。

女生最愛的繡球花，同樣可以找植物園內找到

→ 小朋友最愛的泡泡池，一起來放個電吧！

→Tote Bag
₩25,000

去韓國只有購物、打卡、食好西？這樣想的話就錯了！首爾植物園是首爾第一座都市型植物園，2019年5月正式開幕，位於江西區，佔地超過50萬平方公尺，足足有成70個足球場那麼大，可以分為4大園區：開放林、主題園、湖水園及濕地園，當中以溫室最受歡迎，可以看到多種多肉植物，像是走進了熱帶雨林的世界。

場內有不少佈置得十分精美的影相區，大家可以盡情擺pose。

天空掛起了一把把雨傘，遮面是太陽花呢！

→小仙人掌
₩3,500

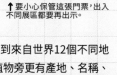

↑要小心保管這張門票，出入不同展區都要再出示。

在走訪各個展區期間，可以觀賞到來自世界12個不同地方、多達8千多種的植物，每種植物旁更有產地、名稱、特點的介紹，不少遊人都帶小朋友來寓學習於玩樂，是個適合親子同遊，讓小朋友放放電的地方。園區之大可能會令你不小心迷失其中，大家記得入場時要拿本地圖跟著走，門票也千萬不要弄丟，它是展區與展區之間的通行證，裡面還有植物圖書館、種子和植物研究所、咖啡廳、紀念品專門店等地，可以好好放鬆一整天。

不定期舉行各種展覽，大多是與大自然相關。

地 首爾江西區麻谷洞812首爾植物園
時 3-10月 09:30-18:00(最後入場17:00)、
11-2月09:30-17:00(最後入場16:00)
休 星期一
金 入場費 6至12歲₩2,000、
13至18歲₩3,000、成人₩5,000
網 botanicpark.seoul.go.kr
電 (82)02-2104-9711
交 地鐵機場線麻谷渡口站(905)3號出口
步行約8分鐘

韓劇
《德魯納酒店》

香港首推

↑↓ 很多家長都會帶著小朋友來閱讀。

這個一圈又一圈的書隧道，是影相位之一。

↑《德魯納酒店》中的這一幕，一圈一圈的不難看出是首爾書寶庫。

↑入面還有展覽區域，展出朝鮮年代的紙本。

#書迷戲迷打卡迷

首爾書寶庫
서울 책보고
👍

서울 송파구 신천동 14

❤️ 💬 ✈️ 🔖

韓國政府近年對於文化可以說是愈來愈重視，首爾書寶庫서울 책보고便是政府於2019年4月底打造的第一座超大型公共二手書店，其前身是空的倉庫。有見於閱讀風氣漸淡，加上市面上大多是大型連鎖書店，二手書店或是小型書店難以生存，才投放資源鼓勵二手書籍的買賣，很多書本都是原價的2-3折，非常划算。書店不止是韓國書籍，更有不少著名的英文收藏，不時見到家長帶著小朋友齊齊閱讀。而最出名的書本隧道，更是打卡熱點之中，此店更是電視劇《德魯納酒店》的取景地，因此來朝聖的人也很多呢！

↑感覺介乎書店與圖書館之間，很多人都坐著看書。

Book Cafe   Pick Up

↑除了韓文書籍外，也有不少外國名著。

地 首爾松坡區新川洞14
時 平日 11:00-20:00、周末及公眾假期 10:00-20:00
休 星期一、1月1日、農曆新年
網 www.seoulbookbogo.kr
電 (82)02-6951-4979
交 地鐵2號線(215)蠶室渡口站1號出口步行約4分鐘

WOW! MAP

在紅磚牆的陪襯下，隨意走過都美得像一幅畫。

❤ 999

8 #文青必往朝聖

西小門聖地歷史博物館
서소문성지역사박물관

서울 중구 중림동 386

❤ 💬 ✈ 🔖

誰說博物館一定是嚴肅又乏味的！西小門聖地歷史博物館於2019年6月正式開放，主要分為3個展區：兩個針對西小門歷史脈絡及首爾天主教歷史為主題的常設展，以及一個不定期主題的特別企劃展。雖然這個博物館是以天主教為中心，但整體的設計使之成為韓國文青的打卡熱點，位於地下3樓的常設展示區以白色的天花板、燈光設計形成一個神聖的環境；而天空廣場四周由磚牆所包圍，無論怎樣拍都有海報的時尚感。

↑ 顛覆你想像的不同展品，每個空間大少都與平時見到的不一樣。

↑ 白色的空間，在燈光的映照下顯得時尚。

地 首爾中區中林洞386
時 09:30-17:30
　 *每日11:00及15:00舉行彌撒
休 星期一、新年及中秋節
網 www.seosomun.org
電 (82)02-3147-2401
交 地鐵2號線(243)忠正路站
　 4號出口步行約6分鐘

↑ 被壓平了的大漢。

↑ 好的設計會將陽光都納入展覽之中。

WOW! MAP

品味先決
嚴選 (10) 大首爾必到 Cafe

近年到韓國旅遊，人氣咖啡店已是必到的焦點行程，各區加加
埋埋數以百計的咖啡店，間間都各有特色，可以怎樣選擇？無論是打卡
最強還是美味滿分，以下為各位精選10間首爾必到Cafe！

01 玩味意大利菜

Frolla

城東區聖水洞

프롤라｜서울 성동구 성수동2가 272-35

這間聖水洞知名的網紅餐廳Frolla由意大利人經
營，採用來自意大利的地道食材炮製出一道
道正宗意菜，例如義大利三文治Panini、
傳統水果批 Crostata和意大利芝士蛋糕
Tiramisu等。意大利人出名食得刁鑽，
不只食物要夠好夠新鮮，連環境都一樣講
究，店內的裝潢陳設極富玩味，髹成粉紅的
犀牛角、貼在牆上仿藝術品《Comedian》的膠
紙香蕉、白羊群中的黑羊等，處處盡顯心思，難
怪一直成為聖水洞最紅的Cafe！

→店內每個角
落都有著有趣
的驚喜。

↓ **Cheezy Caprese Panini ₩14,000**
新鮮羅勒、番茄、布
拉塔流心芝士、水牛
芝士和乾芝士的配搭
其實非常簡單，但勝
在材料新鮮，食材在
口腔中集清新和濃香
於一身，絕妙！

↑ **Burberry Man ₩6,500**
先用煙槍打入煙霧，待忌
廉沾滿甜香，混合甘醇濃
縮咖啡和香蕉蓉，色香
味俱全！

MAP	別冊 **M08 B-2**

地 首爾城東區聖水洞2街272-35
時 11:00-20:00
休 星期一
網 smartstore.naver.com/tigercenter
電 (82)0507-1354-9616
交 地鐵2號線聖水站(211)3號出口步行約9分鐘

WOW! MAP
01

02 現代主義藝術蛋糕
Nudake

城東區聖水洞

누데이크 | 서울 성동구 성수동2가 309-59

韓國眼鏡品牌 Gentle Monster向來走型格路線，近年新設咖啡店副線「NUDAKE」，名字象徵創新不受拘束的時尚與藝術。聖水洞分店以博物館為主題，在黑色的大圓桌上展出猶如藝術品般的甜點，例如石膏人面雕像般的蛋糕、手指甲大小的迷你牛角包、模仿嶙峋山脈與湖泊製成的蛋糕等，賣相獵奇得來不失精緻，味道也不遜色，集外在美與內在美於一身，滿分！

↑Pietà ₩12,000、Fruitea Ade ₩7,500
外層以脆薄的白朱古力包裹，內裡是檸檬芝士蛋糕，酸甜程度剛好平衡，意外地美味！

→Microissant 4EA ₩2,500
迷你牛角包細小如指甲，咬落香脆又真有牛油香，味道和口感都有點像正常牛角包的尖位。

↑門口的設計已經極具現代藝術的精粹。

MAP　　別冊 M08 A-2

地　首爾城東區聖水洞2街309-59

時　11:00-21:00 (L.O.20:45)

網　www.nudake.com

電　(82)070-4128-4408

交　地鐵2號線聖水站(211)3號出口步行約6分鐘

WOW! MAP
02

SP04

龍山區漢南洞

03 香軟高質德國小熊家Bagel

BBB

베베베 | 서울 용산구 한남동 683-43

來自德國柏林的Bagel連鎖店BBB（Baked
Bagel by Berlin），店內的Bagel採用德
國黑啤酒低溫發酵16小時的酵母、優質法
國麵粉和小麥製作，做好的麵包放入熱力
均勻的石板爐烤焗，對比一般焗爐更能焗
出外脆內軟的口感。推介大家到樓高4層
的漢南洞分店，店內仿照歐式鄉村小屋而
建，每層都有不同主題，如地下食物儲存
室、有壁爐的溫暖客廳和睡房等，溫馨如
家的氣氛非常適合三兩好友聚會。

→芝士橄欖
Bagel ₩4,700
口感香軟有嚼勁，
內藏大量芝士粒和
橄欖，足料美味。

←**Apple Cinamon Tea ₩7,700**
杯裡有一顆小蘋果，微甜清爽。

↑ 小熊連睡房也有桌椅，
感覺牠有點嘴饞。

←↓ 漢南洞分店連地庫和
天台共有 4 層，每層都有
不同主題，誠意滿分！

MAP	別冊 **M15 C-2**
地	首爾龍山區漢南洞683-43
時	10:00-21:00 (L.O. 20:30)
網	www.instagram.com/_bbb.official
電	(82)0507-1331-5466
交	地鐵6號線梨泰院站(630) 3號出口步行約6分鐘

↑ 石板爐火力均
勻，不過需要反轉
再烤以確保底面焗
透，有繁複工序才
能做出正宗德國風
味。

03

04 法式庭園品嚐自家茶香
Teacnic

티크닉 | 서울 마포구 연남동 250-5

位於延南洞Teacnic是一個結合「Tea」和「Picnic」的品茶Cafe，從簡潔淨白的木門和窗框，延伸了一塊米白色的遮篷，室內鋪上復古的階磚地板，木製玻璃櫃擺滿了各式甜點，戶外則有藤織白椅和一棵掛滿果實的柿子樹，在微風下輕輕搖曳。環境之外，店內的曲奇、英式鬆餅、麵包和蛋糕通通都是手工製作，自家茶葉沖製的水果冰茶、香滑奶茶等都是人氣之選。

↑果醬鬆餅（스콘샌드）₩10,000
樣子有點像港式西餅「黃梅花籃」，忌廉奶味香濃，口感扎實幼滑，與酸甜果醬搭配得宜。

↑戶外庭園綠意盎然，一派悠閒靜謐。

↑Homemade Iced Tea（홈메이드 아이스티）₩6,000
自家製的水果甜茶帶淡淡莓香，鮮切的水果添加清爽口感。

←旁邊小屋同屬Teacnic的店面，除了提供堂食座位之外，同時也出售各種茶品。

MAP　別冊 M16 B-1

地　首爾麻浦區延南洞250-5
時　12:30-21:00
網　teacnic.kr
電　(82)010-5191-9160
交　地鐵2號線(239)弘大入口站3號出口步行13分鐘

↑ 自家烘焙的鬆餅種類很多，包括小紅莓、玉桂蘋果、椰子和檸檬等。

← 在咖啡廳門口用英文寫著菜單。

05 人氣紅磚屋

Cafe Layered

麻浦區延南洞

서울 마포구 연남동 223-20

Cafe Layered是首爾新冒起的人氣打卡Cafe，透過精緻的蛋糕和香濃的咖啡，店主希望能予人一種細膩、溫暖和友善的氛圍。咖啡廳室內有一種「外婆的廚房」的感覺，廚櫃上放滿不同種類的蛋糕，招牌的麵包鬆餅柔軟綿密啖啖牛油香，而最受歡迎的則是狗頭造型紅絲絨蛋糕和伯爵茶蛋糕，以打卡甜品而言食物質素實屬不俗，可以一戰！

↑ **Earlgrey Puppy ₩7,900**
Einspanner ₩6,500
伯爵茶蛋糕畫上眼仔碌碌的狗頭，茶香十足味道輕甜，而招牌維也納咖啡的鮮忌廉幼滑細緻，底下的黑咖啡帶甘香。

MAP	別冊 **M16 B-2**
地	首爾麻浦區延南洞223-20
時	星期一至五 10:00-22:00、星期六日 08:00-22:00
網	www.instagram.com/cafe_layered
交	地鐵3號線安國站(328)4號出口步行約3分鐘

WOW! MAP
05

06 獨特的色彩美學

Cafe Skön

카페 스콘 | 서울 마포구 연남동 239-4

麻浦區延南洞

↓→**Earl Grey Scone**
₩4,500、**Plum Soda ₩7,000**
鬆餅上的伯爵茶忌廉即叫即做，茶香奶滑，鬆餅外面香脆內裡綿密。

導演Wes Anderson經常在電影中使用鮮豔高飽和的色調，如果你也是這種色調的同好，這間Cafe就非常適合你！2017年開業，Cafe Skön的裝潢全由設計師社長親自構思——粉紅色牆身配紅色大門、白色落地玻璃大窗配黃白相間的太陽椅、綠色草坪配黃色門和湖水綠太陽傘，處處都有著鮮明的顏色。除了亮麗的環境之外，造型可愛的檸檬蛋糕和鮮打忌廉鬆餅都是重點推介。

↓ 檸檬牛油蛋糕₩3,500，蛋糕以檸檬黃包裝紙包好，十足十一顆可愛的糖果。

MAP 別冊 **M16 B-2**

地 首爾麻浦區延南洞239-4

時 11:00-22:00 (L.O.21:30)

網 www.instagram.com/
cafe_skon

電 (82)02-323-7076

交 地鐵2號線(239)弘大入口
站3號出口步行7分鐘

WOW! MAP

06

SP04

↓鐵路兩旁種滿植物，猶如一條被廢棄的鐵道，甚有神秘感！

↑ Raspberry Latte ₩7,200
底下的紅莓蓉輕輕帶酸，混合微甜的鮮奶味道剛好，粒粒乾莓添加了特別的口感。

07 隱沒在花園的鐵道Cafe

楽園駅

鐘路區益善洞

낙원역 | 서울 종로구 익선동 166-32

在迂迴的益善洞小巷內有一家非常特別的咖啡廳，傳統的韓屋瓦頂配落地玻璃和木窗框，兩旁鋪滿碎石的鐵道路軌伸延到翠綠庭園的深處，叫人恍如踏進了不同世界。店內保留了傳統韓屋的木樑柱，素淨的裝潢配以木製傢俱，舒適閑靜，讓客人得以享受一陣寧靜時光。

↑「迴轉蛋糕吧」類似迴轉壽司的概念，客人拎起心儀的蛋糕到櫃檯付款即可。

MAP 別冊 M06 B-2

地	首爾鐘路區益善洞166-32
時	11:30-22:30
網	www.instagram.com/nakwonst
電	(82)02-763-1112
交	地鐵3號線安國站(328)4號出口步行約3分鐘

WOW! MAP
07

↑ 咖啡店中央放置了一部黑膠碟機，播著悠揚爵士樂。

08 用心烘焙 佛系經營

WALLEVER Coffee

월에버 | 서울 마포구 연남동 223-28

在一眾咖啡店中，WALLEVER算得上是佛系經營，老闆Jin Sung的經營學問就是回歸基本步，因此非常重視咖啡品質，店內不管是烘咖啡豆、磨豆還是煮咖啡都由他負責，確保每杯咖啡能夠維持水準。咖啡店設在以紅磚改裝的韓屋內，保有原屋格局和美感，配原木傢具、地板和石磚，不需要特別佈置也能自成一格，讓每個角落皆是好風景。

MAP 　　　別冊 **M16 B-2**

地 首爾麻浦區延南洞223-28

時 12:00-21:00

休 星期四

網 www.instagram.com/wallevercoffee

電 (82)0507-1366-7952

交 地鐵2號線(239)弘大入口站3號出口步行13分鐘

↑ **Drip Coffee_₩5,000**
咖啡味道輕盈，帶有微酸氣息。

←自設的烘豆室位於室外小屋。

↓店內一室簡約明淨。

DIY烤土司套餐 ₩14,000
麵包的醬料除了傳統的牛油之外，更有自家製番茄醬、半熟溏心蛋和忌廉芝士。

麻浦區東橋洞

09 動手烤的最好吃

Moment Cafe

好食編者推介

모멘트커피 │ 서울 마포구 동교동 203-30

作為韓國爆紅的超人氣Cafe，Moment Cafe是一間超級可愛的小店，目前在韓國分店有兩間分店，而位於弘大的2號店位置更多更好坐，想要放鬆地歡個早餐絕對不可以錯過。店內主打「自己麵包自己烤」，人氣烤吐司套餐兩個人分吃也夠飽，包括8片麵包，以及番茄醬、半熟蛋、甜薯牛油醬及牛油，店家會提供一個小小的烤爐，自己動手烤好麵包後再塗上喜歡的醬料，外層酥脆內裡柔軟的麵包令人可以一口接一口，眾多配料之中以半熟蛋最夾，濃厚的蛋香令麵包更添風味，怎麼吃都不膩。

↑ **Melon Soda ₩6,500**

↑套餐已包8片麵包讓你慢慢DIY，更有成功感更好吃！

MAP	別冊 **M12 B-1**
地	首爾麻浦區東橋洞203-30
時	10:00-22:00
網	www.instagram.com/ moment___coffee
電	(82)070-860-5287
交	地鐵2號線(239)弘大入口站1號 出口步行約4分鐘

WOW! MAP

10 與羊咩用膳
Thanks Nature Cafe

모멘트커피 | 서울 마포구 서교동 486, B1/F

綜藝《我們結婚了》

主題咖啡店不外乎有大量卡通充斥全店，但首爾這間綿羊咖啡館卻有真羊駐場，在社交網站上成為爆紅熱店！Thanks Nature Cafe的老闆在韓國擁有一座牧場，所以把一隻隻的小綿羊送到弘大咖啡店門前的羊棚飼養，讓身處首爾市中心的客人都可以與綿羊近距離接觸，毋忘大自然的美好。

餐廳以木製傢俱和小羊擺設來裝飾，營造牧場感覺。

↑ Cappuccino ₩5,400
奶泡畫上羊咩造型，超可愛！

↑ Honey Butter Baguette Ball ₩8,900
圓形的多士用牛油烤焗，加上蜜糖、忌廉和果仁伴吃非常滋味。

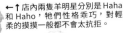

←↑店內兩隻羊明星分別是Haha和Haho，牠們性格乖巧，對輕柔的摸摸一般都不會太抗拒。

MAP 別冊 **M12 B-1**

地 首爾麻浦區西橋洞486, B1/F
時 12:00-21:00
網 www.facebook.com/TNcafe
電 (82)02-335-7470
交 地鐵2號線弘大入口站(239)9號出口步行約5分鐘

WOW! MAP

Gen Z必掃！
首爾購物清單 ✓

來首爾購物，最困難的一定是商品多得令人花多眼亂，真的想向天大叫一聲「柯督茄」（註：韓文怎麼辦어떡해的音譯）！與其花時間在網上逐個Post找評論，不如參考WOW達人整合的韓國購物「柯督茄」清單，由最新的人氣妝物和護膚品、韓國小物到零食雜貨通市一網打盡。各位，盡情掃貨啦！

韓國購物「柯督茄」
護膚品篇 ✓

韓國護膚品牌多如天上繁星，功用和價錢都各有長短，落場掃貨之前必需仔細研究一番，馬上為你整合長期好評的五星護膚品！

A numbuzin No. 3 嫩膚精華液
₩28,000

以黃金比例結合二裂酵母和覆膜酵母菌（大牌子神仙水成分），滋潤成分有助改善油脂過多和毛孔粗大問題，讓肌膚重拾柔滑細嫩。

A numbuzin No. 3 陶瓷肌美妝素顏霜
₩30,000

一支有齊遮瑕、提亮和防曬效果，Beige色調的自然色澤有助柔焦，視覺上淡化毛孔和凹凸洞，質地輕薄易推，加上擁有SPF50+/PA++++高效防曬，是長期斷貨的熱銷產品。

A Torriden低分子透明質酸啫喱面霜
₩24,000

含專利成分Blue Complex HR和海藻醣等成分鎖實水分、Waterball Holding System技術水份形成保濕膜，清爽易吸收，持續為皮膚補充水分，獲韓國本地用家評為最受歡迎的面霜類產品。

A Torriden低分子
透明質酸保濕精華
₩22,000
含有5D-複合透明質酸、
維生素B5、尿囊素、羥
基積雪草苷,號稱可以
「3秒極速補水」的極致
保濕精華素。

A 1025 獨島保濕爽膚水
₩29,800
1025獨島系列取自鬱陵
島深海千五米的深層海
水,富含74種天然礦物質
及三重玻尿酸高效保濕,
最重要的是不含酒精、香
料和防腐劑,是適合敏感
肌使用的低敏配方。

A 1025獨島弱酸性潔面乳
₩21,000
含有3種透明質酸、NMF、
泛醇,尿囊素和神經酰胺
NP,可在皮膚形成保濕膜,
舒緩並保護受刺激的皮膚,
洗完面後不會乾燥痕癢,以
溫和方式去除油脂污垢。

A Round Lab
白樺樹保濕防曬霜
₩25,000
添加白樺樹萃取物,以及
在沙漠也能生存的復活草
核心成分「甘油葡萄糖
苷」,水潤不黏膩,長效
隔絕紫外線。

A isoi保加利亞玫瑰淡斑精華
₩29,500
加入來自保加利亞的玫瑰精萃、
美白聖品熊果素、維他命C及積雪
草萃取,有助淡化痘印、亮白、
保濕和修護受損肌膚,有「痘印
橡皮擦」美譽。

B Hince水潤保濕
妝前隔離霜₩26,000
想杜絕卡粉和減少油光,就
必須做足妝前保濕,這款隔
離霜質地輕薄吸收迅速,可
為肌膚保濕並增加光澤,全
日保持自然透亮的妝容。

A 天然清透卸妝油
₩19,900
蘊含米糠油、荷荷巴油、
堅果油、葡萄籽油和橄欖
油等10種植物油成分,溫
和為肌膚卸妝,同時溶解
毛孔污垢。

韓國購物「柯督茄」

面膜篇 ☑

面膜是最低門檻的護膚品，如果在未試過某牌子的護膚品，又怕貿貿然購買一整瓶會不合用甚至過敏的話，不妨先買它的面膜試用，覺得合適再去掃貨也未遲。

A Round Lab魚腥草舒緩棉片面膜 ₩24,000
100%純棉面的小塊面膜吸滿魚腥草精華和天然BHA，能去角質和細緻毛孔。敷完面不要浪費，可以反過來用有波紋的一邊來潔淨肌膚。

C 凡士林保濕面膜 1,000
相信不少人都用過凡士林，但又有沒有試過它的面膜？藍色是乳霜型精華液保濕配方綠色是玻尿酸保濕，啡色是積雪草配方，補水之餘可緊致肌膚。

A 弱酸性復活草精華面膜 ₩4,000
復活草在乾燥的沙漠中只要一滴水就可以生存，它可修復並滋潤乾燥肌膚，與肌膚相近的弱酸性配方過敏性較低，讓脆弱皮膚得以回復透亮健康。

A Abib口香糖魚腥草面膜 ₩4,000
添加魚腥草、馬齒莧萃取物和透明質酸，可以調節油脂分泌、鎮靜暗瘡發炎肌，同時達到保濕效果。

A numbuzin No.1舒緩保濕海藻面膜 ₩4,000
採用81%濟州純淨扁柏樹水及魚腥草精華，可為乾燥肌膚密集保濕，舒緩肌膚泛紅。

A **Round Lab白樺樹保濕平衡面膜 ₩3,000**

含有豐富白樺樹精華，溫和滋潤肌膚，面膜紙100%純棉製造，通過歐洲OEKO-TEX 認證，對敏感肌友善之餘對環境也友善。

A **1025獨島補水凝膠面膜 ₩3,000**

取用鬱陵島千五米深層海水，並含有泛醇、尿囊素、甜菜鹼和玻尿酸成分，可形成保濕保護膜，將水分鎖在皮膚內，面膜採用天然生物纖維，貼服肌膚強化效果，讓深層皮膚都可以補足水。

A **Torriden低分子透明質酸深層保濕面膜 ₩3,000**

一張面膜有半支保濕精華，當中極致超保濕成份複合透明質酸可深入肌膚最底層，持續為肌膚補水。

A **beplain綠豆泥面膜 ₩24,000**

由韓國人氣化妝師LeoJ共同打造，泥狀面膜注入可綠豆複合物、綠豆酶和綠豆粉，可去除角質及潔淨毛孔。

A **Skinfood胡蘿蔔素鎮靜棉片面膜 ₩26,000**

主要成分是胡蘿蔔籽油中的β-胡蘿蔔素，加強抗氧化力滋潤肌膚，產品不含動物成份，低敏及純素配方適合敏感肌使用。

韓國購物「柯督茄」
化妝品篇 ☑

韓國的化妝品日新月異，由氣墊粉底、胭脂、眼影到唇膏、睫毛膏，以下為你詳細介紹！

A　dasique九宮格眼影
₩34,000

9格色調的眼影有20款任君選擇，包括基礎大地色、溫柔珊瑚色等，搭配得宜的話，一盒可以有齊閃粉、修容、胭脂和眼影功能，非常划算。

A　fwee Blusher mellow
胭脂 ₩19,000

泥狀質地的胭脂幼滑易推，而且不易脫妝，共有8種顏色可選，最受歡迎是3號Highkey Happiness和5號Love Me Light。

A　WAKEMAKE 16色
柔霧眼影盤 ₩34,000

無論是金屬質感的咖啡色調還是柔和啞光的粉嫩色調都一一齊備，16色眼影可因應需要打造不同妝容，一盒走天涯。

A　dasique Juicy
Dewy Tint ₩17,000

尤如夏日水果般亮麗鮮艷的唇彩，上嘴後水感十足，質地透明不黏膩，共17種顏色。

A　WAKEMAKE天鵝絨
霧面唇膏 ₩18,000

柔滑質感輕盈順滑，塗抹在雙唇亦不會顯現唇紋，可輕易打造溫柔的啞光唇妝。

D　AMUSE Jel-Fit Tint
唇彩 ₩20,000

12小時持久亮澤的唇彩帶著果凍色調，一塗即時顯出少女感。

A JUNGSAEMMOOL Essential Skin Nuder氣墊粉底 ₩42,000

遮瑕度極高的粉底霜，質地滋潤，在冬天或乾燥季節使用也不會出現乾裂細紋，保持完美妝感。

A CLIO Kill Cover The New Founwear氣墊粉底₩36,000

強效控油和防水，加上雙重緊貼遮瑕技術和高防曬系數 SPF50+ PA+++功效，一盒粉底已經可以打造無瑕持久妝容，長期成為OLIVE YOUNG的五星好評產品。

A CLIO極緻捲翹超防水睫毛膏 ₩18,000

打造出根根分明的捲翹睫毛，超強的防水抗汗防油配方，不易暈染，一整天維持捲翹及濃密美睫。產品可選持久纖長、纖長捲翹、濃密捲翹、順滑濃密和極緻捲翹4種效果。

A lilybred am9 to pm9 Infinite Mascara ₩12,000

細緻的花瓣狀纖維可填補睫毛間空隙，將睫毛拉長睫毛，加上防水防油配方，打造出持久纖長美睫。

A OLIVE YOUNG

MAP 別冊 **M02 B-3**

地 首爾中區忠武路1街 22-4,1～2F
　 서울 중구 충무로1가22-4

時 11:00-22:00

電 (82)02-3789-5294

網 oliveyoung.co.kr

交 地鐵4號線明洞站(424)5 號出口，步行約兩分鐘

B Hince

MAP 別冊 **M15 C-2**

地 首爾龍山區漢南洞743-32
　 서울 용산구 한남동 743-32

時 11:00-20:00

電 (82)02-2135-3031

網 hince.co.kr

交 地鐵6號線漢國鎮站 (631)1號出口步行約 10分鐘

C Daiso

MAP 別冊 **M03 D-3**

地 首爾中區明洞1街 53-1,B1F

時 10:00-22:00

電 (82)02-318-6017

網 地鐵4號線明洞站(424)6 號出口，步行約5分鐘

交 地鐵4號線明洞站(424) 6號出口步行約3分鐘

D AMUSE SHOWROOM

MAP 別冊 **M15 C-2**

地 首爾龍山區漢南洞738-13 2F
　 서울 용산구 한남동 738-13

時 11:00-20:00

電 (82)02-796-2527

網 amusemakeup.com

交 地鐵6號線梨泰院站 (630)2號出口步行約15 分鐘

韓國購物「柯督茄」

韓國小物篇 ☑

韓國人的文創用品一向都五花八門，紙、筆、簿等文具，到賀卡、電話殼和惡作劇道具等雜貨都一應俱全，要可愛有可愛，要盞鬼有盞鬼，總有一款適合你！

E Point of View

MAP 別冊 **M08 A-2**	
地	首爾城東區練武場街18 서울 성동구 연무장길 18
時	12:00-20:00
電	pointofview.kr
網	(82)02-462-0018
交	地鐵2號線聖水站(211)4號出口步行約8分鐘

F Paperdollmate ATELIER

MAP 別冊 **M07 A-3**	
地	首爾鐘路區安國洞19-1 서울 종로구 안국동19-1
時	12:30-19:30
電	www.paperdollmate.com
網	(82)070-4242-1766
交	地鐵3號線安國站(328)1號出口步行約10分鐘

G ARTBOX

MAP 別冊 **M12 C-1**	
地	首爾麻浦區東橋洞190-1, 1F 서울 마포구 동교동190-1 1
時	11:00-22:00
電	www.poom.co.kr
網	(82)05-07-1391-0787
交	地鐵2號線弘大入口站(239/A03/K314)4號出口步行約2分鐘

H 168cm

MAP 別冊 **M16 A-2**	
地	首爾麻浦區延南洞383-24 서울 마포구 연남동383-24
時	24小時
電	www.instagram.com/168cm.kr
網	(82)070-4178-9257
交	地鐵2號線弘大入口站(239/A03/K314)3號出口步行約10分鐘

I BUTTER

MAP 別冊 **M12 B-1**	
地	首爾麻浦區東橋洞159-8 서울 마포구 동교동159-8
時	11:00-22:00
電	buttershop.co.kr
網	(82)02-338-5742
交	地鐵1號線弘大入口站(239/A03/K314)4號出口步行約1分鐘

H Fashion Badge ₩3,000

動物大頭襟章，近看遠看都是這麼可愛！

H 粉紅小熊電話殼 ₩14,800

電話殼外特別設有卡位，可以放入交通卡而不會遮擋外面的圖案，設計貼心。

H 微笑白花犬用背包 ₩35,000

由168cm與BASKi 聯乘的項目，這款微笑白花犬用背包可放置便便袋，自己便袋自己袋，做隻負責任的小狗！

H Play Tricks系列 斷匙₩2,000

金屬匙會突然折斷，很無聊，但會令人忍不住幻想惡作劇對象的反應。

H Play Tricks系列 飛天尖叫雞₩2,000

相信大家都有被尖叫雞的叫聲煩擾過，這款尖叫雞底下裝了小車輪，試想想它一邊尖叫一邊向你衝過來，殺你一個措手不及。

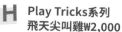

G **FULLGA貼紙**
₩2,500

小狗Dan和Fluffy Cat主題貼紙同樣可人,只要望著就能感到治癒的感覺。

G **BITE ME手套狗玩具₩6,000**

寵物用品店BITE ME經常推出逗趣的狗玩具,這款仿製洗碗膠手套的玩具便是好例子。

G **白貓造型自封袋**
₩4,500

可愛的小袋子用來放手作曲奇和小禮物就最適合。

G **心形過四關**
₩5,500

經典攻略遊戲過四關大家可能不會陌生,心形特別版又有沒有見過?

F **Afrocat Jelly Card Phone-Case**
₩26,000

粉色系的Alice和Julie娃娃電話殼,外置卡套設計。

F **硬皮迷你筆記簿**
₩6,800

小巧的筆記簿設計精美,書皮由硬紙製成精裝書。

E **燙金啤牌卡**
₩9,500

模仿舊式逐張繪製的手畫風格的啤牌卡片,一套5張。

F **孔版印刷聖誕卡**
₩4,000

「Risography」孔版印刷是一項80年代興起的舊式印刷,顏色和質感都非常特別。

F **Golden Apple Card ₩5,500**

以希臘神話代表智慧的金蘋果為設計靈感,以240g的環保紙印製出絢麗的燙金卡片。

E **OHTO Wooden Gel Pen 0.5mm ₩8,000**

日本製原子筆,筆身設計仿照經典六角形鉛筆,並由天然木材製成,原子筆筆尖0.5mm,使用起來順滑好寫。

韓國購物「柯督茄」
韓國零食篇 ☑

逛超市現在已經成為到韓國旅遊的指定動作，想一站式買齊所需零食雜貨，強烈建議去樂天或Emart等大型連鎖超市，兩個品牌旗下超市的價錢差別不大，去哪一間都可以放心掃貨。

J 火辣雞肉風味鐵板炒麵——炒碼麵風味
₩5,980

同系列中比較少見的湯麵，湯頭香辛帶甜，嚐起來比普通火雞麵更辣。

J DOSHIRAK杯麵
₩870

1986年誕生的老牌拉麵Paldo，經典的長方形容器、牛肉口味湯底配彈牙拉麵是許多韓國人的共同回憶。

J 農心濃郁炸醬麵
₩4,880/5包

於1984年登場的炸醬麵，調味包內含洋蔥、白菜、肉粒等材料，味道比一般炸醬麵香濃，韓國人吃的時候會根據自己的口味加入雞蛋和芝士，享受更豐富的風味。

K LOTTE
Petit Monshell
Dekaron ₩3,980

一款令人想起濟洲玄武岩的可可蛋糕，橙色的夾心餡是濟洲特產的柑橘，微微帶酸，味道清爽。

L No Brand
即食麵零食 ₩2,180

鹹味雞肉的拉麵口感香脆，除了做零食之外也適合喝酒時當下酒菜。

K LOTTE朱古力餅
₩4,480

一半是鬆脆餅乾，另一半是印上歐式花紋的朱古力，同時享受兩種口味和質地。

J PEACOCK朱古力包
夾心餅乾 ₩2,980

鬆脆的餅乾中間夾著特厚的牛奶朱古力，味道和質感更加豐富。

J 農心炸雞髀脆
脆 ₩1,360

採用優質小麥粉、雞肉和麵包糠製成，具有香脆口感和濃厚的味道，雞髀形狀小巧可愛，是隨時隨地都可享用的滋味零食。

J 農心洋蔥圈
₩1,360

洋蔥、薯仔和煙肉的配搭堪稱完美，入口香脆清爽，叫人一口接一口不停追吃。

J 三養辣雞醬
₩4,200

知名的辣雞鐵板炒麵推出了鐵板醬！味道當然也是令人難忘的辛辣口味，可以用來為各式菜餚加添滋味。

J Cham萬用沾醬
2,680

在韓式烤類餐廳常見的醬汁，除了直接用來沾烤肉外，可以加入洋蔥製成酸酸甜甜的沾醬，用來醃肉也可以增加肉的鮮味。

J 農心蜂蜜麻花
脆片 ₩1,360

脆片含有韓國產的真正蜂蜜，香脆之外更覺清新香甜。

J 鹽味牛角包
₩1,360

味道微鹹輕甜，牛油味重，脆脆是牛角包造型，非常可愛。

L 吉士忌廉小蛋糕
₩3,480

結合濃郁蛋黃和香滑吉士忌廉的蛋糕，味道美妙，被譽為韓國國民點心。

L 朱古力黑曲奇
₩2,380

同盒附上奶油醬，沾醬食又得，不沾醬亦得。

J Emart Everyday

MAP 別冊 M10 A-2

地　首爾特別市瑞草區瑞草洞1302-4
　　서울 초동서초동 1302-4

時　10:00-23:00

休　星期一

電　www.emarteveryday.co.kr

網　(82)02-534-3651

交　地鐵9號線新論峴站(925/D06)7號
　　出口步行約3分鐘

K LOTTE Mart ZETTAPLEX

地　首爾松坡區蠶室洞 40-1
　　서울 송파구 잠실동40-1

時　10:00-23:00

電　www.lotte.co.kr/global/cn/
　　business/compDetail.do?compCd

網　(82)02-411-8026

交　地鐵2號線蠶室站(814/216)4號
　　出口步行約4分鐘

L No Brand

MAP 別冊 M08 B-3

地　首爾瑞草區新盤浦路194
　　京釜線客運站B1F
　　서울특별시서구반포동19-4
　　경부선터미널B1F

時　10:30-22:00

網　emart.ssg.com/specialStore/
　　nobrand/main.ssg

交　地鐵9號線高速巴士客運站即達

首爾尋吃
最強經典韓食餐廳

「食」從來都是一種很神奇的東西，無論你來自大江南北、五湖四海，「食」都是我們的共通語言。今次我們不介紹首爾最新最流行的潮流美食，主力推介首爾老饕追求歷久不衰的美味餐廳——由重量級米芝蓮推介，到沒有花俏噱頭的平民滋味。以下，集合首爾最強美食餐廳！

首爾三大烤肉餐廳
① 夢炭 몽탄
서울 용산구 한강로1가 251-1, 1~2F

餐廳由韓國日佔時期時的建築改建而成，擁逾百年歷史，巨型的半圓窗戶和紅磚是它的標誌。

說到首爾最具人氣的烤肉餐廳，就必定是號稱「三大烤肉」之稱的夢炭。餐廳屹立在梨泰院一帶，下午12時開店，開店前一小時前就已經有人排隊，而下午4時就會暫停walk in，想訂檯也只有在每月1號才接受電話預訂。有這麼多規矩還客似雲來，原因是餐廳由烤肉到配菜都極為出色：生肉先以稻草煙熏封實肉汁，再烤至半熟，而配菜則有冰泡菜、明太子、醃洋蔥等，每項都專為解膩而設，此外隨肉附上的兩大條年糕竟也烤得外脆內軟，上檯的所有食物無一不具心思，難怪成為首爾個個趨之若鶩的餐廳。

牛肋骨先以稻草煙燻，封烤肉的外層以鎖住肉汁，吃時更別有一陣煙燻香氣。

小菜碟碟精彩，個人最欣賞酸酸辣辣的冰泡菜，伴著燒肉一冷一熱，相映成趣。

▲ 牛肋骨 ₩32,000/280g

▲ 吃完烤肉還可加點炒飯（양파볶음밥 ₩5,000）一碗，索盡鑲上的烤肉餘脂，其味香濃甘腴。

店員會邊為客人烤肉邊細心介紹檯面的配菜，讓他們自行選擇最佳食法。

地：首爾龍山區漢江路1街251-1,1～2F
時：12:00-22:00 (L.O.21:00)
網：mongtan.co.kr
電：(82)0507-1418-8592
交：地鐵6號線三角地站(628)8號出口步行約1分鐘

② 黃生家刀削麵
황생가칼국수

서울 종로구 소격동84

餃子由師傅每日新鮮製作，有趣的
地方是他們會站在餐廳中間包餃，
十足十表演一樣。

◀ 牛骨刀削麵
W11,000
以濃稠的牛骨湯為湯
底，乳白湯頭帶甘，吸
入湯汁的手切麵口感
偏軟但不過腍，不失為
一碗好麵。

MAP 別冊 **M07 A-2**

地	首爾鐘路區昭格洞84
時	11:00-21:30
網	xn--o39a20aq04bcfbdy7a0gl.com
電	(82)02-739-6339
交	地鐵3號線安國站(328)1號 出口，步行10分鐘

▼ 王餃子麵 W11,000
以9種蔬菜包成的肥美
餃子口感豐富，一
碗有5大粒
餃子。

在咖啡店林立的三清洞，有一家主打平壤風格
的牛骨湯的刀削麵餐廳，連續6年獲得米芝蓮
指南推介。店家的招牌牛骨刀削麵，以韓國本
地牛骨熬出香濃湯頭，味道鮮香卻毫不油膩，
刀削麵下得恰好，另一名物為用9種蔬菜包成
的大餃子，每日新鮮製作，餡料略帶香蔥胡椒
味，入口鮮而清。餐廳的湯麵絕非驚為天人，
但能在各式紛擾味道中嚐到淡香真味，方才是
難得滋味。

▶ 每到午飯時間，餐廳一位難
求，建議在中午前後到達，
避開人潮。

WOW! MAP

炸物拼盤
(모듬튀김)
₩9,000
有蝦多士、炸蟹
鉗和炸春卷，另
配甜酸蘸醬。

⚘ 隱世美味湯麵 ⚘

③ Okza옥자

서울 마포구 연남동241-42

藏身延南洞一隅，若不仔細行逛都
未必尋得著，話雖如此，小店的
知音人亦多，就算非午市時間亦
人山人海。Okza吃的是湯麵和
拌麵，選擇只有寥寥數款，貴
精不貴多。其牛肉高湯濃而不
油，色韻甚佳，招牌牛腩麵線
採用去掉肥膏的手撕牛胸肉加上
牛肉薄片，半浸入琥珀色牛湯，
上層灑上青翠蔥花和辣椒數片，品
相極好，而味道亦鮮香豐富，難得雅淨
不做作，堪稱一碗100分美味的湯麵！

牛腩麵線
(차돌쌀국수)
₩10,500
牛肉薄片入口
即化，麵白湯淨，
味道豐富，喝到
最後有一抹黑椒
餘韻。

MAP 別冊 **M16 B-1**

地 首爾麻浦區延南洞241-42
時 11:00-15:00、17:00-21:00；
　 周二 11:00-15:00
網 www.instagram.com/okza_
　 yeonnam
電 (82)0507-1465-2254
交 地鐵2號線弘大入口站(239/
　 A03)3號出口，步行15分鐘

▲ 熬製澄明無油的牛高湯實屬不
易，每口都是精心處理的功夫。

WOW! MAP

星級燉排骨

④江南麵屋
강남면옥

서울 강남구 신사동 588-9

1997年創業，擁有逾30年歷史的江南麵屋源自狎鷗亭，曾在韓國的人氣電視節目《超人回來了》中出現過，而且不少韓國藝人都是座上客，是首爾薄有名氣的連鎖餐廳。雖然餐廳以「麵屋」掛帥，但它最美味的餐品卻是「燉牛肋骨」！店家在燉肉的過程加入蘋果、雪梨和菠蘿，讓排骨軟化，再加入雞髀菇、紅棗和辣椒同燉，煮出來的排骨，用筷子一扒即脫骨而出，筋位肉質軟嫩中仍保一點彈性，紅褐色的醬汁油融香甜，在舌尖微微發辣，叫人讚口不絕。

▲ 每桌奉上濃湯一壺，先暖暖胃，準備食冷冰冰的水冷麵。

◀ 三款小菜均有助去膩，用來配肉就最適合。

▲ 燉排骨（갈비찜）
₩52,000/小
軟嫩的排骨香甜微辣，此時若加點白飯一碗便更完美。

拌冷麵（비빔냉면）
₩12,000
雖說是麵屋，但燉排骨的名氣遠比麵食高。

MAP 別冊 **M10 A-1**

地址：首爾江南區新沙洞588-9
時間：10:30-22:00
網址：xn--939au0g88jc8l.net
電話：(82)02-722-8586
交通：地鐵3號線新沙站(D04/337)8號出口，步行9分鐘

4

▲ 到最後記得要加點炒飯，一湯兩吃，經濟又美味。

藝人熱捧嫩滑薯仔雞

⑤ 崔社長家的鷄
최사장네닭

서울 마포구 연남동373-17

▲ 清湯燉雞（닭곰탕）W7,000
一鍋有雞半隻，雖不及辣湯燉雞般刺激惹味，但更能突顯雞湯真味。

鍋物用料一般都比較地道，但卻無礙大家對它的熱愛！崔社長家的雞以新鮮雞入饌，提供清湯燉雞、辣湯燉雞、雞肉配大腸、雞肝和雞酒煮湯等美食，而當中最受歡迎的就是辣湯燉雞。上桌時燉雞已經呈半熟狀況，伴有甘筍、薯仔、洋蔥和大蔥，待湯底大滾幾分鐘即可食用。剛熟的雞肉滑溜鮮嫩，配一口辣汁甚為惹味，而吃得差不多即可品嚐變臉的薯仔，此時薯仔吸盡辣湯和雞汁精華，美味極了。

辣湯燉雞
（닭도리탕）
W26,000/2-3人份

MAP 別冊 **M16 A-1**

地：首爾麻浦區延南洞373-17
時：11:00-22:00
休：周四
網：blog.naver.com/3349242
電：(82)02-334-9242
交：地鐵2號線弘大入口站(239/A03)3號出口，步行5分鐘

牆上掛滿名人簽名，算是韓國餐廳「好吃的證明」。

逾半世紀傳統滋味
❻百済蔘鷄湯
백제삼계탕

서울 중구 명동2가50-11 2F

位於明洞的百済蔘雞湯創於1971年，能夠在餐廳食肆瞬息萬變的世代屹立半世紀，實在是不容小覷！目前百済蔘雞湯由二代目接管，食物質素依然如一，精選由直營農場提供、每日新鮮運到的韓國本土雞，雞齡僅僅49天肉，質軟嫩而不失濃郁，配大蒜、蔥、新鮮栗子、人蔘和紅棗等材料燉煮，更值一提的是雞肉內藏糯米，盡吸雞汁與人蔘精華，吃時陣陣濃香，喜歡更重口味的，可學韓國人配泡菜同吃。

店主對顧客相當友善，知道我們是來採訪，特地安排能說普通話的員工替我們做翻譯。

▲ 山蔘培養根烏骨雞湯 ₩30,000
人蔘最有效之處是蔘鬚（又名「培養根」），而不是肥大的蔘身。店方推出野山人蔘鬚燉雞，價錢稍貴但吃完渾身是勁，而且蔘鬚另有小樽裝好，可自由控制份量。

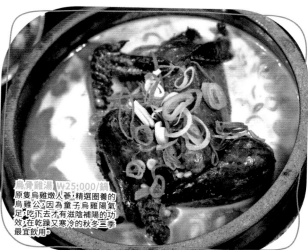

烏骨雞湯 ₩25,000/鍋
原隻烏雞燉人蔘 精選圈養的烏雞公因為童子烏雞陽氣足，吃下去才有滋陰補陽的功效，在乾燥又寒冷的秋冬三季最宜飲用。

▲ 蔘雞湯 ₩19,000/鍋
人蔘有補氣作用，韓國一年有一半時間是寒冷，為好好保存體內元氣，唯有吃鮮人蔘煲粥來補氣，雞內釀有白糯米、紅棗、粟子、人蔘和松子仁等。

MAP 別冊 **M03 C-2**

首爾特別市中區明洞2街50-11 2F
09:00-22:00(L.O. 21:00)
(82)02-776-2851
地鐵4號線(424)
明洞站5號出口
步行約10分鐘

▶ 門外的細招牌非常新淨，因為每大一歲便更換一次。

41年の歴史と傳統
百済蔘雞湯 元祖→
일반용식당

地鐵貫交

大廚把鰻魚去骨，經烘烤至全熟，再灑些甜甜的鰻魚豉油。

烤鰻魚專門店
⑦ 風川鰻魚
풍천장어

서울특별시 종로구 낙원동94

獲韓國最大網站Seoul Navi推介為最佳燒鰻魚食店。韓國人相信鰻魚有補五臟、療虛勞、強筋骨和祛風濕等功效，鰻魚的專門店應運而生，位於鐘路3街的풍천장어，是分店之一，集團每天從鷺梁津海鮮市場入貨，一早運到各分店去，店裡分醬燒和鹽燒兩味，同樣以鐵版配明爐上桌，佐以燒烤配料，入口是不一樣的鮮味。

鰻魚在放到鐵板前已煮熟了，為免顧住傾偈燒焦了魚肉，韓國人把魚塊豎起來，看起來像骨牌，十分有趣。

現場所見，大部分人都飲真露，雖然酒味又苦又辣，但跟燒鰻魚很對味。

秋冬是海鮮當造季節，店裡在黃昏6時後便無虛席。

▼ 炸鰻魚骨
魚骨炸成酥脆的餐前小吃，是燒鰻魚餐的特色之一。

MAP 別冊 **M06 B-2**

地 首爾市鐘路區樂園洞94
時 11:30-23:00(星期一至六)
　 16:00-22:00(星期日)
網 blog.naver.com/ad5332
實 (82)02-763-3142、(82)10-7127-9647
交 地鐵鐘路3街站5號出口步行5分鐘

淡水鰻魚 W32,000
可選鹽燒或醬燒，鹽燒鹹香，醬燒農味，秋冬鰻魚當造，人工때魚油份外鮮香。

SP067

迷·妹·珍·藏
追星
韓國
OppA
地圖

01 最愛快閃扮客人

Haru & One day

하루앤원데이 | 서울 성동구 성수동2가314-5

Haru & One day 由韓國人氣男團Super Junior 成員李東海，以及他的哥哥所開，經常都有粉絲成功捕獲他在喝咖啡，就連其他成員都會偶爾出現，坐在Cafe的時候記得要留意身邊的人！咖啡廳在聖水洞的舊建築包圍下顯得十分搶眼，裡面以白色為主調，感覺明亮時尚，就算不是為追星也十分推薦去打卡！入面的餐點以蛋糕、麵包類的輕食為主，最推薦新飲品Tiramisu Latte，上面的鮮奶加咖啡粉，就像是溶化了的蛋糕，非常驚喜。

→ 店員灑上滿滿的咖啡粉，就像是Tiramisu在口中溶化。

←Basque Cheese Cake W7,500
巴斯克芝士蛋糕帶微微焦香，入口即化。

Every Second, Minute, Hour

追星是一條不歸路，有不少迷妹每年都會去韓國幾次，參加演唱會、簽售會、握手會，而其中一個可以見到韓星私下一面的地方，就是去他們開的店了！近年愈來愈多明星自己開副業，餐廳、Café、服裝店，還會定期去撐場做一日店長，又或者假扮路人買咖啡，跟貼這個追星地圖，下次留意一下身邊那個戴cap帽黑超口罩的人，說不定就是Oppa哦！

↑ 店內咖啡價格由 ₩ 4,800 起。

↑ 精品區的產品很多，不過大部分的單價都較高。

↑ 李東海大概一個月會去幾次 Haru & One day！

MAP | 別冊 **M08 A-1**

地 首爾城東區聖水洞2街314-5

時 周一至五 08:00-22:30、周六日 09:00-22:30

網 www.instagram.com/cafe_haruoneday

電 (82)02-499-9303

交 地鐵2號線(211)聖水站4號出口步行約3分鐘

WOW! MAP

↑泰迪熊朱古力慕絲 ₩7,300
你會忍心吃掉這隻正在睡覺的小熊嗎？

←白朱古力芝士蛋糕 ₩7,300

↑這個半開的木製衣櫃是咖啡店的出入口，感覺像童話故事般夢幻。

02 SJ藝聲的店

Cafe Armoire

아르무아 ┃ 서울특별시광진구화양동5-32 1F~3F

距離Mouse Rabbit Coffee兩分鐘路程，這間一棟三層的復古紅磚屋便是藝聲的另一家咖啡廳Cafe Armoire。別以為藝人經營的咖啡店都是單單靠人氣取勝，Cafe Armoire的裝潢非常用心，大門由木衣櫃貫穿，甫入內四周都是復古風的木製傢俱，彷彿踏入了一個夢幻世界。店內的食物亦甚具巧思，例如芝士蛋糕是以卡通片出現的經典黃色芝士為造型，朱古力慕絲蛋糕則是一隻睡著了的小熊，就算不是粉絲都會被迷倒！

MAP 別冊 **M08 B-2**

地	首爾特別市廣津區華陽洞5-32 1~3F
時	12:00-23:00
網	www.instagram.com/cafe_armoire
電	(82)02-463-9981
交	地鐵2號線建大入口站(212/727)3號出口，步行3分鐘

↓售賣鼠兔品牌限定商品的角落。

↓Café Latte（左）
₩5,000、
美式咖啡（右）
₩4,500

03 SJ藝聲一家經營的咖啡店

Mouse Rabbit Coffee

마우스래빗 ┃ 서울광진구 화양동 5-14, B1~2F

鼠兔咖啡由K-POP組合SUPER JUNIOR成員藝聲經營的咖啡店，「鼠」「兔」取自他和弟弟的生肖，平日一般由父母和弟弟經營，而藝聲偶爾則會在地庫的放映室開直播。除了有機會親身見到偶像和拜會「老爺奶奶」的地方外，Cafe一隅亦售有鼠兔品牌的上衣、帽子和杯子等周邊商品，因此成為粉絲間人氣極高的追星地點。

MAP 別冊 **M08 B-2**

地	首爾廣津區華陽洞5-14，B1~2F
時	12:00-23:00
網	www.instagram.com/mouserabbit_official
電	(82)02-462-4015
交	地鐵2號線建大入口站(212/727)2號出口，步行3分鐘

WOW! MAP

02

03

裡面有一部分是畫廊，可以慢慢欣賞藝術作品。

04 人氣演員化身藝術家

Studio Concrete

스튜디오콘크리트 | 서울 용산구 한남대로 162

作為韓國公認的演技派，劉亞仁在藝術方面的天份與熱情也是有目共睹的。早前更在龍山建立了Studio Concrete，以創意總監的身份，集合了80年代出生並擁有創造力的藝術家們，打造了這間藝術創作空間與咖啡廳相結合的文化地方，既是欣賞畫作藝廊，更有可以逛衣服的商店，更可以放鬆一下喝杯咖啡！

↑劉亞仁親自示範自家品牌的服飾，是時候與明星 get 同款了！

←天台有露天茶座，景觀也不錯。

MAP 別冊 **M15 C-1**

- **地** 首爾龍山區漢南大路162
- **時** 11:00-20:00
- **休** 星期一
- **網** www.studio-ccrt.com/
- **電** (82)02-794-4095
- **交** 地鐵6號線(631)漢江鎮站2號出口步行約7分鐘

←抹茶拿鐵 ₩5,800

05 應援明星限定商品

Cube 20 Space

큐브엔터테인먼트20스페이스 | 서울 성동구 아차산로83 F2빌딩

原本在狎鷗亭有間咖啡廳的Cube，最近把地址移到了聖水洞，開在Cube 娛樂公司旁邊成為又一粉絲聚集地。店內同樣有齊各大人氣明星的專輯及照片，旗下藝人CLC、BTOB、(G)I-DLE、金泫雅等，還可以買明信片回家收藏！甜品的味道不算特別出色，但勝在環境十分舒適，而且當藝人comeback 出新專輯的時候，還會有相對應的期間限定menu，迷妹自然要支持一下！

↓店內有各種期間限定的商品，為當月回歸的明星推出。

MAP 別冊 **M08 A-1**

- **地** 首爾城東區阿且山路83號F2 Building
- **時** 10:00-22:00
- **網** www.cubeent.co.kr/cafe20space
- **電** (82)02-3445-1041
- **交** 地鐵2號線(211)聖水站1號出口步行約3分鐘

↑柳善皓明信片 ₩1,500

首爾周邊玩雪攻略

白雪雪冰雪世界

選擇冬天來首爾其中一大原因，無非是想過一個白雪雪的假期，
又豈可不抽出一兩天的時間走到首爾郊區，進入真正純白的滑雪世界！
韓國的滑雪場多的是，有主打美景的、有主打高難度的、有主打親子的，
頭痕哪一個場才最適合自己？看完以下的介紹必為你省下不少功夫！

▲半開放式的溜冰場

↑這個怪異的凸出物就是水上樂園的滑水道，可以隱約看到有人滑下，只是看著都覺得刺激！

WOW! MAP

\ 大型室內玩雪樂園 /

원마운트
ONE MOUNT

01

경기도 고양시 일산서구 대화동 2606

冬天想去玩水，夏天想去玩雪？那一定要到ONE MOUNT玩個夠！於2013年5月開幕的ONE MOUNT是一個綜合了水上樂園及冰雪樂園的主題公園，位處距離明洞站約1小時車程的京畿道。一進入ONE MOUNT範圍，首先會看到位於正中央的大型溜冰場，不過不夠時間大可拍過照後繼續向前走，因為裡面還有一個大型冰雪樂園在等你！抬頭一看，你會發現半空有個怪異的管型物體從室內凸出，那正是水上樂園的刺激滑水道。

↑Snow Park及Water Park都是在同一個售票處售票，入場則分開左右兩邊。

↑ONE MOUNT商場內有不少時裝店。

↑未食早餐？沒關係，這裡有一間來到韓國必試的三文治店「ISAAC」在等你！

Snow Park

↑場內還有一個雪橇場,溫度較外面溜冰場低,入去前最好幫小朋友拉好拉鏈。

要在韓國找到一間可以在室內玩雪的地方不難,但要找到一個有不同玩意的地方卻不容易。ONE MOUNT內的Snow Park除了有提供雪橇、雪上單車、雪上椅子等各種冰上玩樂工具的大型溜冰場外,更有旋轉木馬、雪橇場,帶著小朋友來可以玩上大半天!

→溜冰場上有各種雪上工具,不會溜冰的一樣會玩得很開心。

↑室內還有一個小型笨豬跳。

→雪上單車及雪上椅子都是比較少見的玩雪道具。

↓屋頂還有一個室外雪橇場

Water Park

ONE MOUNT的另一個賣點是Water Park,有室內及室外區,室內區有人造浪池、按摩池、溫泉池、漂流河及滑梯,玩完室內乘電梯到室外區,有數條比較刺激的滑水道,十分刺激!

←嫌玩滑梯未夠濕身刺激?站在大水桶下面吧!大水桶每隔幾分鐘就會倒水,站在下面包你濕透!

地 京畿道高陽市一山西區大化洞2606

時 Water Park 10:00-19:00、Snow Park 10:00-19:00 (周未營業時間至20:00) *營業時間根據季節調整

金 Water Park 平日₩45,000、週末 ₩60,000(14:00後入場₩45,000)、 Snow Park一日券₩35,000

網 www.onemount.co.kr

電 (82)031-566-2232

泊 有

交 地鐵3號線(311)注葉站4號或5號出口乘搭089號巴士於第5個站onemount站(원마운트)下車直達;地鐵3號線(311)注葉站4號出口步行約15分鐘

SP073

雪橇場分成兩邊，一邊比較斜，另一邊比較平坦，同時可讓10多位小朋友一起滑下，工作人員哨子一響，小朋友紛紛從高處滑下，十分熱鬧！

\玩雪之餘了解韓國傳統文化/ 02

한국민속촌
韓國民俗村雪橇場

경기도 용인시 기흥구 보라동 35

韓國民俗村離首爾市稍遠，是一個超大型的室外博物館，佔地越65萬平方米，除了270棟的傳統文化建築、傳統遊戲體驗、傳統樂器演奏、騎馬表演、機動遊戲之外，不說還真不知道原來冬天時更會開放一個小型雪橇場，可以玩雪之餘又可以加深對韓國文化的了解，當地人都愛一家大小來這裡度過週末。雖然兩條雪道稱不上十分刺激，但小朋友照樣依哇大叫，氣氛十足。雪橇場位於頗隱蔽的位置，不過沿途有指示牌指示，不算難找。

↑↓太小的小朋友如果害怕的話也可以在平地玩玩雪

遊戲攤位

↑一入場就見到有彩繪攤位為小朋友在小臉及小手上畫上可愛的圖案

↑村內有小攤位讓小朋友DIY小作品，花點時間製作一個紀念品也不錯。

地 京畿道龍仁市器興區甫羅洞35
時 2月至4月、10月 10:00-18:30、5月至9月 10:000-19:00、11月至1月10:00-18:00
金 成人₩32,000、小童₩26,000
網 www.koreanfolk.co.kr/multi/chinese/
電 (82)031-288-0000
交 地鐵1號線(P155)水原站轉乘免費接駁巴士約30分鐘

WOW! MAP

機動遊戲

以為民俗村內只有文靜的玩意？大錯特錯！村內有不少刺激度十級的機動設施，連大人玩完都要拍拍心口定定驚！

↑大的海盜船太刺激？可以坐坐這個小型的海盜船，跟小朋友一起坐溫馨又開心。

↑摩天輪雖然有點小，但坐到高處看著小朋友開心地跑來跑去也十分有意思。

古代建築

民俗村最大的特色是有近270棟古代建築，有不少更是在朝鮮時代所使用過的建築，重現當時的傳統農宅、民宅、官宅、官衙、書院、市集街道等，讓遊客可以更加了解朝鮮時代人民的生活。

←此鞦韆要站著玩，不怕高的高手可以盪到半空高呢！

→民俗村吸引不少韓國史劇來這裡取景，建築物前都會樹立劇照的人形公仔介紹曾經拍攝過的劇集。

↑有不少建築都是經修復後置於民俗村內展覽，置身當中有回到古代的感覺。

↑一條繩加一棵樹就可以變成大人小孩都愛的跳大繩了

↑掉木棍看似簡單，原來也要一點點小技巧。玩完記得把木棍放好。

美食廣場

美食廣場設於室外，採自助形式，想吃什麼就到不同的檔位點餐及取餐，吃完請記得把用過的餐具放到收集區。食物以韓食為主，米酒、泡菜煎餅、拌飯、烤肉等傳統韓食通通都有供應，除了一般座位更有仿古的高台座位，別有一番風味。

↑泡菜煎餅味道不辣偏淡；烤肉烤得有點過火，口感偏硬。

←滑雪場內高手雲集，令人大開眼界！

WOW!

비발디파크

03

維瓦爾第滑雪場

강원도 홍천군 서면 팔봉리 1290-14

大明維瓦爾第公園度假村距離首爾只有1個多小時的車程，因此不少遊人都會選擇即日來回。不過因為度假村亦開放夜間滑雪，白色的雪地加上金光閃閃的射燈，即時為滑雪場添上幾分浪漫，吸引不少人留守至晚上看看不一樣的滑雪場。滑雪場共有12條滑雪道及10台吊椅，而附屬的度假村更有專屬路徑直達滑雪場，不論是想玩至晚上的遊人還是想一早出發喪玩都非常適合。

←何謂高手？就是變成狸貓也能滑行自如的他！

↑場內有裝備可以租借

↑似小型海盜船，刺激度比海盜船細。

↑桌球室

↑3層樓高的跳樓機

遊樂設施

除了保齡球場、桌球場等等外，商場的內更有不少遊樂設施如碰碰車、咖啡杯、旋轉木馬等，猶如一個小小的遊樂場。

↑保齡球場有16條球道

WOW! MAP

餐廳

不論是滑雪場範圍還是公寓範圍都有多間餐廳及Food Court，中餐西餐韓食和食燒肉樣樣有齊，超多選擇！

Food Market

商店

大明維瓦爾第有多間商店，除了滑雪板、雪鞋、雪杖等可以直接在滑雪場租借外，滑雪用手套、護目鏡、護耳罩等比較貼身的裝備可以在場內店舖購買，款式多，價錢亦比較貼身不貴。除了滑雪裝備，當然少不了售賣精品的店舖，不妨買來做個紀念。

滑雪場Canteen

小食亭

SKI WORLD SPORTS SHOP

↑ 是一間超級市場，酒類、冷凍及新鮮食品、一般生活用品都可以在這裡買到，打算在滑雪場留宿一宵的自遊人可以來這裡入貨。

Good & Goods
↑ 店內所有裝備齊全，可以一次過買齊所需用品，省下不少時間。

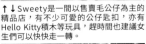
Sweety

↑↓ Sweety是一間以售賣毛公仔為主的精品店，有不少可愛的公仔匙扣，亦有Hello Kitty積木等玩具，趕時間也建議女生們可以快快走一轉。

↑ 青蛙造型的冷帽加上綠色的護耳罩，雖然表情有點可憐，但爆笑度滿分！護耳罩W45,000、青蛙冷帽W30,000

地 江原道洪川郡西面八峰里1290-14

時 10:00-17:30 按季節變更

金 雪裝備由成人₩26,000起、小童 ₩18,000起 (根據時段收費)：一日券 成人₩45,000起、小童₩35,000起(按季節收費有所不同)；半日券(14:00後入場、旺季15:00後入場)成人₩35,000起、小童₩25,000起(按季節收費有所不同)

網 www.sonohotelsresorts.com/vp/

電 (82)2-1607-7888

交 東首爾長途巴士客運站購票後乘巴士前往；參加滑雪一日遊團可免費搭乘專車（請於兩天前預訂）

\高手雲集的滑雪場/

비발디파크

04

鳳凰城滑雪度假村

강원도 평창군 봉평면 면온리1095

鳳凰城於1995年開始啟用，是首個引入索道的滑雪場，場內共有22條雪道及12條索道，雪道受國際認證，所以在這裡會不時看到各種不同的精彩賽事。雖然相比其他滑雪場這裡的面積較小，但因Snowboard Park及Halfpipe等設施較為齊全，所以仍吸引不少高手來這裡練習。除滑雪道外，場內亦劃分了一個頗大的雪橇場，又有教學用的小型滑雪障礙場，讓年紀較小的小孩有個安全的空間學習滑雪技巧。

↑小型的滑雪障礙場是小朋友熟習滑雪技巧的好地方

↑雪橇、雪鞋、滑雪板的數量都十分充足，沒有私伙的可以到場再借。

↑寬闊的平地常有教練開班授課

餐廳

除了位於滑雪場的Canteen，對面的附屬商場也有不少餐廳提供美食，吃厭了Canteen的食物不妨稍移玉步到對面的商場開餐，cafe、烤肉、Pizza等不同國家料理都有。

滑雪場Canteen
↑豬排飯、牛肉飯、烏冬等基本菜式在鳳凰城的Canteen都有提供，味道不俗。

地 江原道平昌郡蓮坪面綿溫里1095

時 11月(每年開放時間稍有不同，詳情可參考官網)

金 入場免費(滑雪裝備由成人₩26,000起、12歲以下小童₩22,000起 (根據時段收費)

網 phoenixpark.co.kr

電 (82)02-1577-0069

交 KTX京江線平昌站2號出口巴士站轉乘免費接駁巴士

WOW! MAP

\ 限制人流 / 05

곤지암리조트
昆池岩度假村

경기도광주시 도척면 도웅리산23-1

距離首爾江南區僅40分鐘的車程，為保證客人的安全，昆池岩是首個實施人流限制的度假村，除了定期使用券人員外，非會員可在網上預約。遊客可從頂端開始享受約1.8Km的初、中級的路線，還有3個牽引車連接到滑雪場最頂端，除了滑雪還有生態河川體驗，新型溫泉和其他水上服務項目。

地 京畿道廣州市都尺面陶雄里山23-1

金 上午入場券09:00-13:00、下午入場券13:00-17:00、凌晨入場券24:00-04:00：大人₩47,000(平日)/ ₩49,000(假日)、小童₩33,000(平日)/ ₩35,000(假日)夜間入場券19:00-22:00、深夜入場券21:30-24:30：大人₩41,000(平日)/ ₩43,000(假日)、小童₩29,000(平日)/ ₩30,000(假日)

網 www.konjiamresort.co.kr

電 (82)02-3777-2100

交 地鐵2、8號的蠶室站樂天百貨1樓無印良品門口，乘免費專車直達

↑首個限定入場人數的度假村，使用人數都限制在4,500名左右，人流不多的時段會加設現場售票，若打算在周末去，最好事先預訂。度假村為初、中級的滑雪人士提供11個寬闊滑雪坡道。

→滑雪場擁有476間公寓式客房、溫泉和高爾夫球場等設施，是規模大的綜合性度假村。

\ 最長雪道 / 06

오투리조트스키장
O2度假村滑雪場

강원도태백시 황지동산176-1

2008年12月開幕的O2度假村位於韓國最高的高原，全場共16條雪道，除了高還有最長約16千米的滑雪道。度假村還設有兒童遊樂區和雪橇場，全家人可共享滑雪趣味。滑雪初、中、高級者都在同一個地點出發，最後又在同一個地點會合，加上有接駁車往返各地區，讓遊客更靈活安排時間。

地 江原道太白市黃池洞山176-1

網 www.o2resort.com/chinese

電 (82)02-1577-1420

交 乘坐火車從清涼里站出發至太白站，最早班車為08:00，車費大人₩16,000、小童₩8,000，車程約4小時10分鐘

↑大白山是韓國最高點最早下雪，以及最晚結束雪季的地區，因此O2度假村擁有得天獨厚的雪場。

↑初學者的滑雪道最高點1,420米，最低點3.2米，讓初級滑雪人士也能體驗乘風而下的快感。

←滑雪場附屬的酒店房間十分寬敞

알펜시아리조트 **07**

Alpensia度假村滑雪場

강원도 평창군 대관령면 용산리225-3

Alpensia度假村滑雪場最廣為人知的除了是那可眺望大關嶺的美景外，應該就是那條全韓最大的滑雪跳台，正因為這裡有專業級水平的設施，在不久前被選定為「2018年平昌冬季奧運」的指定場地，跳臺滑雪、越野滑雪、長橇比賽等都會在這裡舉行。雖然這裡貌似為專業高手而設，但其實這裡也有6條難度比較低的雪道，初心者都可以玩得得心應手。打算住一晚的話更可以用餘下的時間去一去度假村內的水上樂園「Ocean 700」，有人造衝浪池、開心漂流河及大型滑水梯等水上設施，於冬天也會開放。

←Alpensia的resort很有度假的感覺

地 江原道平昌郡大關嶺面龍山里225-3

時 08:00-22:00 (因設施而異)

金 入場免費 (滑雪裝備 ₩20,000起/日、₩10,000起/半日)

網 www.alpensiaresort.co.kr

電 (82)33-339-0000

交 於東首爾巴士站乘巴士前往橫溪市外巴士客運站 (₩20,000)，再轉乘的士，車程約2小時45分鐘。

↓度假村附屬的水上樂園室內恆溫26度，即使外面冰天雪地，室內仍是暖笠笠。

↑水上樂園內有多個遊樂設施，刺激度各異，亦有特色風呂讓人放鬆身心。

←這裡擁有全韓最大的滑雪跳台，讓專業高手大展身手。

←每座吊椅都可以乘載多個乘客，減低輪候的時間。

行前準備知多啲

達人教室

好去哪一個滑雪場，但對於去滑雪要穿什麼？要帶什麼去滑雪？如何前往滑雪場如何收費？在滑雪場住一晚是不是必須？……可能還有無數疑問，就讓我們將擊破！

場都位於郊區，乘公共交通工具前往會比較複費時間，建議乘搭滑雪場提供的接駁巴士往返約一個多小時，方便省時，部分為免費服務，部，而公共交通工具則可能要用上兩個多小時。巴士需要預約，部分更只限韓國人預約，可找店幫忙。

巴士大部分一日只有1至2班，逾時不候，建議間等侯巴士。

NO SHOW！要更改日子也必定要聯絡滑雪被列入黑名單，下次預約無望！

的回程亦要預約，座位非常容易爆滿，建議到馬上到資訊中心詢問，否則要拖著滑雪後疲累公共交通工具自行離開。

←售票機

住宿：

· 滑雪場都位於偏遠的郊區，所以都會附設酒店方便遊客過夜。

· 部分酒店設施比較簡陋，而且價錢中等，自遊人亦可選擇滑雪場附近的酒店。

及設備租借：

雪場都不收取入場費，租借裝備費。

有滑雪場都有基本滑雪用具租等比較貼身的物品建議錢不會太貴，可在滑雪場購買。

$W

滑雪課程：

· 滑雪場一般都會提供收費課程，可事先預約或到埗後向滑雪場查詢；懶人一族也可以直接參加首爾本地的滑雪一天團，專車接送、租借雪衣雪褲及雪具、專業教練授課一條龍服務，頗為方便。

聖水洞

성수동 Seongsu-dong

必見！
LCDC Seoul

位於城東區的聖水洞，是首爾近年最熱門的旅遊景點，其前身是工廠區，結集大量印刷廠、皮革工廠，後來經過翻新，搖身一變成為充滿藝術感的地方。很多具人氣的咖啡廳與時裝店都保留了既有的工業風，再注入新的元素，令聖水洞的店舖更有自己的特色。無論是平日還是假期，都會聚集大量的遊客及韓國人，更成為近年的時尚潮流指標。

往來聖水洞交通

往十里站(208)	2號線 約5分鐘 ₩1,400	聖水站(211)

① 文青必到複合空間
Camel

地址 서울 성동구 성수동 2 가 570-1

藏身在到處都是車房的首爾林街巷子裡，Camel開設在一座紅磚屋內，主調統一為咖啡色，室內的木質桌椅、和暖的暗黃色燈光和水泥地板都洋溢著隨性的氛圍。店內主要提供咖啡和少量包點，招牌Camel咖啡是甜甜的奶泡咖啡，入口香甜柔滑兼有咖啡香，凍飲以印上啡框黃字的Camel玻璃杯盛載，配合Café的環境，甚具質感，難怪這裡會是網紅打卡熱點！

Camel Coffee
₩5,500
入口味道細膩，奶泡雖然帶甜味，但甜度適中，不會掩蓋咖啡香。

貨架上售賣咖啡豆和專用的拉鏈式保鮮袋。

MAP 別冊 **M08 B-2**

地　首爾城東區聖水洞 2 街 570-1
時　11:00-20:00
網　lcdc-seoul.com
電　(82)02-3409-5975
交　地鐵2號線聖水站(211)3號出口
　　步行約7分鐘

資料由客戶提供

WOW! COUPON 優惠

Taco. Tuesday

TACO TUESDAY

韓風墨西哥Fusion菜

TACO TUESDAY 聖水店
TACO TUESDAY 성수점

地址 서울시 성동구 왕십리로10길10, 1F

老闆曾在海外進修廚藝，精心打造韓國人的墨西哥料理。Taco Tuesday追求制作出乎合韓國人口味的墨西哥捲餅。在韓國熱門食店搜尋App「Catch Table」、「Naver」、「食神」中排行榜首及熱搜店舖，店舖雖經常大排長龍，但仍有很多人追捧，著名的藝人也是其常客。

↑巨型鮮蝦墨西哥捲餅 ₩11,000
Q彈的大蝦加上辣肉醬，再用墨西哥捲餅包上的傳統墨西哥美食。(有雞肉、牛肉、磨菇捲餅，₩9000- ₩11,000)

↓ 怡米強克捲 W16,000
將切碎的牛肉和洋蔥用特製的醬汁炒碎後，把它們包在玉米餅裏裏油炸而成的傳統墨西哥捲餅，在全國共賣出 10 萬份以上 Taco Tuesday 的代表美食。

↑ 香蒜3層墨西哥烤肉拼盤
W42,000
用肉和蝦分成 3 層，再配以車打芝士的同時一邊加熱能一邊吃到最後仍能保持口感豐富的味道，再包著玉米捲餅上一起吃，是 Taco Tuesday 的招牌料理。(可以隨時免費追加玉米捲餅)

→ 首爾林香蒜綠色拼盤 W36,000
這是一道表現出首爾代表性旅遊勝地 - 首爾林的料理，是將各種肉和蔬菜拌在一起包在玉米捲餅上吃的墨西哥代表性美食。加入獨家秘制的蒜醬融合而成的醬料是 Taco Tuesday 獨有的特點(可以隨時免費追加玉米捲餅)

MAP 別冊 **M08 A-1**

地 首爾市城東區往十里路
10街10號，1樓
時 11:00 – 22:00 (L.O. 21:00)
休 年中無休
電 (82)02-462-7776
交 地鐵2號線纛島站(210)
7號出口步行3分鐘

② 文青必到複合空間
LCDC Seoul

2樓是時裝品牌 LE CONTE DES CONTES 的賣店。

地址 서울 성동구 연무장17길 10

一個空間可以有多少可能性？這座4層樓高的複合文化空間LCDC SEOUL由韓國時裝品牌LE CONTE DES CONTES創建，以意大利詩人 Giambattista Basile 在《五日談》的故事為靈感。大廈地下是以日常生活為概念的展覽館Ephemera Cafe，2樓是品牌的時裝專區，而3樓則集合本地各個小眾品牌，在同一個空間匯聚大大小小的商店與故事。

以動畫《怪獸公司》的「門」為藍本，象徵每道門都可以通往不同世界。

↑ 沿石梯移動到天台花園，看到在太陽下閃亮的芒草，瞬間感到一種柔和溫暖的感覺。

→ 地下咖啡廳除了賣咖啡外，還會售賣日用品、書和文具，充滿時尚文化氣息。

MAP 別冊 **M08 B-2**

地 首爾城東區聖水洞練武場17街 10
時 11:00-20:00
網 lcdc-seoul.com
電 (82)02-3409-5975
交 地鐵2號線聖水站(211)3號出口步行約7分鐘

→NAT Hair Pin Set
₩35,100
一套有 6 款不同造型的布髮夾。

②a 保持新鮮的快閃店
DOORS-LCDC

沿石階向上走，第一道門就是LCDC的快閃POP-UP店，為保持新鮮感，一般營業期只會維持兩周左右，今次遇到下次就未必再遇。這期有法國插畫家Nathalie Lete與韓襪專門店socksappeal 聯乘的POP-UP店，至於下期是甚麼，就要靜候官方公佈了。

地 A301
時 12:00-20:00
休 星期一
網 m.socksappealshop.com

WOW! MAP
2
2a

2b 本土文創品牌

OIMU

自2015年在首爾成立的設計工作室，OIMU並非一個純粹設計文具雜貨的品牌，而是透過觀察和研究，把過去的文化和現代價值透過「設計」聯繫起來，例如研究在韓國有70年製造橡皮擦膠的公司Hwarang Rubber，梳理它所生產的453件橡皮擦膠的發展，最後出版一本有關本地橡皮擦膠的書，還有把昔日僅用作製造韓服的蠶絲製作成書籤和環保袋，擺脫傳統規限。

←招財香包 ₩25,000
以圍成一圈的幸福時刻為主題，藏有天然香料的香包會成為日常美好的一部分。

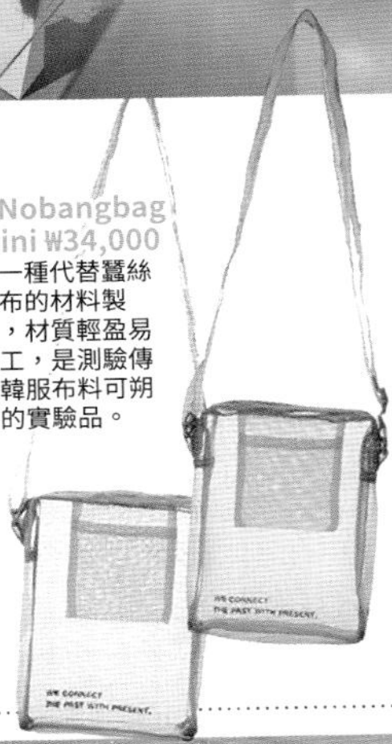

→Nobangbag mini ₩34,000
由一種代替蠶絲春布的材料製作，材質輕盈易加工，是測驗傳統韓服布料可朔性的實驗品。

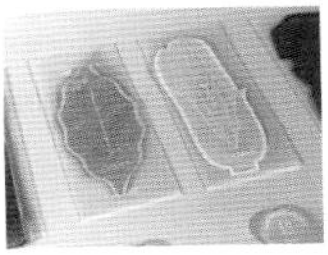

→蠶絲書籤 ₩15,000
以傳統韓服布料「춘포」（春布）製作，由工匠用傳統方式刺繡而成的書籤。

地 A305
時 星期二至五 12:00-20:00、星期六日12:00-19:00
休 星期一
網 oimu-seoul.com
交 地鐵2號線聖水站(211) 1號出口步行約10分鐘

2c 暫停繁忙生活

haanhoz

這間肥皂店以「Pause Your Life」為宗旨，致力讓每個人都可以從繁忙的生活中稍事停下來，照顧自己也照顧環境。店內的產品均以冷製法手工製作，加入天然植物油再熟成4周以上，手作皂系列包括仿水磨石設計的Terrazzo Soap、針對不同皮膚需要的Only One Soap，還有將梘刨成一片片以方面攜帶使用的Hanahzo Chips Soap。

→Hanahzo Chips ₩7,000
一盒煙盒大小的薄片裝番梘，可另加₩1,000選絲帶禮盒裝。

↓Only One磨砂組合 ₩50,000
一盒有齊燕麥、綠豆、紅豆和咖啡 4 種具磨砂功能的梘，可溫和去死皮和改善皮膚粗糙。

↓Terrazzo Razzo ₩11,500/100/g

地 A304
時 12:00-20:00
休 星期一
網 hanahzo.com
電 (82)070-7727-7117

WOW! MAP
2b 2c

3 簡約主義
Scène

地址 서울 성동구 성수동2가 314-2

品牌以「城市中的公園與廣場」為設計概念,打造一座擁有廣闊戶外空間的兩層高的建築,純白方正的建築配合大片落地玻璃,予人一種明亮的時尚感。地下是品牌旗下的咖啡廳,極簡主義的風格吸引不少人來打卡,連Red Velvet Irene也曾是座上客,而2樓全層均為選物店,售賣如FLARE、TYPESERVICE、muwm等本土新銳設計品牌。

↑一樓是品牌的 Select shop,售賣時裝、飾品、香水和手袋等高商品。

MAP 別冊 **M08 A-1**

地 首爾城東區聖水洞2街314-2
時 10:00-22:00
網 www.sceneseoul.com
電 (82)0507-1493-2127
交 地鐵2號線聖水站(211)4號出口
  步行約兩分鐘

←地下的咖啡廳刻意保留天花的水泥,營造出低調的簡約風格。

→Fig Pound
₩8,300、
Peach Pound
₩9,300

→muwm布銀包
₩29,000
品牌是韓國的純素時裝品牌,在製造過程中減少對環境的傷害。

4 天然鹽麵包
Natural Salt Bread
자연도소금빵

地址 서울 성동구 성수동2가 321-74

這間麵包連鎖店以高質天然材料作招徠，僅使用加拿大CW1特級麵粉、獲法國AOP認證的牛油，以及法國天然風乾海鹽製作。店內獨沽一味只售一款鹹麵包「Natural Salt Bread」。包的外形有點像牛角包和港式豬仔包的混合體，入口綿密香軟，牛油味香醇不膩，更有淡淡鹹香，味道豐富，口感其佳，難怪可以每日熱賣7,000個！

↑ 親身嚐過以後終於明白為何小小的麵包店竟然可以整天大排長龍。

←Natural Salt Bread
₩12,000/4個
別看它的外表平平無奇，味道出奇美味，值得排隊一試。

LOGO 象徵著如雲朵般柔軟的麵包。

MAP 別冊 **M08 B-2**

地 首爾城東區聖水洞2街321-74
時 09:00-22:00 (售罄即止)
網 www.instagram.com/saltbread.in.seaside
電 (82)02-463-2245
交 地鐵2號線聖水站(211)3號出口步行約4分鐘

---

5 世界Select Shop
WorldWideWorld

地址 서울 성동구 성수동2가 309-144

一家集合各國品牌時裝精品的綜合時尚選物店，包括日本鞋履品牌Haruta、以航海為靈感的國際品牌NAUTICA等，本地行李箱品牌RAWROW的旗艦店亦在這裡進駐，它的行李箱設計不僅顏色眾多，而且長寬高比例亦因應不同情況設計，行李箱自帶電子磅、美國適用的TSA海關鎖，手把下方更特設收納空間可置放機票和護照等小物，精巧的設計曾獲多個本地及海外多個設計大獎。

Haruta是日本一個生產休閒皮鞋為主的皮鞋品牌。

↓ RAWROW
28吋行李箱
₩750,500
品牌的每個行李箱均有終身保養。

MAP 別冊 **M08 A-2**

地 首爾城東區聖水洞2街309-144
時 11:00-20:00
網 worldwideworld.kr
電 (82)070-5161-0777
交 地鐵2號線聖水站(211)4號出口步行約7分鐘

WOW! MAP

聖水洞

麻浦區

明洞

南山

鐘路・仁寺洞・三清洞

⑥ 午市人氣王
蕎麥食堂 소바식당

地址 서울 성동구 성수동2가 315-49

吃韓國菜吃得膩了嗎？不妨試試這間人氣極高的日本餐廳吧！餐廳曾因成為李鍾碩主演的韓劇《羅曼史是別冊附錄》取景地而瘋狂被朝聖，但其實撇開追星地點的虛名，它本身就已極具人氣，每到午飯時間都一位難求。店內主要提供蕎麥麵和日式蓋飯，招牌蕎麥麵可自選冷熱湯底，麵質軟硬適中，入口保持清爽，是一碗純樸的日式蕎麥麵，配菜可選韓牛、鮮蝦和鮮蝦鮑魚。

↓蘇格蘭蛋 (타마고 멘치카츠)W9,000
溏心蛋釀入豬肉丸子再炸的小食，酥香美味，濕潤的溏心蛋漿為炸丸子增添層次，另可選牛肉。

↑海膽蓋飯 W36,000（大）
橙色的海膽足料新鮮，多得幾乎完全掩蓋白飯。

←韓牛冷蕎麥麵 W16,000
冷蕎麥麵的湯頭中加入碎冰，配以青瓜、芥末、紫菜和番茄，口感清爽，惟韓牛肉片不夠香軟。

MAP 別冊 M08 A-2
地址 首爾城東區聖水洞2街315-49
時間 11:00-15:00、17:00-21:00
網址 www.instagram.com/sobasikdang
電話 (82)02-6339-1552
交通 地鐵2號線聖水站(211) 4號出口步行約4分鐘

⑦ 藝術畫廊咖啡室 OUDO

地址 서울 성동구 성수동1가 16-4

2019年7月開店，OUDU是一間擁有私人畫廊的咖啡廳，展覽由本地新銳藝術家創作的作品，主題每月更新。室內空間光潔明亮，寬敞的空間擺放了舒適的桌椅，看起來就像置身高級傢具店，另設有戶外空間，讓客人可以邊呷咖啡邊享受陽光與街角風景。

MAP 別冊 M08 A-1
地址 首爾城東區聖水洞1街16-4
時間 星期一至五10:00-22:00、星期六日11:00-22:00
網址 www.instagram.com/oudogallery
電話 (82)0507-1343-8922
交通 地鐵纛島站(210) 5號出口行約3分鐘

↓特別設有展覽區，展示不同藝術家的作品。

←Cinnamon Latte W7,000、Salty Crunch Croffle W11,000

Café一隅售有皮鞋和棉質衣服。

半露天空間寬敞舒適，四周均可欣賞到不同的藝術畫作。

←西柚梳打
₩7,500
十分清新，但味道偏酸，可以一解夏日的悶熱。

8 文青藝術氣氛
大林倉庫 대림창고

地址 서울 성동구 성수동2가322-32

大林倉庫可以說是聖水洞最熱門的Cafe，前身是間倉庫，改建之後依然保留了工廠的風格，加入了藝術元素及定期舉行的展覽，令它不只是一間普通的咖啡廳。一踏進大林倉庫，就可以看到巨型的藝術裝置！雖說是間打卡Cafe，但餐點部分令人非常驚喜！首推鮮蝦玫瑰意粉，上面灑滿了香草及玫瑰花碎，味道帶有淡淡花香，與濃郁的海鮮醬汁搭配得極佳。

MAP 別冊 M08 B-2

地址 首爾城東區聖水洞2街322-32
時 11:00-22:00
休 元旦
網 www.instagram.com/daelim_changgo/
電 (82)0507-1390-9669
交 地鐵2號線(211)聖水站3號出口
　步行約3分鐘

9 雲朵夢幻馬卡龍
Chika Chika 치카치카

位置不算多，加上沒有限時，大家都會慢慢坐。

地址 서울 성동구 성수이로3길 16

Chika Chika 的出品連日本遊客都大讚，雲朵形象的設計更有夢幻感，就連選色都非常粉嫩，盒裝的一排7個做手信很有誠意！深受歡迎的原因當然不止是賣相吸引，面層的蛋白脆餅非常酥脆，而中間除了有層忌廉外，還加入了朱古力碎、果醬等配料，令口感更加豐富。

馬林糖
₩4,500

馬卡龍 ₩3,000/件

↓鮮果牛奶捲蛋 ₩7,800

MAP 別冊 M08 A-2

地 首爾城東區聖水2路3街16
時 11:30-19:00
休 星期一
網 chikachika.com
電 (82)02-498-3478
交 地鐵2號線(211)聖水站1號出口
　步行約15分鐘

年輕的女店長因為喜歡吃甜食，而開了這一家店。

8　　9

⑩ 品味雜貨店
Munchies and Goodies

地址 서울 성동구 성수동2가 316-59

現今世代的一切都講求品味，連雜貨店都不例外。這間位於聖水洞大街的雜貨店專門售賣來自不同品牌的質感小物和食品，如日本藝術餐器品牌AMABRO的器皿、美國CAMBRO的彩色玻璃纖維托盤、日本HIGHTIDE Penco的復古文具、德國REDECKER動物毛刷，以及意大利品牌Panealba的零食等。此外店內更附有自家製麵包店，即日新鮮出爐的Salt Bread非常受歡迎。

MAP 別冊 M08 A-2

地 首爾城東區聖水洞2街316-59
時 11:00-20:00
網 munchiesandgoodies.kr
電 (82)0507-1369-5294
交 地鐵2號線聖水站(211)4號出口
步行約5分鐘

↑Table Brush Hedgehog ₩29,000
來自德國的毛刷，混合馬毛和山羊毛，寬大的扇形設計可掃除灰塵，適合清潔角落和縫隙。

←Renova Plasticzero Kitchen Towel ₩5,900
來自葡萄牙的紙品品牌，以全天然物料製成，連包裝都是用紙做，非常環保。

↑店內齊集了各國品牌的高質家品。

→Salt Bread ₩3,200
麵包質地綿密，味道帶輕鹹。

⑪ 全天候營業照相館
4 Cuts 인생네컷

地址 서울 성동구 성수동2가 316-43

貼紙相店在首爾遍地開花，大概已經不用多介紹了，不過這間24小時營業的照相館以聖誕節為主題，店內長期擺著聖誕老人、胡桃夾子、松果和小叮噹等充滿節日感覺的裝飾，實在令人難以忽視，不少人都被五光大色的裝飾吸引，前來快閃打卡。

← 一條四格的貼紙相 ₩4,000
→兩大塊鏡子讓大家好好扮扮。

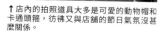
↑店內的拍照道具大多是可愛的動物帽和卡通頭箍，彷彿又與店舖的節日氣氛沒甚麼關係。

MAP 別冊 M08 A-2

地 首爾城東區聖水洞2街316-43
時 24小時
交 地鐵2號線聖水站(211)4號出口
步行約3分鐘

WOW! MAP
10   11

12 大熱英國時裝副線
ROCKFISH
WEATHERWEAR

地址 서울 성동구 성수동2가 310-13

Rockfish Weatherwear成立於2004年，是一個結合英式典雅和功能性的英國時裝品牌。服裝的設計保留了簡潔的英倫風，它的貝蕾帽、雨靴、瑪莉珍鞋都是人氣之選。聖水洞分店一幢三層，是一間歐式風格的純白小屋，地下集中售賣鞋和帽，二樓則是有齊品牌全系列服飾和鞋履。

↓ 品牌最受歡迎的雨靴系列，有多個款式可選。

ROCKFISH WEATHERWEAR

→**Hayden Fur Collar Clog** W72,000。

↓ **Bella Maryjane Flat** W81,000
絨布質地的瑪莉珍鞋，共有 6 種顏色。

MAP 別冊 **M08 A-2**

地 首爾城東區聖水洞2街310-13
時 11:30-20:00
網 www.rockfish-
weatherwear.co.kr
電 (82)070-8866-7689
交 地鐵2號線聖水站(211)
4號出口步行約4分鐘

WOW! MAP

⑬ 自斟自酌
DOOR to seongsu
도어투성수

↓ 啤酒機的熒幕列明每種啤酒的名稱和簡介，價錢由₩1,300起。

地址 서울 성동구 성수동2가 310-65

不知大家有沒有逛便利店的習慣，韓國的便利店常常推陳出新，有大量新奇有趣又價格相宜的食品出現，這間Door to seongsu便是由便利店品牌GS25開設的旗艦店，這裡不僅可找到各種GS25獨家的冷凍小食、雞肉串和炸雞等熟食、麵包和甜點，還有紅白酒機和啤酒機，打造出一個咖啡店、便利店與酒吧共存的空間。

↑ 紅酒白酒亦可以逐杯添飲，價錢由₩2,000起。

MAP 別冊 M08 A-2

地 首爾城東區聖水洞2街310-65
時 08:00-23:00
交 地鐵2號線聖水站(211)4號出口步行約3分鐘

↑便利店凍櫃的小食和飲品通通齊備。
→咖啡可選堅果味或果味的咖啡豆，還可以即時拍照打印在咖啡上，不過成品認真一般。

WOW! MAP

13

上百款不同味道的香任君選擇。

14 飄來一陣印度香
HeavenSense

地址 서울 성동구 성수동2가 310-55

近年城市人開始注重身心靈上的健康，印度梵香和相關的商品愈來愈受歡迎，民族選物店HeavenSense主張與大自然和諧並存的慢活態度，售賣逾百款印度香支、木香座，民族風地毯和波西米亞編織掛飾等商品，為生活添加獨特性。

WEEKEND
Lazy Sunday

←迷你布海報
₩8,900

↑大象香座 ₩3,500
長形的木製香座印有大象圖案，有橙色和綠色可選。

←UN BAROTA
八角形火柴 ₩2,900

VIBES

MAP 別冊 **M08 A-2**

地 首爾城東區聖水洞2街310-55
時 星期一至五 11:30-20:30、
星期六日 11:00-20:00
網 www.heavensense.co.kr
電 (82)0507-1481-7765
交 地鐵2號線聖水站(211)4號出口
步行約7分鐘

麻浦區

明洞

日本家品品牌Pubeco，風格比較簡約。

15 街頭時尚雜貨店
Velvet Trunk
벨벳트렁크

地址 서울 성동구 연무장길 25

走在聖水洞的街頭上，如果你看到一間間類似廢棄工廠的建築，千萬不要直行直過，進去走走說不定會挖到寶！Velvet Trunk 就是一間街頭時尚型格店舖，裡面有超有個性的衛衣Undercover、以Nike為首的運動鞋、日式家品雜貨Pubeco，以及護膚品等，不止女人愛Shopping，就算是男人相信也會買到不捨得走！

雲集多個國際人氣品牌，小心買到破產！

↑護膚品專區有完整一套的皮膚護理品，可以逐一試真點。

FACE TREATMENT

←Undercover 衛衣
₩335,000

南山

鐘路・仁寺洞・三清洞

MAP 別冊 **M08 A-2**

地 首爾城東區練武場街25
時 10:30-20:00
休 星期一
電 (82) 0507-1405-8997
網 www.instagram.com/
velvettrunk_hyundaitrade
交 地鐵2號線(211)聖水站4號
出口步行約9分鐘

14

15

WOW! MAP

16 日常生活中的儀式感
Point of View

地址 서울 성동구 성수동1가 16-39

說到在首爾最紅的文創用品店,必定要數這間 Point of View,品牌走簡約復古路線,不僅售賣鉛筆、鋼筆、書架、筆盒等文房用品,還有許多具設計感的賀卡、印章、筆記簿,甚至有精緻的黃銅飾品和鈕扣,單單是欣賞它們的設計已令人目不暇給,喜歡質感小物的朋友萬勿錯過。

←**Apple Journal Small** ₩22,000
PU面的筆記本,內裡是沒有格線的空白頁面。

→**POV Promenade Bag** ₩28,000
印有品牌Logo的布袋設計簡潔,100%純棉製造。

→**OIMU 貓咪擦膠** ₩1,500

↓**POV Logo Button** ₩3,000
採用南美洲的象牙西穀椰製成,應該沒甚麼特別用處,但愈望會令人愈想將它帶回家。

↑店內不同角落展出眾多舊文具,圖中展示的是在 1934 年生產的鉛筆。

MAP 別冊 **M08 A-2**

地 首爾城東區聖水洞1街16-39
時 12:00-20:00
網 pointofview.kr
電 (82)02-462-0018
交 地鐵2號線聖水站(211)4號出口步行約7分鐘

17 大大啖食肉

抵食 編者推介

소문난 감자탕
傳聞中的馬鈴薯排骨湯

地址 서울 성동구 성수2가3동 315-100

韓國是湯類食物選擇多多的地方，泡菜湯、大醬湯、醒酒湯、海帶湯等，只要再搭些小菜就是豐盛的一餐。傳聞中的馬鈴薯排骨湯就連「白鐘元的三大天王」都有採訪過，出名之處在於非常足料，鍋內的排骨在送上枱時已經煮熟，超大份啖啖肉，好多客人都豪邁地用手拿著吃，再加上煮得入味的馬鈴薯，小份已夠3個人食，一個人去都可以食單人份哦！

↑馬鈴薯排骨湯一人份 ₩10,000
輕輕一撕就可以撕下大大份肉，食肉獸最愛。

↑不要小看這個醬，加了芥末微嗆，味道更加豐富。

←兩個人食細份都夠飽，食完記得再加個炒飯，超滿足！

←無論甚麼時間去，都會爆場，人氣超旺。

MAP 別冊 **M08 A-2**

| 地時 | 首爾城東區聖水2街3洞 315-100 24小時 | 電交 | (82)02-465-6580 地鐵2號線(211)聖水站 4號出口步行約5分鐘 |

18 跟孔劉影靚相
壁畫街 모카책방

↑記得拿本書來拍照，就可以與孔劉 get 同款！

地址 서울 성동구 성수동2가 333-93

雖然《鬼怪》已播完一段日子，不過孔劉熱潮依然持續升溫，各位孔太太們如果想同孔劉影一樣的海報，就要來到位於聖水洞的壁畫村了！其中一面牆在《鬼怪》中出現，男主角拿著書倚牆扮優雅，是期間限定Cafe 摩卡書房 모카책방的壁畫，現在咖啡廳已經變成了工作室，但壁畫依然是人氣的打卡位。同一個區域還有很多噴畫，轉Profile Picture的機會來了。

↑除了鬼怪牆之外，還有很多面值得影相的噴畫牆。

MAP 別冊 **M08 A-2**

| 地交 | 首爾城東區聖水2街333-93 地鐵2號線(211)聖水站4號出口步行約8分鐘 |

17

18

WOW! MAP

麻浦區

明洞

南山

鐘路・仁寺洞・三清洞

⑲ 回歸基本
Low Key

室內以長形梳化和木檯營造出溫暖氛圍。

地址 서울 성동구 성수동2가 302-16

在一眾Cafe競爭激烈的聖水洞，不少咖啡店都要出花招吸客，Low Key咖啡店希望回歸基本，著重咖啡的品質和沖泡過程，店內每種咖啡豆都備有卡片，向客人介紹咖啡產地、農田種植紀錄、處理手法和味道，甚至連農莊和農民的名字都一一齊備，難怪可以在眾多咖啡店中脫穎而出。

手沖Panama咖啡 ₩5,500
咖啡來自巴拿馬的奇里基，味道輕柔，帶點花香和果酸。

↓↑櫃檯旁設有專櫃，售賣自家烘焙的咖啡豆和文創小物。

↓店家一早準備好盛有不同咖啡粉的盒子，讓心大心細不知揀哪款咖啡的客人聞一聞再作決定。

每張介紹卡都有齊咖啡豆的詳細資料，是一個非常貼心的品啡體驗。

MAP 別冊 **M08 A-2**

地 首爾城東區聖水洞2街302-16
時 星期一至五 10:00-19:00、
星期六12:00-21:00、
星期日 12:00-20:00
網 www.lowkeycoffee.com
電 (82)070-8824-2010
交 地鐵2號線聖水站(211)4號出口
步行約7分鐘

WOW! MAP
19

難得有間全男裝的時裝店，男士們怎能錯過呢！

怎少得最佳搭配的帽子，一頂₩25,000起。

←軍綠色外套
₩120,000

20 4XR
男士購物時間！

地址 서울 성동구 성수동2가 315-7

對於女生來說韓國是購物天堂，但男士們卻會覺得是地獄，因此，不要忘了幫另一半安排些適合他們的行程啊！4XR在韓國是很有名氣的潮流品牌，入面全部都是男裝，而設計偏向比較簡約、素色為主，男生們更易配搭。衣服的質地十分不錯，穿上身柔軟舒服，偶爾更會有各種優惠折扣，可以以平價入手高質衣服。

MAP 別冊 **M08 B-2**

地 首爾城東區聖水洞2街315-7
時 11:00-20:00
網 www.4xr.co.kr
電 (82)07-4323-7276
交 地鐵2號線(211)聖水站3號出口步行約3分鐘

→素色上衣
₩22,000

21 傳統糕點店
藝彬堂 맛을
그리다 by 예빈당

地址 서울 성동구 성수동2가 315-7

MAP 別冊 **M08 B-2**

地 首爾城東區聖水洞2街315-7
時 星期一至五 08:00-21:00(L.O. 20:30)、星期六09:00-22:00、星期日09:00-21:00、公眾假期10:00-22:00
網 www.instagram.com/yebindang_cafe
電 (82)02-3443-5542
交 地鐵2號線(211)聖水站3號出口步行約3分鐘

↑ 100% 使用本地紅豆製作的紅豆刨冰，是炎炎夏日的消暑之選。

←開城米菓
(개성주악)
₩29,000/件
傳統的韓式冬甩，外層裹上用紅棗、蜜糖製成的糖漿，下鑊油炸，入口香脆帶果香。

韓國也有不少美味的傳統糕點，但很多都集中在市場，如果不特別去逛的話比較難找。這間簡約的咖啡廳裡面賣的不只麵包，還有小巧的韓國傳統糕點。推薦大家購買可一次過品嚐5種糕點的拼盤，由於這些點心都會偏甜一點，再配上一杯茶或咖啡，就是個令人滿足的下午茶了。

20

21

WOW! MAP

坐在有廢墟感的咖啡廳之中，有種與別不同的感覺。

雪花黃金麵包
₩6,000

麵包選擇甚多，飄來陣陣香氣。

22 工業廢墟風
Cafe Onion 카페어니언

地址 서울 성동구 성수동2가277-135

在咖啡廳雲集的聖水洞，想找間有特色的打卡影相絕對不是難事。Cafe Onion的紅磚外牆令人一眼認出，裡面斑駁的水泥牆帶有濃濃的工業風，客人可以自由地坐在靠牆坐或上天台用餐，一樓還有幾間放著沙發及長枱的玻璃房，環境十分放鬆。店內的麵包款式非常多，有選擇困難症的話就要花點時間了，最受歡迎的非「雪花黃金麵包」莫屬，上面撒了大量的糖霜，麵包非常鬆軟，值得一戰！

MAP 別冊 **M08 B-1**

地 首爾城東區聖水洞2街277-135
時 平日 08:00-22:00、
　　週末10:00-22:00(L.O. 21:30)
網 www.onionkr.com
電 (82)02-1644-1941
交 地鐵2號線(211)
　　聖水站2號出口
　　步行約2分鐘

23 華麗的歐陸宮殿
Dior Seongsu

地址 서울 성동구 성수동2가 302-11

相信大家對國際奢侈品牌Dior都不會陌生，但品牌在韓國的概念店每次都落足心思打造，令人格外期待！這次Dior的全新概念店選址聖水洞，建築以金屬網格打造，展現出華麗時尚的氣派，仿如瞥見位於巴黎30 Montaigne的總店影子。店內售賣品牌的時裝、手袋，而咖啡廳則以Mr. Dior曾住過的玫瑰莊園為靈感，結合媒體藝術在熒幕投影出絢麗的園景。Dior Seongsu在每月月尾會開放參觀預約，遊人可透過網站預先登記，或現場報名參觀亦可。

↑ Café 配合 LED 熒幕，創造出令人置身於歐式花園的錯覺。

→Café Latte
₩20,000

MAP 別冊 **M08 A-2**

地 首爾城東區聖水洞二街302-11
時 12:00-20:00
網 shop.dior.co.kr
電 (82)02-3480-0104
交 地鐵聖水站(211)4號出口行約
　　5分鐘

24 全新文創園區
聖水聯邦 성수연방

地址 서울 성동구 성수동2가 322-4

聖水洞作為一個有著大量廢棄工廠的社區，這裡有著很多的空間發展，每次來到都有新建設，很有尋寶的感覺！聖水聯邦於2019年1月才正式開幕，以前是化工廠，後來再重新規劃成一個文創空間，一共有兩棟3層的樓宇，中間由一條天橋連結，有很多特色小店進駐，既可打卡又可購物！

此處的裝置藝術會定時轉變，每次都可以拍到不一樣的美照。

園內環境清幽，不少餐廳特設露天座位。

MAP 別冊 **M08 B-2**

↑聖水聯邦一共有2棟建築，進駐了很多特色店舖

地 首爾城東區聖水洞2街322-4
時 10:00-21:00
網 www.instagram.com/seongsu_federation
電 (82)070-8866-0213
交 地鐵2號線(211)聖水站3號出口步行約4分鐘

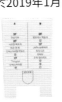

24a 一口小焦糖
Caramel index

有些人會喜歡焦糖的味道而加入料理之中，但竟然有間焦糖專門店！入面擺放了一條條的不同口味焦糖，有抹茶、椰奶、士多啤梨等，很多人都會點一種口味的焦糖，再配杯咖啡放鬆一下，好像品芝士般，品嚐一下焦糖特有的香、奶、甜。

←白松露鹽味焦糖
₩2,900
很多人都會配一杯咖啡，再分享一小片焦糖。

↑伯爵茶焦糖
₩2,900/個

時 11:00-20:30
網 www.instagram.com/index_caramel
電 (82)02-2140-9570

24b 家品文具雜貨店
Thingool

當中最好逛的首選，當然是Thingool了！此品牌原本是個跳蚤市場，在主婦界有寶島之稱，終於在聖水聯邦有超大間的賣場，販賣的產品可以說是數之不盡、應有盡有，無論是廚房用具、食品、浴室用品、小盆栽、服裝、飾品到嬰兒用品全部都可以找到，另外又怎少得文具精品呢！

可愛的小碟 ₩14,000

↑ Mouse Pad White Puppy
₩5,500
軟綿綿的白色小狗造型滑鼠墊。

←手工肥皂
₩8,500/個

時 11:00-21:00
網 www.thingoolmarket.com
電 (82)070-4246-0277

→牛奶仔收藏品 ₩55,000/個

很多韓國人都會在這裡挑選家庭用品，裝飾家居。

25 森林間的隱世小店
Prunus Garden
푸르너스 가든

地址 서울 성동구 서울숲2길 46-9

位於首爾林旁邊的Prunus Garden，彷彿從一個大草原走到一個森林，咖啡廳被一排排大樹所包圍，就連店內都種滿了大樹，喜歡大自然的話不能錯過。店內只發售飲品及輕食，可以當早餐墊墊肚再去玩。推薦熱辣辣的窩夫，點完之後店員會即場烘熱，加上蜜糖及忌廉，溫熱中帶點微甜，非常滿足。

→Lotus牛角窩夫W4,000

Cafe 內還有個小房間，裡面放滿了書籍及公仔。

←Mocha W5,500

→店內有很多可愛的小擺設，令人有重拾童真的感覺。

MAP 別冊 **M08 A-1**

地址 首爾城東區首爾林2街46-9
時 星期三至五 10:00-22:00、
星期六 11:00-22:00、
星期日 11:00-21:00
休 星期一、二
電 (82)02-499-5673
網 www.instagram.com/prunus_garden
交 地鐵3號線(K211)首爾林站4號出口步行約6分鐘

↓牛骨湯套餐 W10,000

26 屬於家人的溫暖味道
奶奶的食譜
할머니의 레시피

地址 서울 성동구 성수동1가668-108

奶奶的食譜由店名就有種溫馨的感覺，烤豬肉定食每份都是即叫即烤，送到上枱還有種炭香，非常軟嫩、肥瘦適中，醃製之後有點偏甜，包附贈的三種菜食則剛剛好，撈飯食更加一流，跟平時的烤肉沒有分別，但有人幫你烤好呢！

好食 編者推介

↑用菜包著來吃，就不容易吃膩了！

辣炒豬肉 W 18,000
肉質嫩滑，而且分量也不少。

MAP 別冊 **M08 A-1**

地址 首爾城東區聖水洞1街668-108
時 11:30-15:00、17:00-21:00；
冬季 11:30-21:00
休 星期二
網 grandmarecipe.modoo.at/
電 (82)02-467-5101
交 地鐵2號線(210)纛島站
8號出口步行約8分鐘

過了午餐時段，依然是非常多人。

WOW! MAP

25   26

首爾林的四季都景色怡人，想看楓葉銀杏都無問題！

親子

㉗ 親子同遊 首爾林 서울숲

↑首爾林內可以逛的地方也不少，一家大細來最寫意。

地址 서울 성동구 뚝섬로 273

去韓國，不要以為一定是食同買，還可以看美景！想帶小朋友去放放電，親親大自然的話，首爾林是一個很好的選擇。位於城東區較為遠離遊客區，交通卻十分方便，加上附近有不少熱門景點，玩足一日都不是問題。春天的首爾林是賞櫻好地方，秋天則可以看到滿滿的芒草、楓葉及銀杏，任何季節都可以去踏青，有不少韓國人在草地野餐，一家大細齊齊享受大自然的生活。梅花鹿更是裡面的小明星，遊客可以隨時買飼料餵食，在指定時間內更可以超近距離摸摸牠們，小朋友看到一定會很興奮！除此之外，還有大大小小的遊樂場、沙池等玩樂設施，厭惡了都市生活，當然要來放鬆一下！

↑還有不少家長帶小寶寶來玩，非常可愛。

很多學校都會在這舉行活動，周末去會好熱鬧。

園內有個大草原，有很多家庭都會在這玩耍。

↑玩了半天太累，還可以買點小食、飲品來野餐。

↑園內也栽種了很多花卉，賞花也是個很好的活動。

MAP 別冊 **M08 A-2**

地址 首爾城東區纛島路273
時網 24小時開放
parks.seoul.go.kr

電交 (82)02-460-2909
地鐵3號線(K211)首爾林站3號出口步行約5分鐘

泊 有

WOW! MAP

27a 小朋友最愛 遊樂場

香港的遊樂場買少見少，相比之下，韓國的遊樂場絕對是有趣得多！長達兩米的滑梯，不要說小朋友，就是大人都要點勇氣才能向下滑！另外還有沙池及高難度的鋼網，就算是語言不通，小朋友們也會很易打成一片！

↑ 兩米高的超長滑梯，玩完一次又一次！

↑ 攀繩索是男孩子最愛的遊戲，挑戰努力向上爬。

↑ 巨型的攀爬裝置，對小朋友來說很有挑戰性。

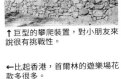
←比起香港，首爾林的遊樂場花款多很多。

↑ 在韓國，沙池是遊樂場的基本配備，小朋友一見到沙就雙眼發光。

27b 探探明星小鹿 鹿小屋

在首爾市想看小動物，很多人都以為只有貓貓狗狗咖啡廳，要看鹿就要坐幾個小時的車。這樣說就錯了！首爾林內的可愛小鹿們，是整個園林的焦點所在，雖然不像日本的四圍奔走，不過還是可以餵餵牠們哦！

↑ 小朋友們可以親自餵小鹿，與小動物近距離接觸。

↑ 學校亦會舉行不同的參觀活動，不時會見到很多學生。

↑ 在首爾市中心也可以看小動物，十分方便。

時 夏天 07:00-20:00、
冬天 08:00-18:00

→ 小鹿非常可愛，而且也很愛看鏡頭哦！

WOW! MAP

27a   27b

麻浦區
마포구 Mapo-gu

必見！

麻浦區即是弘大、新村、梨大以至合井洞和上水洞一帶，這一區象徵著自由、年青和創意，比起濃妝艷抹的明洞多一分淡雅，比起奢侈的江南區又多一分親切。麻浦區之內十步一餐廳、百步一商店，絕對是潮流達人必到之地！

往來麻浦區交通

| 東大門站(128) | 🚍 機場鐵路 約13分鐘 | 首爾站 (133) | 🚍 地鐵2號線 約15分鐘 ₩1,400 | 弘大 入口站 (239) | 地鐵2號線 弘大入口站(239)9號出口。 |
| 明洞站(424) | 🚍 機場鐵路 約8分鐘 | | | | |

① 延南洞美食

今日與你
오늘그대와 본점

地址 서울 마포구 연남동 387-8

做餐廳，最難就是要維持「初心」，經常都會見到好些餐廳質素每況愈下，彷彿忘記了開始時希望用食物予人幸福的心情。2016年開店的「今日與你」為了令食客可以食到不變的美味，堅持使用新鮮食材，並持續記錄和品嚐每一道菜，以保持開業以來的水準，必試菜式有每天花6小時製作「ragù」醬的牛扒番茄肉醬意粉以及充滿菌類香氣的忌廉蘑菇意粉。

餐廳座位不算多，每到午飯時間都很快滿座，遊人不妨早點到達以免等位。

↓ Ragu（라구파스타）
₩22,000
Ragu 一字在義大利文解作番茄肉醬，醬汁要與肉同熬至少6小時，伴以兩邊封煎過的牛扒，絕非普通肉醬意粉可比。

←**Mushroom Cream Pasta**
（버섯크림파스타）**₩18,000**
忌廉蘑菇意粉醬汁香稠，意粉上兩片煎得金黃香脆的薯仔更是錦上添花。

↑ 大門採用中心旋轉式，左邊推，右邊就會順時針跟著被推鬱。

↓ 店內的杯盤都花足心思挑選，要欣賞的話就要吃光整碟菜了！

MAP 別冊 **M16 A-2**

地址 首爾麻浦區延南洞387-8
時間 11:30-21:00 (L.O. 20:00)
網 www.instagram.com/oneulgeudaewa_yeonnam
電 (82)0507-1370-1367
交 地鐵2號線(239)弘大入口站3號出口步行7分鐘

107

狗狗玩具有乳膠和布料等的材質，以配合不同主子的喜好。

2 寵物生活品牌
BITE ME 바잇미

地址 서울 마포구 연남동 229-62

現今世代，不少人都將毛孩當作自己的孩子照顧，無論是食物還是用品，時刻都會想給牠們最好的。韓國寵物用品品牌BITE ME的工作團隊大部分都有飼養寵物，因此特別著重不同貓狗的需要，例如是老年狗用的護胸墊、符合嬰兒（人類）級食用標準的寵物食物，以及不帶香味的尿墊等，另外還因應某些對玩具外形特別挑剔的狗狗，創作出一系列富本土玩味又可安全使用的玩具，滿足到一眾奴才之餘相信主子也會懂得欣賞。

↑韓國泡麵狗玩具W18,000
內附麵條同乾燥蔬菜，配件內有暗格可藏起小食，讓狗狗玩得更開心。

←鯛魚燒一套連鯛魚燒包包 W21,900
小魚可藏零食再藏於鯛魚機包包內，相信一定難不到對零食有一份執著的主子。

↓Ru&Dam風衣斗篷 W62,000
英倫風的外套甚有貴氣，果然很適合貴婦穿著。

↓Arre My Fit護胸狗帶 W27,900
別設計的護胸帶強韌、輕身，更可配合主人用的腰帶，不怕狗狗散步時搶繩。

MAP 別冊 **M16 A-2**

地 首爾麻浦區延南洞229-62
時 12:00-21:00
網 www.biteme.co.kr
電 (82)070-8801-1824
交 地鐵2號線(239)弘大入口站3號出口步行7分鐘

3 歐陸風情露天咖啡廳
Seoul Pastry

地址 서울 마포구 연남동 229-61

延南洞一帶是咖啡店的必爭之地，能夠在此立足絕不簡單！Seoul Pastry髹上淺黃色的油漆，紅白相間的帳篷下是一張張玻璃圓桌和藤椅，讓人一下有如置身歐洲的錯覺！店內提供各種口味的Cronut（酥皮牛角冬甩），包括經典玉桂、朱古力榛子，以及雲呢拿吉士、無花果和韓風黃豆粉等。

↑ 將美國動畫《THE SIMPSON》經常出現的冬甩實體位，名字就叫「SIMPSON」₩5,200。

PEACH CREAM ₩5,600
酥脆牛角餅皮配以香甜冬甩，上面有半粒粉嫩香桃，可愛的造型和鮮甜滋味叫人難以抗拒。

MAP 別冊 **M16 B-2**

地 首爾麻浦區延南洞229-61
時 星期一至四及星期日 11:00-21:00、星期五六 11L00-22:00
網 litt.ly/seoulpastry
電 (82)0507-1400-5339
交 地鐵2號線(239)弘大入口站3號出口步行4分鐘

→ 每款口味的Cronut都圖文並茂標示出它們的味道。

↑ 全場時裝都有「現金價」，目測最多便宜₩2,000，差不多8折！

↑ 橄欖綠長袖薄恤衫₩20,000。

→ 綁帶針織背心外套₩15,000另有啡色可選。

4 現金優待時裝店
50% Sale Market

地址 서울 마포구 연남동 239-49

來到韓國很多地方都只收電子支付，延南洞這間50% Sale Market反其道而行，收現金一律有特別折扣，將信用卡附加費直接回贈客戶。這裡款式偏向黑白、柔和色系等韓流基本款，風格也非常大眾。另外也提醒大家，現場會有兩個標價，比較便宜的是現金，記得帶足夠現金前往喔。

MAP 別冊 **M16 B-1**

地 首爾麻浦區延南洞239-49
時 11:30-21:00
交 地鐵2號線(239)弘大入口站3號出口步行10分鐘

3

4

WOW! MAP

小店從衣飾、耳環到誕生石通通有齊,貨物總類包羅萬有。

⑤ 少女情懷選物店
BOMBAMDAL 봄밤달

地址 서울 마포구 연남동 연남동 239-4

BOM BAM DAL以「春夜・月色」為主題,粉色的牆身、閃閃發亮的水晶和礦石、文青風格的時裝和帽子,到處都充滿著少女感!店內售賣各種飾品雜物,當中誕生石系列首飾和晶石製的耳環都非常受歡迎。

→蛋白石耳環 ₩13,000

↓依誕生月份創製的誕生花戒指 ₩13,000

↓各式戒指 ₩5,000

MAP 別冊 **M16 B-2**
地 首爾麻浦區延南洞239-4
時 13:00-20:00
休 星期一
網 bombamdal.co.kr
電 (82)0507-1489-0979

⑥ 典雅皮革
Fennec Station
페넥 스테이션

地址 서울 마포구 연남동 229-3

近年韓國愈來愈多小眾品牌出現,「Fennec」就是一個走簡約風格的品牌,主要設計銀包、背包、帽子和頸巾等配襯類時裝,設計多以單色為主,皮革質地配以多種顏色可供選擇。

→Crinkle Triangle Accordion Pocket PlusD ₩75,000

↑Crinkle Moonrise Quilting Pocket-D ₩88,000
銀包上的皺褶模仿月亮上升時的線條。

MAP 別冊 **M16 B-2**
地 首爾麻浦區延南洞229-3
時 10:00-13:00、15:00-19:00
網 fennec.co.kr
電 (82)070-4212-4502
交 地鐵2號線(239)弘大入口站3號出口步行10分鐘

WOW! MAP

5

6

7 超人氣打卡地

MARGARET

↑ 店內蛋糕款式多得叫人眼花撩亂。

地址 서울 마포구 연남동 240-49

理想的咖啡店會是怎樣的呢？在綠意盎然的小白屋中傳來濃郁的咖啡香氣——咦？這不正是MARGARET嗎？咖啡店樓高兩層，法式風格的白色建築配上紅色地磚，地下的玻璃蛋糕櫃和長檯放滿蛋糕，2樓有寬敞的室內空間，陽台設有戶外座位，和煦的陽光灑落，坐在陽台休悠地喝著咖啡，欣賞林蔭街道的景色，瞬間拋開日常繁瑣。

←Lemon Berry Ade ₩7,000

→Cheese Bubble cake ₩5,800

→ 絕美的環境吸引不少女生前來打卡。

MAP 別冊 M16 B-1

地 首爾麻浦區延南洞240-49
時 11:00-22:00
網 www.instagram.com/cafe.margaret
電 (82)0507-1382-6412
交 地鐵2號線(239)弘大入口站3號出口步行10分鐘

WOW! MAP

7

⑧ 貓控必到
Sokamono

地址 서울 마포구 연남동 241-26

韓國的文創品牌近年一致走可愛風，這間Sokamono也不例外，希望這些微小而美好的東西可以為大家帶來快樂。全店以自家設計的貓味卡通為主題，推出一系列海報、貼紙、月曆、筆記和名信卡，每款都印有不同風格的貓味插畫，款款都叫人愛不釋手！

↓白貓系列明信片 ₩1,500

↑滑鼠墊 ₩4,000
招牌貓咪的大頭滑鼠墊超級可愛，有藍色和白色可選。

←藍色咖啡明信片本
₩17,000
一本有齊咖啡店系列的貓貓名信片，相當抵買。

↑→貓書籤 ₩2,000

MAP 別冊 **M16 B-1**

地 首爾麻浦區延南洞241-26
時 星期二至五14:00-19:00、
　 星期六日14:00-20:00
網 www.sokamono.co.kr
休 星期一
電 (82)0507-1328-7746
交 地鐵2號線(239)弘大入口站3號
　 出口步行12分鐘

WOW! MAP
8

9 紅磚蛋糕屋
Parole & Langue

地址 서울 마포구 연남동 240-32

延南洞的打卡咖啡店多不勝數，其中Parole & Langue便以蔬果原型製成果撻，例如把半片烤粟米、意式羅勒去皮番茄、烤栗子等材料鋪在燕麥片製成的撻皮上，中央夾著細心調製過的忌廉餡料，視覺效果震撼之餘味道也不俗。要留意的是週末人潮極多，遊人可先於門口機器取票再等位，或者盡量於平日前往。

櫃檯處——羅列各種蛋糕款式。

↑ Parole & Langue 外觀是美式紅磚屋，充滿溫馨氛圍。

MAP 別冊 **M16 B-1**

地 首爾麻浦區延南洞240-32
時 13:00-21:00
休 星期一
網 www.instagram.com/parole_langue
電 (82)02-332-2527
交 地鐵2號線(239)弘大入口站3號出口步行13分鐘

←羅勒番茄蛋糕(옥수수)₩8,500
每件蛋糕都會附上介紹卡一張，非常細心！

←粟米蛋糕(옥수수)₩8,500
烤過的粟米帶濃郁香味，外皮以燕麥片製成，中央的忌廉混入粟米，外皮香脆內裡軟滑，偏甜但不死甜，美味。

WOW! MAP

11

9

10 健康輕食之選

You Need My Yogurt
유니드마이요거트

↑ Granola honeycomb ₩13,500
微微酸澀的西柚、爽甜的蘋果和酸甜藍莓，
配上清甜蜜糖蜂巢和脆脆穀物，營養滿滿
又美味。

木製傢具予人置身
歐式大宅的客廳。

地址 서울 마포구 연남동 241-59

每次旅行都一定會暴飲暴食，前一晚吃了烤肉部隊鍋整個感覺太油膩，來「You Need My Yogurt」就對了！選用的乳酪是用比一般牛奶濃兩倍的濃縮牛奶發酵而成，因此口感更加濃厚，同時具有低卡路里、高蛋白的優點，並且沒有任何不良的添加物，愛健康的人士都可以放心食用。如果不想單吃乳酪太單調，店內的餐單搭配了好幾種水果、果仁、穀物，可以根據自己的喜好挑選。

←Siobread Nutella ₩7,000

MAP 別冊 **M16 B-1**

地 首爾麻浦區延南洞241-59
時 星期一、三、四 11:00-20:00、
星期五至日 11:00-21:00
休 星期二
網 www.instagram.com/you_need_my_yogurt
電 (82)02-3144-4970
交 地鐵2號線(239)弘大入口站3號
出口步行約11分鐘

聖水洞

麻浦區

明洞

南山

鐘路・仁寺洞

⑪ 美式餡餅
Peace Peace 피스피스

地址 서울 마포구 연남동 241-60, 2/F

心情不好的時候總會想吃點甜食，美式餡餅店 Peace Peace 懷抱著這份心情，打造出各種厚實的美式餡餅，包括經典的香蕉忌廉批、朱古力批、Tiramisu批、Lotus芝士批，以及招牌的南瓜批，讓客人安坐在溫暖的木製傢具上，邊欣賞窗外的青枝綠葉，邊品嚐美味厚實的手作餡餅。

店內沒有華麗的裝潢，只有泛著綠意的玻璃窗和溫暖的木桌椅。

→Pumpkin Pie ₩7,000
南瓜批味道甜糯，口感扎實綿密，有厚實的飽肚感。

Blacktea Cream Pie ₩7,200

MAP 別冊 **M16 B-1**

地址 首爾麻浦區延南洞241-60, 2/F
時間 11:00-21:00
網 www.instagram.com/peacepiece_yeonnam
電 (82)0507-1480-2729
交 地鐵2號線(239)弘大入口站3號出口步行12分鐘

↓新款影相機不設繪圖功能，想要特別風格的客人可先於店內的道具架內挑選假髮和頭箍，為自己添加一點個性。

↓最欣賞的是店內備有多塊大鏡、風筒和造型髮捲，大家可以在鏡前執好靚樣才去留下倩影。

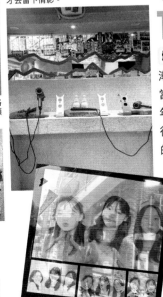

⑫ 天空四格相
THE FILM

地址 서울 마포구 연남동 385-3

潮流這回事真的可以用「古老當時興」五個字來形容，想當年流行的貼紙相機竟然又再成行成市，不過有別於早年流行的日系風格，現在大多都是四格相框，在這裡，客人更可選擇相底是菲林正片的透明效果，完成後發色輕淡，上面的人樣彷彿自動調成美肌。

←透明四格相 ₩4,000
影完透明相之後再在陽光下舉機打卡已變成指定動作。

MAP 別冊 **M16 A-2**

地址 首爾麻浦區延南洞385-3
時間 09:00-02:00
網 www.instagram.com/thefilm_yeonnam
電 (82)0507-1325-0724
交 地鐵2號線(239)弘大入口站3號出口步行7分鐘

11 12

WOW! MAP

⑬ 治癒小物
MAZZZZY 마찌

地址 서울 마포구 연남동 240-29

從近年流行的雜物店可以看得出，生活在首爾的年輕人應該都有很大壓力，皆因以「治癒」為主題的文創品牌實在如雨後春筍。MAZZZZY以「all day everyday」記低在時間流逝下每天發生的故事，品牌創作出軟綿綿的小熊為「代言人」，推出一系列文具、電子產品保護套、杯子等生活用品。

↑ 琳瑯滿目的商品都整齊排列好。

→**Muffin Gloves**
₩29,000
毛冷手套有糕點般柔和的觸感，共有15色可選。

MAP 別冊 **M16 B-1**

地 首爾麻浦區延南洞240-29
時 12:30-19:30
休 星期一、二
網 mazzzzy.com
電 (82)0507-1315-9335
交 地鐵2號線(239)弘大入口站3號出口步行13分鐘

Muffin Line Glass ₩22,000

---

⑭ 韓國名人小熊
TETEUM

地址 서울 마포구 연남동 382-14

名人可能沒遇到幾個，但「名熊」就有一隻！在延南洞一隅開設的TETEUM，正正就是以一隻本地人氣極高的文創角色命名，內裡全都是它專屬商品，貼紙、杯子、手機殼等通通齊備，2樓更特設TETEUM主題Café，可以品嚐到以TETEUM為造型的班戟和冰鎮奶茶。

↑貼紙主題包羅萬有，愈研究它到底有幾多款，就愈令人想入手 ₩1,000/ 張。

→**TETEUM系列手機殼 ₩15,000**
採用優質材料並在韓國製造，長期使用也不易變色。

↓啡色絨毛拉鏈袋
₩14,000

Milk Tea ₩8,000、
Pancake Plate
₩15,000

MAP 別冊 **M16 A-2**

地 首爾麻浦區延南洞382-14
時 12:00-20:00
休 星期一
網 www.instagram.com/cafe.teteum
交 地鐵2號線(239)弘大入口站3號出口步行6分鐘

WOW! MAP
13   14

←手機殼款式極多，透明的、有卡套的、磨砂面的，揀好記得要對清楚電話型號。

↑除了手機相關用品，店內也售有貼紙、寵物用品和襟章等商品。

→手機托
W4,000
圓形的底托需另行購買，記得留意。

15 廿四小時手機用品專門店
168cm

地址 서울 마포구 연남동383-24

在首爾，賣手機殼的商店多得有如時裝店，總有一間在附近，本地知名的文創品牌168cm最近更開設24小時商店，主打售賣手機殼、耳機殼和手機配件，店內為無人商店，付款也是全電子操作，非常便利。

粉色小熊手機殼
W25,000

MAP 別冊 **M16 A-2**

地	首爾麻浦區延南洞383-24
時	24小時
網	m.168cm.kr
電	(82)070-4178-9257
交	地鐵2號線弘大入口站(239/A03/K314)3號出口步行約10分鐘

16 全天候自拍機
PHOTO LAB+

地址 서울 마포구 연남동 383-37, 1F

以往的貼紙相機總是以較低質素的鏡頭拍照再用美顏後製，不過近年的相機卻愈來愈講求攝影質素，像是這間PHOTO LAB+便是用專業級的相機質素作招徠，店內所有的相機均經由專業攝影團隊調較，以提供影樓級的攝影效果。值得一提的是延南洞分店24小時開放，經過不妨過來見識見識。

→除了影團體照，原來也真有人來拍硬照，價錢由W 3,000 起。
↓基本道具、風筒和捲髮棒等都一應俱全。

MAP 別冊 **M16 A-2**

地	首爾麻浦區延南洞383-37, 1F
時	24小時
網	photolabplus.co.kr
交	地鐵2號線弘大入口站(239/A03/K314)3號出口步行約4分鐘

15 16

WOW! MAP

11

⑰ 貓咪也瘋狂

有貓的相框店
고양이가 있는 액자가게

地址 서울 마포구 동교동 113-20

貓奴們注意！弘大有間超可愛的雜貨店，是間專賣貓咪周邊的小店，店舖雖然不算大，但裡裡外外都是貓星人的產品，一走進店就會聽到可以的小貓叫聲，貓控們一定會覺得很治癒！店主也是個愛貓之人，因此搜集了超多以貓咪做主角的小物，牆壁上掛了好多幅巨貓的畫像，就像被它們監視著一樣有趣極了，如果你身邊也有貓奴朋友的話，記得要來這裡挑手信哦！

MAP 別冊 **M16 A-2**

地 首爾麻浦區東橋洞113-20
時 星期一至五15:00-20:00、
　 星期六日 13:00-20:00
網 www.instagram.com/
　 yeonnam_cat_popart
電 (82)010-7102-0787
交 地鐵2號線(239)弘大入口站3號
　 出口步行約12分鐘

←Baguette
Postcard ₩3,000
法包一樣的啡色貓名信片，真的會捨得寄出嗎？

韓國刺繡藝術家設計的貓系列 ₩18,000

↑麻質貓貓布廉 ₩25,000
↓黑白貓公仔坐在大門下迎賓。

店內經常都會擠得水洩不通，需要耐心一點慢慢移動。

18 古典Cafe
Antique Coffee
앤티크커피

地址 서울 마포구 동교동 113-3

電影《哈利波特》裡有的經典畫面就是長桌上放滿形形式式的蛋糕和甜點，Antique Coffee的甜品檯就有這種奢華豐盛的感覺——雙層櫻桃朱古力蛋糕、綠寶石般青翠的青提果撻、小花形狀的紅茶檸檬蛋糕、鋪滿雪般糖霜的士多啤梨忌廉牛角包……總之就一字排開叫人花多眼亂。店內以原木座位配松綠色的大理石裝飾，結合眾多真花假花裝飾，環境一流，味道是否「好流」就見仁見智，Cafe每逢週末依然吸引大量客人光顧打卡，大抵有時相機的食物真比人的食物重要。

MAP 別冊 **M16 A-2**

地 首爾麻浦區東橋洞113-3
時 10:00-22:00
網 www.instagram.com/antique__coffee
電 (82)0507-1401-0508
交 地鐵2號線弘大入口站(239/A03/K314)3號出口步行約4分鐘

松綠色的大理石桌上置有奪目的蛋糕，件件堪稱華麗。

木質傢具配上松綠窗簾，古典感十足。

←Dirty Summer ₩6,500
一球雪糕置於咖啡中，嚐起來咖啡味欠奉，只剩甜味。

→Cherry Chocolate Cake ₩8,500
蛋糕味道偏重，建議可配基本類型的咖啡，例如美式咖啡和 Latte。

⑲ 韓國司機飯堂
柿子樹司機餐廳
감나무집 기사식당

地址 서울 마포구 연남동 515-19

吃膩了網紅咖啡廳和蛋糕店？不妨來這間柿子樹食堂吧！由於餐廳位置就近巴士總站，價錢便宜食物大份又美味，吸引不少司機前來用餐。店內以韓國家庭料理為主，如蜜汁烤豬肉、辣炒魷魚、嫩豆腐鍋和泡菜炆鯖魚等菜式，每個套餐附有配菜、湯和白飯，價錢由₩10,000起。

→蜜汁醬油烤豬肉
（돼지불백）₩11,000
豬肉雖未算得上嫩滑，但醃得入味，肉身輕輕帶甜，配菜包亦非常合適。

→套餐還附有白飯、麵線和煎蛋，是充滿飽肚感的組合。

↓餐廳獲多個本地及海外媒體介紹，更在綜藝節目《無限挑戰》中出現過。

MAP 別冊 M16 A-1

地址 首爾麻浦區延南洞515-19
時間 24小時
電話 (82)02-325-8727
交通 地鐵2號線弘大入口站(239/A03/K314)3號出口步行約7分鐘

WOW! MAP
19

⑳ 傳統韓菜新店 수라간

地址 서울 마포구 연남동 228-56

來韓國怎能不試試傳統料理呢！這間「수라간」剛開不久，每晚用餐時段都吸引了超多韓國人，無他，口味夠正宗食物勁足料，足夠吸引客人一再回頭。必點的海鮮泡菜煎餅入面是滿滿的魷魚，非常彈牙新鮮，煎餅不是香脆乾身的口感，反而是帶點濕潤，不易吃厭也減少油膩感。食肉獸必點牛肉煎餅，上面一層厚厚的牛肉山令人食慾大振；泡菜牛肉豆腐樸實亦不乏驚喜，豆腐是帶有些許粗糙的口感，豆香味更濃郁！

晚上6點多已經開始有人在排隊了，很受歡迎!!
→魷魚煎餅 W16,000

←看到牛肉煎餅上滿滿的肉，馬上令人食指大動。

↑明太子蛋捲 W16,000

↑一坐下先送上4款伴菜，慢慢吃著等等開飯。

店內座位不算太多，不想等太久記得早點到。

MAP 別冊 **M16 A-2**

地 首爾麻浦區延南洞228-56
時 11:30-15:30、17:30-21:00
休 星期一、二
網 www.instagram.com/sooragan01
電 (82)070-8838-4335
交 地鐵2號線(239)弘大入口站3號出口步行約7分鐘

㉑ 卡通迷必去！ Oh, range 오랑지

一看到如此可愛的Miffy蛋糕，女生們馬上會變開心。

↑就連裝飲品的杯都有很多變化，值得一來再來。

↑書架上還放了Snoopy的雜誌，店主絕對是真fans！
←Miffy水果三文治 W9,000

→造型百變的小蠟燭，生日的時候點上更有心思。

地址 서울 마포구 연남동390-71, 2F

喜歡史努比或Miffy的話請注意，「오랑지」是一間你絕對不可錯過的店，四周都充滿了它們的小擺設，可愛極了！餐點自然也是史努比及Miffy，必點的Miffy三文治中間夾了大量新鮮的水果及忌廉，可愛得令人不忍心吃掉它。朱古力上面有一粒棉花糖，用朱古力醬勾勒出史努比簡單的五官，已經非常可愛。

→香蕉布甸(바나나 푸딩)W12,000
小熊餅乾在海綠色的忌廉上抱著水泡，底層是香蕉布甸。

MAP 別冊 **M16 A-2**

地 首爾麻浦區延南洞390-71,2F
時 12:00-20:00
休 星期二
網 www.instagram.com/ohrange.cafe
交 地鐵2號線(239)弘大入口站3號出口步行約7分鐘

WOW! MAP
20　21

22 年輕人商場
AK PLAZA Hongdae

地址 서울 마포구 동교동 190-1

來到弘大一帶，逛商場或許未必是閣下的首選行程，但這間AK PLAZA確實值得介紹，首先是它的地點距離地鐵站僅1分鐘步程，地點夠方便；其次是場內有大量偏向年輕人口味的商店，例如是連鎖冬甩店Knotted和窩夫店WAFFKE SHOP、文創用品ARTBOX、玉桂狗主題Cinnamoroll SWEET CAFÉ，以及不定期舉行的POP-UP動漫展覽和位於頂層的天空花園等；如果遇到惡劣天氣要留在室內的話，AK PLAZA都會是你的好選擇。

↑ 近期曾舉辦 SPY FAMILY、ONE PIECE 和進擊的巨人展覽，吸引一眾動漫迷排隊入場。

↓ 玉桂狗主題咖啡廳分成餐飲部及商店兩部份，一次過滿意玉桂狗迷的需要。

MAP 別冊 M12 C-1

地 首爾麻浦區東橋洞190-1
時 11:00-22:00
網 www.instagram.com/akplaza_hongdae
電 (82)02-789-9800
交 地鐵2號線弘大入口站(239/A03/K314)5號出口步行約1分鐘

↓ 空中花園如遇惡劣天氣或太大風就會關閉，敬請留意。

↓ 場地隨展覽變化，這刻是躺平空間下一刻可能是名椅展覽。

22a 一起躺平吧
musinsa terrace
무신사 테라스

由韓國電商品牌「MUSINSA」打造，musinsa terrace是一個將時裝、展覽、飲食，結合休閒與觀光的空間。musinsa terrace設於AK PLAZA17樓，場內不獨有時裝店和咖啡店，更有一個需要脫鞋的寬敞空間讓人完全躺平。此外，戶外更特設空中花園，遊人可沿天步道圍繞大樓一圈，欣賞繁忙的城市景色，而且費用全免，有時間的話不妨一遊。

地網 17F
時 11:00-21:00
www.musinsaterrace.com

WOW! MAP

(22b) 文具聖地 ARTBOX

送給好友的手信，可以一次過在ARTBOX找
到，這裏包羅了韓國自家品牌的文具、小家
電、日用品、精品、包包及配飾等，不少是設
計可愛的少女款式，價錢亦不貴，尤其以記事
本及文具最受歡迎。

↓朱古力獎牌 W25,000
頒完大獎轉個頭可以直接將
獎牌吃掉，滿足心靈之餘肚
腸也可得飽足，一舉兩得。

↑「我支持你」幸
運曲奇 W39,500
產品名叫「我支持你」
幸運曲奇 W39,500，有
人能在自己身邊加油打
氣，也是幸運的一種呢。

麵包卡片
W2,800

→糖果收納盒 4
格 W6,500
糖果盒有透明膠
櫃，並附設小膠
夾一個，十足十
迷你糖果店。

地 1F
時 11:00-22:00
網 www.poom.co.kr
電 (82)02-313-1001

(23) 超足料爆漿麵包

FUHAHA 푸하하크림빵

抵食
編者推介

地址 서울특별시마포구동교동153-3

韓國人早餐喜歡食飯加泡菜，
未必適合香港人的口味，早前
SNS人氣超高的FUHAHA被形容
是「吃完會令人微笑」的麵包，
外表看來就相當樸實，一撕開兩
半，就會看到爆漿的餡料，超足
料！中間的忌廉冰凍效果就像是
在食雪糕，抹茶口味保有茶香及
微澀，果然吃完就想微笑。

微笑麵包的口味超多，總會揀到你喜歡的。

↑表面看來是平
平無奇，雖知一撕
開才知那麼驚喜。

↑鹹忌廉麵包 W2,800
輕輕帶鹹的忌廉味道平衡，是店內的
招牌。

濟州抹茶忌廉麵包 W2,800
撕開一半就會看到滿瀉的餡料！

MAP 別冊 M12 B-1

地 首爾特別市麻浦區東橋洞153-3
時 09:00-22:00
網 www.instagram.com/fuhahacreambread
電 (82)02-333-6003
交 地鐵2號線(239)弘大入口站3號出口步行約6分鐘

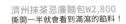

22b   23

WOW! MAP

㉔ 最受歡迎的辣章魚
校洞家辣炒小章魚
교동집 쭈꾸미

辣章魚 W15,000 (1人份)
每人必需點至少一份，二人就是兩份。

地址 서울시 마포구 동교동153-8

辣炒章魚是韓國人最愛的料理之一，這次介紹的校洞家是本地人最常光顧的辣炒章魚餐廳，它的章魚煙韌彈牙，秘製的辣醬辣勁十足，凌厲得令人頭皮發麻，但又愈辣愈上癮，愈辣愈想吃！不過如果讀者本身不嗜辣，建議可配上紫蘇葉同吃以降低辣度，或者索性以粉絲沙律來解辣。

←辣章魚配燒酒就像是火鍋配啤酒一樣

↓生甘筍、青辣椒、蒜頭、紫蘇葉和負責解辣的美味粉絲沙律都是自助式的無限任添。

MAP 別冊 **M12 B-1**

地 首爾市麻浦區東橋洞153-8
時 11:30-23:30
電 (82)02-337-3663
交 地鐵2號線(239)
　 弘大2號出口，步行約4分鐘

一大清早就已經有人在用餐，再晚一點可能就要排隊了。

↑這個果醬超有誠意，入面是真材實料的士多啤梨。

㉕ 豐富的早午餐
Brunch-Ga
브런치 가

地址 서울 마포구 동교동 204-29

Brunch-Ga的外型像是住宅，在紅磚頭的包圍下有種文青的味道。店內空間感十足，室外的位置自然採光予人舒服的感覺，天氣好的話還可以坐到室外！早午餐的分量很大，有兩片大大的麵包、鬆軟的梳乎厘蛋、薯仔、煙肉、腸仔及沙律，一個人吃會飽到不得了！特別推薦的是果醬，入面是完整的士多啤梨，味道自然不死甜。

←不要小看這個雞蛋，中間是拉絲芝士哦！

↓All Day Breakfast W17,900

MAP 別冊 **M12 B-1**

地 首爾麻浦區東橋洞204-29
時 09:00-23:00 (L.O. 21:00)
網 www.instagram.com/brunchga_hongdae
電 (82)02-735-0263
交 地鐵2號線(239)弘大入口站1號出口步行約4分鐘

WOW! MAP

←無限添食的價錢分成 3 種，分別為醬油蟹加辣醬蟹₩22,000、醬油蝦蟹₩24,000，及醬油蝦蟹加辣醬蟹 26,000，醬油蟹肉質細滑，而醬油蝦則充滿酒香。

26 無限任添醬油蝦蟹
弘益醬蟹 홍익게장

地址 서울 마포구 성산동232-12

眾多韓國食品在香港和台灣都不難找到，唯獨醬油蟹是不可取代，一定要到韓國品嚐。這次推介的弘益醬蟹是本地人食醬油蝦蟹的首選，皆因它的醬油蝦蟹鮮甜美味又抵食，每位成人只需約HK$141即可任添任食！何解會比其他醬蟹店便宜一截？原來店家以批發價大量購入產自本地西部沿岸的梭子公蟹，雖然公蟹比雌蟹少膏而且體形較小，但肉質和鮮味卻是同樣鮮甜幼滑，與貴價蟹不相伯仲。醬油蟹食法是把蟹肉擠出，拌入飯和蟹籽，最後再用紫菜包著同吃才算完美，當然客人也可直接大口大口品嚐鮮味的生蟹膏，反正是無限添吃嘛。

↓↑每檯客人都會附送熱騰騰的蒸蛋、泡菜煎餅和海鮮鍋。

↓生蟹肉以特製醬料醃過，去除腥味，剩下的就只有鮮甜香，難怪醬蟹向來都被譽為「米飯小偷」。

HONGIK GE JANG

MAP 別冊 **M12 A-1**

地址 首爾市麻浦區城山洞232-12
時間 11:30-15:50、17:00-21:30 (L.O.20:30)
電話 (82)02-323-1112
交通 地鐵2號線弘大入口站(239)1號出口，步行約8分鐘

WOW! MAP

26

店員會貼心地為你切好二半，讓你吃的時候不用那麼狼狼。

貝果 W3,900

27 彩虹貝果
Beigel Caffe

地址 서울 마포구 서교동 449-21

韓國Bagel向來都很受歡迎，而這間出名的彩虹貝果是純手工製作，更加是非吃不可！店內供應多達10款的不同顏色貝果，七彩顏色任你選擇，味道自然也不盡相同，有綠茶、莓果、洋蔥、芝士等等，選好貝果之後再挑餡料，各種口味的忌廉芝士或沙律，店家會貼心地為你切好一半，令你吃的時候更加方便。口感方面是偏柔軟煙韌的，簡單卻又滿足的一餐。

←Americano W3,000

從貝果的口味到中間的餡料，全部都可以讓客人自己挑選。

MAP 別冊 **M12 A-1**

地址：首爾麻浦區西橋洞449-21
時：08:30-21:00
電：(82)02-3144-2411
交：地鐵6號線(621)望遠站1號出口步行約11分鐘

28 愈醜愈好味
Ugly Bakery
어글리베이커리

地址 서울 마포구 망원동 426-13 1층

韓國有咖啡廳麵包的賣點竟然是愈醜愈好吃！這間「어글리베이커리」是望遠洞的人氣麵包店，提供超過50種包點，最出名的伯爵奶茶爆餡麵包，一挖開就會聞到濃濃的伯爵茶香，另外還有牛油紅豆麵包，一層厚厚的牛油，加上中間的濃郁抹茶醬，以及大大粒紅豆，餡料多得不得了，正！

→伯爵奶茶忌廉包 W3,800

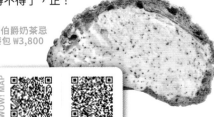

↑店內有五十多種麵包，平時愛吃麵包的話絕對不能錯過。

↑牛油紅豆抹茶包 W4,800

↑抹茶紅豆包W4,500

MAP 別冊 **M12 A-1**

地：首爾麻浦區望遠洞426-13 1層
時：12:00-21:00
休：星期一、二
網：www.instagram.com/uglybakery
電：(82)02-338-2018
交：地鐵6號線(620)麻浦區廳站5號出口步行約9分鐘

一看到這面牆,大家都會忍不住仔細看看。

↑另一個區域佈置了極多Toy Story 的產品,相信店主也是fans吧!

29 玩具也瘋狂
Viva Salon 비바쌀롱

地址 서울 마포구 망원동 400-8

很多人小時候都渴望可以收藏很多玩具,如果你也是玩具迷的話,「Viva Salon」絕對可以令你瘋狂!店內有成千上萬數之不盡的玩具,無論是Snoopy、迪士尼、Toy Story還是狗鳥,都可以在這裡找到!點一杯飲料就可以坐上半天,多款咖啡都畫上了可愛的卡通圖案,小叉拿鐵的樣子超級搞笑,木製的餐墊上還放了相應電影的角色公仔,今次就有胡迪及小叉,處處可以感受到店家愛玩具的心。

↑ 居然有ET!相信是很多人小時候的回憶。

→迪士尼系列的產品也有很多。

小叉Latte W6,00

↑每隻杯上面都有不同的角色作裝飾,非常用心

↑ 小新波子汽水 W3,500/支

MAP 別冊 M12 A-1

地址 首爾麻浦區望遠洞400-8
時 星期二至五12:30-20:30、星期六日 13:00-20:30
休 星期一
網 www.instagram.com/vivasalon_toycoffee
電 (82)02-333-7575
交 地鐵6號線(621)望遠站2號出口步行約8分鐘

很多客人都是為了一杯可愛的飲料而來朝聖。

WOW! MAP

29

30 一次滿足你4個願望
Gelateria Dango 당도

地址 서울 마포구 망원동 414-16

這間「Gelateria Dango」可以一次滿足你4個願望，₩3,900選兩種口味，店家還會讓你多選兩款，小小的兩球就像是動物耳朵一樣，一次過試4種味道，選擇困難症這次可以獲得大大的滿足了！Gelato是偏向冰沙的口感，比一般的更加綿密，水果口味更是十分清爽，推薦。➡Gelateria (兩味)₩5,500

每點一杯都會額外送兩小球，一次滿足你4個願望。

MAP 別冊 **M12 A-1**

- 地 首爾麻浦區望遠洞414-16
- 時 12:00-21:00
- 休 星期一
- 網 www.instagram.com/gelateria_dangdo/
- 電 (82)070-8690-1088
- 交 地鐵6號線(621)望遠站2號出口步行約9分鐘

足4層的EX:T Timessquare。可以盡情購物。

31 4層高全新商場
EX:T Timessquare

地址 서울 마포구 동교동 159-5

日新月異的弘大，每隔一段時間去就有新發現。EX:T 弘大店是以年輕人為目標，因此裡面的店舖都非常具人氣的品牌，像是最近進駐了香港的百味堂、每次去韓國都要食的C27 Cheese Cake & Coffee 、Olive Young、Daiso等，一次過滿足你所有購物願望。

MAP 別冊 **M12 B-1**

- 地 首爾特別市麻浦區東橋洞159-5
- 時 11:00-22:00
- 網 exit.timessquare.co.kr
- 電 (82)02-2250-7701
- 交 地鐵2號線(239)弘大入口站2號出口步行約1分鐘

↑ C27 Cheese Cake Factory 的蛋糕水準很高。

↑ 令人放鬆的機舖，成為了男女飯後的運動場所。

↑ 小份烤貝 ₩39,000

↑ 海蝦 ₩15,000

抵食 編者推介

32 平價高質烤貝 조개이야기

地址 서울 마포구 동교동 170-19

首爾雖並不近海，魚產不及釜山或濟州豐富，不過識揀也有抵食的海鮮！這間野ポ차 조개이야기在韓國有好幾間分店，雖非任食但人氣超旺，全因海鮮抵食又新鮮。一坐下先來一份蛤蜊湯，鮮味十足，兩個人叫細份的烤貝只需₩39,000，先來一籃約十數粒的貝類，原味無調味，之後再來一盤十件貝類，有帶子、扇貝、蜆等等，分別是蔬菜及芝士口味，經過調味更加好吃，同時也更不易膩。比較大食的話可以再單點些海鮮來烤，推薦海蝦，10隻也才₩15,000，經過鹽的調味下充分突顯出其新鮮，令人一再回味。

↑ 附餐先來一大籃貴妃蚌，大大粒好新鮮。

→ 入座即送一鍋蜆湯，非常鮮美。

↑ 生雞蛋加芝士，烤得半熟就可以沾蜆來吃。

MAP 別冊 M12 C-1

地 首爾麻浦區東橋洞170-19
時 16:00-05:00
網 www.jogaeiyagi.com
電 (82)02-332-0920
交 地鐵2號線(239)弘大入口站7號出口步行約2分鐘

↑ 各種貝類已進行調味，口味更加豐富。
→ 熱情的店員會不時主動前來幫忙，英文溝通也沒有問題。

33 釜山名物
豚壽百 돈수백

好食 編者推介

地址 서울 마포구 동교동168-3

店名「豚壽百」的意思是指「吃了豬肉可以長命百歲」，專門吃韓國釜山知名的豬肉湯飯。店家的豬肉湯以豬骨熬煮至乳白色，加入軟腍豬肉片和香蔥，即成為一碗超美味的豬肉湯飯！此外，餐廳亦有提供蒸豬肉、餃子、韓國冷麵等美食。

↑任添的醃蘿蔔爽甜有辣勁，泡菜則辣勁十足，令人非常開胃。

↑豬肉湯 ₩ 6,500
充滿肉香的雪白湯頭濃郁又清甜，豬肉片口感柔軟，惟肉片太小，吃起來有「碎濕濕」的感覺。

MAP 別冊 **M12 B-1**

地 首爾麻浦區東橋洞168-3
時 24小時
網 www.donsoobaek.com
電 (82)02-324-3131
交 地鐵2號線弘大入口站(239)8號出口，步行約2分鐘

34 石卵烤肉
小豬錢罌 돼지저금통

抵食 編者推介

地址 서울 마포구 서교동 331-1

與一般韓燒不同，先將鵝卵石放在炭爐上燒熱，再把肉放在已經預熱的石頭上，石頭的熱力會把肉烘熟，方法很有趣，能避免豬肉燒焦和變得又乾又硬，所以，吃起來鮮嫩可口，肉汁輕輕在口中濺出，好juicy！被石頭隔一隔，燥熱度大減！

五花腩一份 ₩13,000

愈夜愈熱鬧，坐無虛席！

↑店員會幫自遊人將五花肉剪成小塊！

MAP 別冊 **M12 C-1**

地 首爾市麻浦區西橋洞331-1
時 11:00-02:00(L.O.01:00)
休 星期二
電 (82)02-323-6262
交 地鐵2號線弘大入口站(239)
8號出口步行約5分鐘

韓國的學生制服風格更加可愛，難怪很多人都會特意來租。

↑店家刻意把環境佈置得跟學校一模一樣，重回學生時代。

㉟ 化身韓劇女主角
Nuguna韓國校服

地址 서울 마포구 서교동330-28 5F

以往去韓國，一定要穿韓服到景福宮、三清洞等地方，當自己是古裝劇的女主角影相。不過，這個玩法已經OUT了！現在的韓妹流行租校服，將自己打扮成校園偶像劇的女主角，又或者女團MV的一員，就算已經畢業好多年了，還是想當一回韓國學生！Nuguna雖然不像一般的韓服店會有人幫忙化妝set頭，不過都有梳及電髮棒等借用裝身，而體驗館內還有粉紅色的課室及locker讓你影個夠，自拍棒、腳架等都可以免費使用！收費模式是按時間計，因此不需要留在體驗館內，影夠了可以再去弘大、梨大等地隨意街拍，說不定會遇到Oppa搭訕呢！

↑想set個靚頭都無問題，梳、髮棒等，全部任你用。

MAP 別冊 M12 C-1

地 首爾麻浦區西橋洞330-28 5F
時 星期一至五09:00-22:00、
星期六09:00-14:00
休 星期日
網 nu-gu-na.com
電 (82)0507-1396-5600
交 地鐵2號線(239)弘大入口站
8號出口步行約6分鐘

↓這班來自馬來西亞的遊客們，約了好友一起租校服！

WOW! MAP

35

131

↑小熊維尼擺設，不發售哦！

←Groot鎖匙扣 ₩15,000

有很多不同的精品，女生們可以狂買了。

36 走訪安迪的家
MIMIDONUT 미미도넛

地址 서울 마포구 동교동 177-4

另一間粉紅色的精品店，是連韓星Blackpink Jennie都來打卡的名店！店內最出名的，是有個區域專門佈置成了《反斗奇兵》電影的場景：主人翁安迪的家，胡迪、小叉、巴斯光年、三眼仔全部都在等著你，好像走進了電影！

MAP 別冊 **M12 C-1**
地 首爾麻浦區東橋洞177-4
時 平日 15:00-21:00、週末 13:00-21:00
網 www.instagram.com/mimidonut
交 地鐵2號線(239)弘大入口站1號出口步行約8分鐘

↑此處是必打卡位，有米奇米妮陪你坐梳化。

↑入面還有很多迪士尼公主系列玩偶，不過感覺有點小崩壞。

37 尋寶小天地
PINK BUS 핑크버스

地址 서울 마포구 서교동 339-1

卡通精品是買多少都不會心痛，而韓國近期掀起了卡通熱潮，PINK BUS是間空間不大但堆滿了各種小物的店舖，你可以在這裡找到不同卡通人物的文具、可愛的小襟章，迪士尼角色玩偶等等，是買手信的好地方，而店內的米奇、米妮梳化，更是打卡的好地方呢！

→大鼻鋼牙襟章 ₩5,500

MAP 別冊 **M12 C-1**
地 首爾麻浦區西橋洞339-1
時 13:00-20:00
休 星期一
網 blog.naver.com/pinkbus_official
電 (82)02-6013-4690
交 地鐵2號線(239)弘大入口站1號出口步行約10分鐘

38 追星花花咖啡廳
Flower cafe Lovin'her
플라워카페 러빈허

地址 서울 마포구 동교동 177-12

全店內外都被花花包圍著，有種城市中的綠洲感，更用心的是，如果你點凍飲，店員更會把冰刻成一朵花，美極了！這間Cafe不時會與各大粉絲團合作，到訪期間剛好是韓國人氣男團EXO金鍾大的應援，店內瞬間佈置了很多金鍾大的相片，表明是fans的話更會送杯套呢，如果想要到訪，不妨看看會不會有哪天剛好是自己本命的應援日，被偶像包圍的感覺真好。

MAP 別冊 M12 C-1

地 首爾麻浦區東橋洞177-12
時 10:00-21:00
休 假日
網 www.instagram.com/
flowercafe_lovinher/
電 (82)02-322-0122
交 地鐵2號線(239)弘大入口站6號
出口步行約2分鐘

↑ 店內的每一個角落都擺放了花花，太美了。

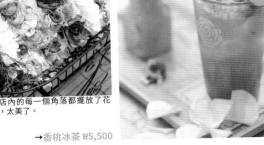

→香桃冰茶 ₩5,500

WOW! MAP

38

13

↑男生們不用覺得無聊了，適合你們的衣服也有很多。

③⑨ 男女通殺！
AA Place
香港首推

地址 서울 마포구 동교동 163-20

作為最多大學生聚集的弘大，自然有很多掃平貨的好地方，這間AA Place於2019年年頭才開幕，樓高4層且男裝女裝都有，情侶來掃貨都一定各自有收穫！B1是男裝MEN，1、2樓分別是Causal及Lifestyle主題服飾，而3樓則是女裝，秋冬款大約₩10,000起，港幣$70+就有交易，相當划算！服飾風格也相當多元化，除了有比較清新少女的服飾外，近年韓國非常流行的Boyfriend寬鬆風也有不少選擇，非常貼近時下大學生的穿搭打扮。

↑無論你想找學院風還是成熟風，這裡都可以找到！

↑帽款 ₩9,900

→想打扮得像個韓妹，來這裡就對了。

MAP 別冊 **M12 B-1**

地 首爾麻浦區東橋洞163-20
時 10:00-02:00
電 (82)02-332-1599
交 地鐵2號線(239)弘大入口站2號出口步行約4分鐘

←手袋 ₩15,000

店內有齊每一款口味的模型，令客人可以清晰地了解每種的配料。

↓中間的醬汁令味道得以提升，店內最人氣的滑蛋非常嫩滑，蛋香味濃。

鐵板燒牛肉熱蛋吐司 W4,400

40 新一代人氣早餐
EGG Drop
에그드랍

地址 서울 마포구 서교동 358-104

在首爾有超多分店的EGG Drop幾乎要取代Isaac成為韓國的國民早餐了！充滿質感的紙盒上放了豐富餡料的吐司，麵包被輕輕烘過香氣十足，中間的餡料選擇不算多，不過每款都搭配得很好，像是滑蛋煙肉、照燒雞肉烙蛋等，如果你是牛油果控，一定要試試牛油果配滑蛋，雙重嫩滑的口感令人一試難忘！

MAP 別冊 **M12 B-1**

地 首爾麻浦區西橋洞358-104
時 08:00-22:00
網 www.eggdrop.co.kr
電 (82)02-6085-4371
交 地鐵2號線(239)弘大入口站9號出口步行約5分鐘

---

41 首飾控天堂
時空間 시공간

地址 서울 마포구 서교동 358-28

如果你是首飾控，一定不能錯過「時空間」這間首飾專門店！作為韓國最人氣超多韓妹到此的店舖，時空間就像是個有著濃濃復古感的博物館，入面有著數之不盡的飾物，一面面木質的超大櫃子裡分成無數的小方格，精緻的飾物被放置其中，想要設計典雅的、簡約文青的，還是日系可愛的，這裡都可以滿足你！耳環大概是W5,000起跳，另外還有女裝、Choker、髮飾等等，全部韓國製造信心有保證！櫃與櫃之間的通道空間比較狹窄，不時都會塞滿了購物狂，想掃貨就要花點耐性了。

看到一面面的耳環牆，你忍得了手嗎？

通道的感覺有點窄，大家為了買得心頭好都不計較。

↑除此之外也有不少髮飾供選擇。

MAP 別冊 **M12 B-2**

地 首爾麻浦區西橋洞358-28
時 星期一至三 12:00-23:00、星期四至日11:00-24:00
網 www.instagram.com/sigonggan.official
電 (82)070-4193-7044
交 地鐵2號線(239)弘大入口站9號出口步行約6分鐘

←民族葉子吊墜頸鍊 W9,000

↑925純銀蛾眉月耳環 W11,900

→另外一邊是專賣衣服的，設計偏向簡約素色。

麻浦區

明洞

南山

童裝

↑ 部隊鍋二人份 ₩15,600

抵食 編者推介

42 豪華部隊鍋 Kongbul 콩불

地址 서울 마포구 서교동 345-2

部隊鍋是韓國必吃食物之一，「콩불」位於人來人往的弘大，非常受歡迎！部隊鍋非常足料，除了有拉麵、豆腐、午餐肉、火腿、泡菜等常見的食材外，還有超多的章魚及五花肉，兩個人一鍋已可以吃到超飽了。店內的芝士波波也值得一試，輕輕一扯即可以拉絲，正！

MAP 別冊 M12 B-1

地址 首爾麻浦區西橋洞345-2
時間 10:30-24:00
網址 www.kongbul.com
電話 (82)02-322-3545
交通 地鐵2號線(239)弘大入口站
9號出口步行約2分鐘

↑ 豆火(콩불-₩8,500
大豆芽豬肉火鍋，吃到最尾，韓國人喜歡加飯拌湯汁輕炒，記得要留肚！

↑ 阿珠媽笑容滿面，為客人剪八爪魚。

43 小牌子撈過界 No Brand Burger

地址 서울 마포구 서교동 356-1 2층

No Brand近年發展得非常快，2019年進軍飲食業開設快餐店，最大的賣點就是便宜，一份漢堡套餐的價錢是₩5,000左右，以韓國的物價來說，算是非常便宜，加上食物選擇很多，有熱狗、沙律、炸雞等等，難怪成為韓國年輕人的大熱店。

↑ 店內以黃色為主調，明亮的色彩非常醒神。

MAP 別冊 M12 B-1

地址 首爾麻浦區西橋洞356-1 2層
時間 10:00-22:00
網址 www.instagram.com/
nobrandburger.official
電話 (82)02-322-2731
交通 地鐵2號線(239)弘大入口站9號
出口步行約4分鐘

↑ NBB招牌漢堡套餐 ₩5,400

WOW! MAP

↑阿珠媽會不時前來幫忙,很是熱情。

抵食
編者推介

(44) 性價比超高

胖胖豬 통통돼지뽈살

地址 서울 마포구 서교동 346-46

想吃性價比高的燒肉不一定要食放題,這間「胖胖豬」是韓國超有人氣的燒肉店,每一份肉的分量都是200G,價錢在₩10,000-₩13,000左右,不用一百就可以吃到一份,非常划算!五花腩上桌時是厚厚的兩大條,脂肪比例較多,不要以為會太油膩,烤熟之後會變得有點脆脆的口感,再加入蒜頭、生菜及各種醬料,肉香滿溢而出,非常好吃!不想單吃豬肉也可以點份牛肉,雖然不是韓牛也充滿牛香,店內還會送一鍋大醬湯,所以兩個同吃的話,點兩份肉就會夠飽,加上白飯及啤酒,人均消費也才一百多一點!

↑吃肉當然要配啤酒,一口肉一口酒,爽!

店內還會送一鍋大醬湯,非常划算。

MAP 別冊 **M12 B-1**

地 首爾麻浦區西橋洞346-46
時 16:00-01:00
電 (82)02-3142-0570
交 地鐵2號線(239)弘大入口站9號出口步行約2分鐘

↑配菜有好幾款,剛好消除吃太多肉的油膩。

↑搭上洋蔥、蒜,肉的味道變得更加豐富。
→豬五花肉(上-₩14,000、牛肋肉(下-₩16,000)

WOW! MAP

13

44

資料由客户提供

首爾著名海鮮老店
Zio ZZang Seafood BBQ
지오짱 조개구이

地址 서울시 서대문구 연세로5길 15, 1F

店舖於1997年開業，是首爾歷史最悠久的貝類料理餐廳。韓國第一家在烤扇貝上放上芝士的餐廳，秘製炭火燒烤，讓食物保留鮮味，再配上各種配料，增添美味。店舖在韓國很有人氣，當地媒體也有報導，是一家非常有名的原汁原味的海鮮貝殼餐廳。除此以外，香港、臺灣、新加坡、中國、日本等海地也有介紹，深受遊客歡迎。老闆對挑選最好最新鮮的貝類非常有心得，電視和YOUTUBE等媒體也有介紹。他對經營的執著，令每位客人也可安地可以吃到最新鮮美味的貝殼。

MAP 別冊 **M13 A-2**

地 首爾西大門區延世路5街15號1樓
時 17:00 - 23:30
休 週一或週二
　　（到店前請先查詢）
電 (82)02-333-2236/
　　010-5358-2237
交 地鐵2號線新村站(240)2或3號出口步行約5分鐘

WOW! MAP
Zio ZZang Seafood BBQ

可選擇要套餐或單點，套餐有 3 款
烤貝殼（燒烤）、貝殼火鍋（湯）、蒸貝殼（蒸）
2 人份₩50,000；3 人份₩65,000 韓
4 人份₩80,000；5 人份₩95,000

↑各款設計章獨特、很有品牌氣息的手機殼
₩25,500

↑髒髒牛角包 ₩2,500

↑雖然潮牌定價都較高，但不時都會有優惠。

↑冷帽 ₩85,500

香港
首推

45 潮人必去 Nerdy 널디

地址 서울 마포구 서교동 358-117

韓國的街頭、地下街有很多掃平貨的好地方，但如果你想找點有質感的店，想試試潮牌的話，就一定要去Nerdy掃貨了！此店聚集了走在潮流尖端的韓國年輕男女，是很多韓星如IU、姜丹尼爾、Apink等的愛牌，以往只有網店，2019年終於在弘大開了第一間實體店，是間集購物與咖啡廳於一身的店舖，必試店內的芝士蛋糕，像真度超高的卡通芝士外貌可愛，往上走是掃貨的好地方，被佈置成家居的模樣，符合品牌走的舒適運動風，想找些輕便服飾記得來逛逛。

→像真度很高的芝士蛋糕，必點之一。

MAP 別冊 **M12 B-2**

地 首爾麻浦區西橋洞358-117
時 星期日至四 11:00-21:00、
　星期五六 11:00-22:00
網 whoisnerdy.com
電 (82)02-2135-5471
交 地鐵2號線(239)弘大入口站1號
　出口步行約4分鐘

這裡佈置得很像是潮人的房間，想入住嗎？

46 超萌珍稀小動物
Meerkat Friends
미어캣프랜즈

地址 서울 마포구서교동358-37 2F

弘大近期有間超人氣爆紅的動物咖啡廳Meekat Cafe，裡面的動物不是常見的貓貓狗狗，而是有狐獴、袋鼠，以及小浣熊，就連偶像團體Monsta X 去過都激讚！裡面的小動們全部都不怕生，想要超近距離接觸都完全無問題，而店員更會不時發放零食供客人親自餵食，還可以走進小狐獴的專區內等待牠們的「寵幸」，超級治癒！

→好奇寶寶狐獴不停四處張望，很期待跟人玩呢！

↑ 熱情又主動的小狐獴，真的很像小寶寶。

↑ 同可愛的小袋鼠超近距離接觸，馬上被萌到。
↓ 客人可以走進狐獴專區玩，不過就要排隊等一等。

↑ 非常黏人的小浣熊，會不停翻你的口袋。

MAP 別冊 **M12 B-2**

地 首爾麻浦區西橋洞358-37, 2F
時 13:30-20:00
網 www.facebook.com/meerkatfriends/
電 (82)02-6250-4683
交 地鐵2號線(239)弘大入口站9號出口步行約11分鐘

47 愛美的女孩盡情買
Made In Pink
메이드인핑크

地址 서울특별시 마포구 와우산로21길 37

麻浦區裡面有多間大學，是韓國青年聚集的地方，自然會找到很多風格年輕的店舖。Made In Pink 的外表有種貴族感，女生們一走進去可能就會不捨得走！飾物、配件多得令人眼花繚亂，上至頭箍、Choker、頸鍊，下至手鍊腳鍊都有，而且價錢一點也不貴，全部幾十蚊就有交易，心動不如行動！

店內有非常多種類的首飾，女生很容易淪陷！

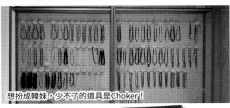
想扮成韓妹，少不了的道具是Choker！

髮夾 ₩6,900　　零錢包 ₩8,900

MAP 別冊 **M12 B-2**

地：首爾麻浦區臥牛山路21街37
時：平日 10:00-23:00、週末 10:00-24:00
電：(82)02-322-5516
交：地鐵2號線(239)弘大入口站9號出口步行約9分鐘

48 潮人潮物聚集地
Ader error
아더스페이스

地址 서울특별시마포구와우산로21길19-18

韓國新一代最愛的時尚品牌Ader error在弘大開了旗艦店，很多年輕人都爭先前來朝聖，單是型格的門口，都已經可以留住他們影足十幾分鐘了。入面的服裝走個性路線，隨便一件上衣都可以令你瞬間化身Rapper！不過，大家就不要期待他的價格很平價了，一件上衣都要港幣千多元，果然是只適合朝聖啊！

↑ 店內的設計亦十分有型，引來不少人打卡。

→運動外套 ₩209,000
↓深藍衛衣 ₩149,000

MAP 別冊 **M12 B-2**

地：首爾麻浦區五山路21街19-18
時：13:00-21:00
網：adererror.com
電：(82)02-3143-2221
交：地鐵6號線(623)上水站1號出口步行約12分鐘

49 最強拉絲芝士 HONKAZ 혼가츠

好食 編者推介

地址 서울 마포구 와우산로21길 36-6

韓國人對芝士充滿了狂熱的愛，更想出了各種新奇的菜式，炸豬扒芝士將部分豬肉挖走，再放入熱辣辣的半溶芝士，一咬就會拉絲，不過要記得一送到就要趁熱食，時間一久芝士冷卻就會大扣分！店員還送來香蕉、梅、士多啤梨三種口味的果醬，配炸豬扒吃是想像不到的搭！HONKAZ 上午11:30才開始營業，但營業不久就開始大排長龍，想吃就要趁早了。

↑韓國人及遊客各佔一半，人氣很旺。

←芝士炸豬扒飯 ₩11,000

↑芝士輕輕一拉，就可以拉到超長！

MAP 別冊 **M12 B-2**

地 首爾麻浦區臥牛山路21街36-6
時 11:00-22:00
休 春節、中秋當天及前一天
電 (82)02-322-8850
交 地鐵2號線(239)弘大入口站9號出口步行約9分鐘

↑店內的擺設、杯碗碟都十分日系。

↑三種醬料是用來點炸豬扒，以香蕉味最搭！

---

50 專屬的香氣 121 LE MAL DU PAYS 121르 말 뒤 페이

地址 서울 마포구 서교동 411-18

韓國是個充滿香氣的地方，很多妝品都會加入感覺舒服的香料，而這裡的香水店同樣十分出色，店內更可以自製專屬的香氣，有過百瓶香水給你挑選，你可以逐一試聞，選擇基底及面層的味道混合而成新的香氣，一瓶價錢為₩40,600(50ml)，送給重要的人作為伴手禮，很有心意呢！

↑店員的英文很好，溝通完全沒有問題。

↑如果不想自己調配味道，也可以直接買現成。

MAP 別冊 **M12 B-2**

地 首爾麻浦區西橋洞411-18
時 13:00-21:30
網 121lemaldupays.com
電 (82)02-6368-0121
交 地鐵6號線(622)合井站3號出口步行約5分鐘

↑一整排的香水，大家可以聞完再挑自己喜歡的。

→每聞完一種香水味之後，都要先聞一下咖啡豆來清味。

WOW! MAP
49   50

51 設計師的想像空間
Sangsangmadang

地址 서울 마포구 서교동367-5

Sangsangmadang韓文是「想像園地」的意思，由人蔘品牌正官庄出錢興建，樓高6層，包括藝術展品場地、戲院、咖啡店和學院等，地下那層主要擺放由200多位韓國設計師操刀的家品、文具、擺設、首飾、燈和衣衫，連兒童傢俬也有。

↑木製相機 W49,000

↑酒架 W9,800，以倒瀉酒的形態製成的酒架，簡直是神設計！

→領帶形行李帶 W6,800，綁在篋上就不怕會認不出自己的行李啦。

↑外牆非常有型，設計味濃厚，絕對配合商場的高格調設計商品、文化藝術展覽等。

↑每間小木屋都開了一個孔，看到屋裡的不同布局。

←地下是精品部，這裡有200位本地設計師的作品，文具、家品、傢俬樣樣齊。

→ 在枱頭燈的電線裡加鐵線，讓電線變成裝飾的一部分。

↑這張花花剪影枱，帶點北歐風情。

→用絨布剪成一朵立體花，中間加個燈膽，就成了花燈。W49,000

MAP 別冊 M12 B-2

地 首爾麻浦區西橋洞367-5
時 11:00-21:00
網 www.sangsangmadang.com
電 (82)02-330-6200
交 地鐵2號線弘大入口站(239)9號出口步行約15分鐘

其他設備

樓層	
2	Office
6	Cafe
5	Studio CineLab
4	Academy
3	Gallery I
2	Gallery I

Cafe 6/F

在頂樓的咖啡室，天花的照明燈像一頭紙球，很特別。

Cinema B/F

電影院位於4樓。

Live Hall B2/F

不時有音樂、話劇等表演。

↑給小孩子的枱腳仔穿上襪子，很有生活情趣。

WOW! MAP

52 年青人最愛
博多文庫
하카다분코

地址 서울 마포구 상수동 93-28

有甚麼比半夜吃上一碗熱騰騰的拉麵更令人滿足？位於上水洞這家拉麵店每晚營業至凌晨3點，售賣日式豬骨叉燒拉麵和日式叉燒蓋飯，招牌豬骨拉麵湯頭以豬骨熬煮兩天，味道豐腴香濃，吃罷更可多點一碗白飯拌吃。此外，每晚十時後供應的特製辛辣牛腩拉麵也是人氣之選。

→辛辣牛腩拉麵W13,000
宵夜時段的專屬菜單，韓風香辣湯頭配以蔬菜和牛腩，惹味非常！

→豬骨叉燒拉麵（인라멘）W10,000
乳白色的濃湯配以叉燒、木耳、蔥和豆芽，入口輕鹹不膩，幼細拉麵亦夠爽口。

MAP 別冊 **M12 B-2**
地 首爾麻浦區上水洞93-28
時 11:00-03:00 (L.O. 02:00)
網 www.instagram.com/hakatabunko_official
電 (82)02-338-5536
交 地鐵6號線上水站(623) 1號出口步行約1分鐘

53 近距離觀賞爵士樂
CLUB EVANS

地址 서울 마포구 서교동 407-3

在作家村上春樹和日本動漫《藍色巨人》的推廣之下，近年似乎愈來愈多人開始嘗試聽爵士樂，如果你也喜歡現場爵士樂表演，又怕門檻太高的話，不妨來這間位於弘大一帶、經營了逾20年的爵士樂俱樂部EVANS。店內風格親民，台上台下的距離很近，樂手可與觀眾交流，氣氛輕鬆融洽，就算是爵士樂新手也不會有壓力。

↑採訪當日有來自匈牙利的樂隊 David Spischak 表演。

MAP 別冊 **M12 B-2**
地 首爾麻浦區西橋洞407-3
時 表演時間為20:30-21:20、21:50-22:40
金 入場費 W15,000
網 www.clubevans.com
電 (82)02-337-8361
交 地鐵6號線上水站(623) 1號出口步行約兩分鐘

←入場費不包含飲品，客人需額外購買，飲料價錢由W 6,000 起。

秘制滋味炭烤濟州島產豬肉

給豚的男人弘大總店
돈 주는남자 홍대본점

WOW! COUPON 優惠

精美的濟州豬肉

地址 서울 마포구 잔다리로6길34-9

位於弘大的「돈(豚)주는남자」是首爾當地很紅的人氣烤肉店。用煤炭炭烤及秘製麻藥醬汁非常受歡迎。受歡迎的秘訣在於他們使用的是韓國品質最好又美味的豬肉，每天從濟州島新鮮運送而來的優質豬肉以及自家製的麻藥醬汁。豬肉會先在店內熟成冰箱內熟成3日後，到顧客下單後，直接用炭火先烤第一輪，再送到檯面上烤至完全熟透為止，這樣出來的美味簡直讓人讚嘆不已。韓國人也認可的濟州島產豬肉，炭烤的味道令人回味無窮！

在烤架上炭火烤

MAP 別冊 M12 B-2

地 首爾市麻浦區真達理路6街34-9
電 (82)02-6677-0499
時 星期一至五：13:00-15:00；
17:00-23:00(L.O. 22:00)
星期六、日、公眾假期：12:00-
15:00; 16:00-23:00(L.O.22:00)
休 農曆新年及中秋節當日
網 www.instagram.com/don_ju_nam/
交 地鐵2號線弘大入口站9號出口
步行5分

↑完成第一輪炭烤的豬梅花肉及五花肉
→店員會幫忙把豬肉剪成容易入口的大小

WOW! MAP
給豚的男人弘大總店

蜂燻熟成五花肉 500g
首先進行風乾，再用蜂燻熟成的限定菜單。

韓國傳統鐵鍋蓋烤肉餐廳
月火食堂 麻浦總店
월화식당 마포본점

WOW! COUPON 優惠

地址 서울시 마포구 도화길29, 1~2층

店主使用國內產100%純正杜洛克豬肉一畜產品質競賽中獲得大獎(一等獎)的受獲豬肉，並使用從月火農場空運過來的環保食材親自制作的小菜及泡菜，用韓國傳統方式親自制作的麻油。演員李棟旭、地成、朴敘俊、朴寶劍、李準基、林英雄、Wanna One、IU、DinDin、Narae Park、模特韓惠軫，足球選手李昇祐等也是店舖的常客。餐廳更是連續兩年獲藍帶收錄的韓國米芝蓮餐廳。店舖寬敞的環境十分適合團體聚餐或特別聚會的場所，店內提供會英語、日語、中文翻譯的職員及外語菜單。另外店內也有售賣蜂燻熟成而成肉香濃郁、味道鮮美的蜂燻熟成五花肉。

↓1++ 韓牛板腱肉 150g
肉汁的風味和鮮味一流

↑無添加劑豬頰肉 130g

↑只能在月火裡獨家享用到的國內產純正杜洛克五花肉（150g）。

↑肥牛黑松露生拌牛肉 70g
世界三大珍味之一黑松露配以滿滿的香麻油。

←美食X檔案善良的五花肉 500g
受到電視節目認可。

MAP 請掃描頁底二維碼

地 首爾麻浦區桃花街29,1-2樓
時 星期一至五 16:00-23:00 (L.O. 22:15)
星期六至日 11:30-22:00 (L.O.21:15)
電 (82)02-701-7592
網 www.xn--ok1b941a82cr7u.com/
IG(店舖)：
www.instagram.com/wolhwa_sikdang_mapo/
IG(國際)：
www.instagram.com/wolhwa_sikdang_global/
Naver Place：naver.me/GdJOy8ht
交 地鐵5號線(528)麻浦站3號出口/(529)孔德站9號
出口步行約5分鐘

WOW! MAP

月火食堂 麻浦總店

14

牛肉丼飯 W11,900

好食 編者推介

54 重份量牛肉蓋飯
弘大螞蟻 홍대개미

地址 서울 마포구 상수동317-3 2F

CP值超高的牛肉蓋飯，面層是十幾塊半熟牛，數量多到完全看不到飯。炙燒的香氣非常誘人，牛肉只是5-6成熟，中間依然是半生粉嫩狀態，肉味非常濃郁，加少少附贈的芥末提升味道。而配菜的豆芽、蘿蔔、洋蔥全部都經過醃製，味道酸甜清新，拌飯食一流！

MAP 別冊 **M12 B-2**

地 首爾麻浦區上水洞317-3 2F
時 11:30-22:00
網 hdgaemi.com
電 (82)02-586-9289
交 地鐵6號線(623)上水站1號出口步行約4分鐘

↑ 店內有很多明星簽名相，足見其人氣。

→ 除了單食牛肉，還可以加入芥末及蔥，豐富口感。

↑ 整間店只有幾張枱，建議避開用餐時段來。

55 獨遊必食海鮮鍋
新村海鮮刀削麵 신촌해물칼국수

抵食 編者推介

地址 서울 서대문구 신촌로 125

一個人去韓國最煩惱的事，必屬要吃甚麼！韓國大部分的餐廳都適合一大班朋友食，一人用餐恕不招待！獨遊想吃海鮮鍋的話，推薦來這間新村海鮮刀削麵，挑戰份量滿滿的海鮮鍋，有鮑魚、八爪魚、大蜆等，食完海鮮及金針菇、蔬菜後，店員還會加入剛切好的刀削麵，濃濃的海鮮湯吃起來超滿足！

煮得差不多阿珠媽就會主動幫你處理海鮮。

↓ 鮑魚刀削麵 (1人份-W29,800

MAP 別冊 **M13 B-2**

地 首爾西大門區新村路125
時 11:00-22:30 (L.O. 21:30)
電 (82)02-363-1553
交 地鐵2號線(240)新村站5號出口步行約5分鐘

WOW! MAP
54 55

店內大部分的客人都是本地人，一爐內臟加上燒酒就是他們的最佳宵夜。

↓綜合特大餐（생모듬구）
W47,000
牛腸以肉柱、甘草醃漬去膻，難怪入口毫無異味，反倒有幾分香草味。

好食
編者推介

56 半世紀的滋味烤腸
新村黃牛小腸燒烤

地址 서울 서대문구 창천동52-148

韓國的烤肉非常出名，而烤內臟更是內行人才懂得欣賞的美食！這間擁有60多年歷史的黃牛小腸燒烤就正正是烤內臟的專門店。招牌的綜合內臟拼盤由牛腸、牛肝、牛心、牛肚拼合而成，拌入新鮮韭菜、馬鈴薯和洋蔥，放在鐵板上猛火快燒，腸臟油脂四溢，嗞嗞作響，忍不住把微焦的小腸往嘴裡送，小腸的外皮香脆，愈嚼肉汁愈多，口感軟嫩彈牙，而且毫無膻味，令人不得不瘋狂追吃！另外那吸滿內臟油脂精華的薯仔更是邪惡之極，既有香脆的口感，咬下去卻是充滿牛內臟的的濃郁脂香……一輪讚嘆之後驚覺已將它們全部殲滅，邪惡度滿分呀！

新鮮的內臟是刺身級的品質，吃下去幾乎入口即化，但吃不慣的朋友則可能會覺得有些少血味。

包括有牛心、肚、小腸、大腸，還有韭菜、洋蔥和馬鈴薯等配菜，極為豐富！

MAP 別冊 **M13 A-1**

地 首爾西大門區滄川洞52-148
時 14:00-02:00
電 (82)02-337-2640
交 地鐵2號線新村站(240)2號出口，步行約15分鐘

WOW! MAP

聖水洞

明洞

南山

鐘路・仁寺洞・三清洞

麻浦區

海鮮燒烤餐₩50,000
包括元貝、生蠔、大蝦、小蜆、
生蝦、帶子年糕兜、豆腐泡菜
湯、小蜆湯、泡菜及甘筍條。

↑生蝦放在粗鹽上烤，待蝦熟後，側邊的
豆腐泡菜湯亦滾熱辣。

↑錫紙兜裡的是年糕、帶子和金菇，加埋
紅色的甜辣汁，邊撈勻邊加熱。

↑貝類海鮮有些加了醃料，好像蕃茄雜菜
粒、芝士、辣汁等，連殼一起烤更鮮味。

57 炭燒海鮮
지오짱 조개구이

好食
編者推介

地址 서울특별시 서대문구 창천동57-19

韓國人愛吃燒烤，材料除了肉類還有海鮮，而新村這一帶曾是
海鮮燒烤街，經濟不景氣之下最後只剩這家，店子雖小，但店
方極注重衛生，並堅持用鷺梁津海鮮市場的產品，貪其新鮮和
最有保證，而炭火燒除了貝類，還可把小湯鍋放進爐架上一起
烤，看起來別有一番風味，吃起來亦滋味。

三位窈窕的韓國OL食量和酒量可驚人，她們說這家海鮮店
愈夜愈旺，不想等位的話，最好學她們，晚上七點過來。

MAP 別冊 **M13 A-2**

地址 首爾市西大門區滄川洞57-19
時間 17:00-05:00
電話 (82)02-333-2236
交通 地鐵2號線新村站(240)2或3號出
口步行約5分鐘

WOW! MAP

58 立食烤牛排

好食 編者推介

站著吃烤肉 연남서식당

地址 서울 서대문구 연희동189-7

餐廳內放著10多個銀色油桶，客人都圍在桶邊，站著烤肉，十分有趣。站立燒只有牛肋骨一款，肉質鮮嫩多汁，抵讚！不過店內沒有抽煙系統，經常煙霧瀰漫，建議自遊人不要穿著吸味的質料。站立燒經常人頭湧湧，會因食材賣光而提早關門，有興趣的自遊人盡量17:00前到達！

MAP 別冊 **M13 A-2**

地 首爾西大門區延禧洞189-7
時 11:00-20:00
　 (當日食材賣罄提早打烊)
電 (82)02-716-2520
交 地鐵2號線新村站(240)7號出口
　 步行約5分鐘

■ 調味牛肋骨 W17,000

好食 編者推介

59 味道最正宗

春川家辣炒雞

地址 서울시 서대문구 창천동 57-8

辣炒雞是起源於江原道春川的美食，而新村的春川家辣炒雞被公認為在首爾味道最似原著的一間店。主角辣雞有原味及加芝士兩款口味選擇，店家用的雞肉是本地出品，配上自家製的醃醬，客人們都會另點一份雜菜及麵條來配辣粉雞，跟薯仔、腸仔、椰菜以及煙煙韌韌的麵條，跟雞肉一同炒香，全程不用自己動手，店內職員會輪流過來協助。雖然整鍋都是紅色，但味道香而不辣，吃至最後，小記建議大家多點一份炒飯，將鍋中所有剩汁跟飯拌勻同炒，非常可口！

↑ 雞肉連同菜、薯仔、麵條等炒香，全程有人服侍，不用自己動手。另外也有加入芝士的口味。

← 吃到最後可以來個炒飯，倒進吃剩的雞肉中同炒，味道是小辣，不吃辣的人也讚好吃啊！

MAP 別冊 **M13 A-2**

地 首爾西大門區
　 滄川洞 57-8
時 11:00-15:30、17:00-23:00
電 (82)02-325-2361
交 地鐵2號線新村站2號出口步行約5分鐘

WOW! MAP

58　　59

明洞
명동 Myeong-Dong

必見！
DAISO旗艦店

往來明洞交通

首爾站 (426)	4號線 約4分鐘 ₩1,400	明洞站 (424)

明洞地鐵站 5 號出口跟 購物區只有 10步之距。

明洞是年輕人的聚腳地，範圍由 (424 Myeong-dong) 明洞地鐵站至 (202 Euljiro 1-ga) 乙支路入口站，潮流衣衫首飾齊備，就像香港的旺角或台北的西門町，每晚十時後，明洞更人頭湧湧，皆因連流動小販也出動，加上原有的老字號食店，新舊匯集，食買方便，是了解首爾的一個好開始。

① 抵食烤肉放題
荒謬的生肉
엉터리생고기

地址 서울 중구 명동2가54-32, 2-3F

來到韓國，吃一間令人滿足的烤肉非常重要！店如其名，這間烤肉店的CP值好到令人覺得荒謬的地步，兩小時內無限續添的包括有豬五花和豬頸肉、韓式小菜，還有放在烤盤上煮熱的大醬湯，都只是每位₩16,800，調過味的豬肉雖說不上一等一靚肉，但亦能吃得出嫩滑的肉質與彈性，絕對是明洞烤肉的性價比之王。

↑厚厚的腩肉彈性十足。

→其中一個食烤肉的方法就是將所有配菜都包在生菜內，一口咬下百味交集。

←↑烤肉盤中央凹位放置大醬湯，錫紙小盤盛則可加入泡菜和大豆芽，微酸帶辣非常開胃。

↑與大部分放題餐廳一樣，如果客人拿太多食物又吃不完的話，就會有₩3,000罰金，請謹記切勿浪費食物。

MAP 別冊 M02 B-2

地址 首爾中區明洞2街54-32,2-3F
時間 11:00-23:00
金 放題1位 ₩18,800/人、
2位起 ₩16,800/人
網 www.ungteori.com
電 (82)0507-1487-6791
交 地鐵4號線明洞站(424)5號出口，步行約5分鐘

WOW! MAP

② Y2K風可愛小物
EVERYTHING
Lovely character

地址 울 중구 명동2가55-16

韓國近年吹來一陣復古風潮，流行千禧年代風格，以誇張的色彩、閃令令的材質和可愛的卡通公仔，製作成一系列看似無謂，但又令人很想擁有的小物。這間店便是以這種Y2K風小物的專門店，無論是電話固定扣、髮飾、戒指、頭箍，全店一律₩2,500，女生要小心銀包！

↑大量飾物和太陽眼鏡任試。

MAP 別冊 M02 B-2
地時交 首爾中區明洞2街55-16
10:00-23:30
地鐵4號線明洞站(424)5號出口，步行約5分鐘

→可愛的珠珠系列戒指，通通₩2,500。

←這個可愛那個也可愛，怎麼辦呢？一於全部買來當手信吧！

③ D.I.Y.布製小屋
K CHARACTER SHOP

地址 서울 중구 명동4나길19

近年D.I.Y.風氣在韓國愈吹愈盛，不知大家又有沒有興趣一試？這間小店以D.I.Y.袋子為主，店內提供各式大小、顏色及材質的袋，客人揀好款式後可再挑選熨在上面的襟章，又或者請店員幫忙用衣車把韓文或英文字繡在袋上，僅需10-15分鐘就可把自己的創作帶走，價錢因應材料而定，豐儉由人。

←紅色帆布手挽袋₩5,000
↓店內提供不同大小、顏色及材質的素材袋。

MAP 別冊 M02 B-2
地時交 首爾中區明洞4街19
10:00-24:00
地鐵4號線明洞站(424)5號出口，步行約5分鐘

↑桌面的襟章花款甚多，價錢由₩1,000起。

154

←除了真人肖像之外，寵物、朋友和偶像的相片都可以繪畫。

↑兩分鐘一幅的似顏繪，盛惠₩9,000。

④ 兩分鐘完成的似顏繪
DOTOLI
도토리 캐리커쳐

地址 서울 중구 명동8나길10-1

「似顏繪」是一種捕捉被畫者容貌特徵的肖像畫，最初由歐洲傳入，傳至日本後逐漸發展出這種扼要地畫出真人肖像的畫作。以往這些似顏繪多是街頭畫家的獨立創作，首爾近年就出現似顏繪速畫店，由一列畫家坐陣，不消兩分鐘已可完成一幅只屬於你的似顏繪作品，作品風格因應畫家稍稍有異，有興趣的朋友不妨先研究一下再作選擇。

MAP 別冊 **M02 C-3**

地 首爾中區明洞8街10-1
時 10:00-22:30
網 www.instagram.com/
　 uncles_painting
交 地鐵4線明洞站(424)5號
　 出口，步行約5分鐘

→速畫講求快速而精準地捕捉人物特徵，一點也不容易。

↑ IU 同款水晶耳環 ₩8,900

↑ 淡雅水晶穿珠手鏈 ₩7,900

⑤ 巨型飾物牆
THE PLAIN
더 플레인

地址 서울 중구 명동8가 24-1

凡是女生，對飾物都總是難以抗拒，THE PLAIN主打高質耳環和飾物，店內一堵兩米高的木板牆，掛上各式各樣的耳環、頸鏈和髮飾，叫人看得花多眼亂，定價雖然比其他飾物店高，但無論款式還是材質也略高一線，要價錢還是質素還請大家自行斟酌。

↑兩米高飾物牆，有圖有真相。

↑ 亞克力膠紅色鬱金香耳環 ₩8,900

↑髮飾方面選擇也極多。

MAP 別冊 **M02 B-3**

地 首爾中區明洞8街24-1
時 11:00-23:00
網 www.insta
　 gram.com/
　 theplain.korea
電 (82)02-111-
　 1111
交 地鐵4號線明
　 洞站(424)5號
　 出口，步行約
　 5分鐘

4　　5

WOW! MAP

首爾

聖水洞

麻浦區

明洞

南山

鐘路・仁寺洞・三清洞

155

明洞

❻ 人山人海
Olive Young旗艦店

← MARSHIQUE 虎紋修復面膜 ₩11,800，可局部使用的抗皺面膜，於Olive Young獨家發售。

地址 서울 중구 충무로1가22-4

說到藥妝店，怎可以不提韓國最受歡迎的藥妝連鎖店Olive Young？不僅一店有齊各個大小品牌的熱門產品，而且店內不時推出優惠價，難怪它的分店在首爾遍地開花。新開的明洞旗艦店樓高兩層，有齊熱門化妝品、護膚品和實用小物，不過店內長期人山人海，多個產品連試用品也不見所蹤，店員補貨也不及，建議行程若非超級緊迫，不妨直接到明洞以外的分店繼續掃貨。

→ DR WONDER 暗瘡貼 ₩9,900

↑→ AMUSE 純素氣墊粉底 ₩34,000，綠色是24小時持久霧面，粉色是明亮半霧面。

↓明洞旗艦店長期人潮如鯽，很多產品也斷貨了，真的不太建議到此店購物。

MAP 別冊 **M02 B-3**

- 地 首爾中區忠武路1街22-4, 1-2F
- 時 11:00-22:00
- 網 oliveyoung.co.kr
- 電 (82)02-3789-5294
- 交 地鐵4號線明洞站(424)5號出口，步行約兩分鐘

↑樂天的朱古力蛋糕、夾心餅和芝士餅價錢與超市定價差不多。

↑各式韓國人參商品。

MAP 別冊 **M02 C-3**

- 地 首爾中區忠武路1街24-6
- 時 09:00-23:00
- 交 地鐵4號線明洞站(424)5號出口，步行約1分鐘

WOW! MAP
6   7

❼ 一站式掃貨
Orange Mart
오렌지마트

地址 서울 중구 충무로1가24-6

掃貨最重要的是方便，位於明洞的Orange Mart專售韓國食品，Market O Brownie、HERSHEY'S的麻糬曲奇系列、樂天的朱古力夾心餅都可以在這裡找到，店內支援信用卡付款，買夠₩30,000還可以申請退稅（需到機場辦理），認真便利。

→大特價區的貨品比超市優惠一點。

⑧ 國民小食專門店
HBAF

地址 서울 중구 충무로2가 65-9

韓國買手信，相信無論如何都一定會有蜜糖或芥末味杏仁，與其去超市買，不如到明洞這間專門店掃貨吧！入面有數十款不同口味、包裝的杏仁，許多都是你從來沒有見過的口味，像是桃、士多啤梨、紫菜、Tiramisu、雪糕曲奇等口味，更可以瘋狂試味試到喜歡的再買，各種大小想獨食或買作手信都可。

MAP 別冊 **M02 C-3**

地 首爾中區忠武路2街65-9
時 09:00-23:30
網 hbaf.com
交 地鐵2號線(202-乙支路入口站
　5號出口步行約5分鐘

↑店內有超多不同口味的果仁，很多都是超市沒有見過的。

↑每一種口味的果仁都可以先試食再買，爽！

⑨ 玩槍並不是男士們的專利
明洞實彈射擊場
명동실탄사격장

地址 서울 중구 충무로2가 11-1 썬샤인빌딩3층

在天地然火汗蒸幕的附近，有一間首爾最大的室內實彈射擊場，老闆曾是射擊選手，更是金牌射擊選手呂甲順的指導。店內有21款槍可以選擇，有香港警察用的、在電影《無間道》中出現過的、二次世界大戰時德軍用的、電影007中占士邦所用的型號等等，工作人員都會逐一介紹槍支的重量及後座力等特性，讓客人挑選自己感興趣又應付得來的槍。

戴好耳罩、穿好避彈衣，還要有心理準備，用真槍射擊真的不是一般的震撼！

LET'S TRY!

韓劇 《我們戰鬥吧》

MAP 別冊 **M03 D-3**

地 首爾忠武路2街11-1陽光大廈3樓
時 11:00-20:00
網 www.instagram.com/koreashootingclub
電 (82)02-777-6604
交 地鐵4號線明洞站(424)8號出口步行4分鐘

↑這支 DERSERT EAGLE-GOLD 由純金打造，超級無敵重，後座力強勁，初心者應該比較難以應付，不過就算不選擇它也要拿上手感受一下拍張照留念，聽工作人員說這種槍比較罕有。

8

9

WOW! MAP

資料由客户提供

高級韓牛炭火燒
草原BBQ
초원BBQ

地址 서울시 중구 남대문로 68, 반지하

嚴選最高等級的1++韓牛,是韓國最優質的牛肉。恰到好處的嫩度與口感並存,越咀嚼,肉汁就會在口中慢慢散開。由於營業時間長,所以從午餐到深夜都可以去,一大早就可以吃到烤肉。烤肉套餐、拌飯、湯等餐點都很受歡迎。一個人也可以點的烤肉,喜愛韓牛必食之選!

↑ 牛肋眼肉150g ₩56,000
只有部分質量好的韓牛才會出現花紋,將這個部位放入口中再含在嘴裏的瞬間就會慢慢融化,甜味也會在嘴裏散開。

↑ 韓牛排骨 150g ₩59,000
細密的大理石紋排骨。選用當天購買的新鮮排骨再經過儲藏室的醃熟入味,因此可以一邊吃一邊感受到融化的口感和風味。

韓國雪花牛肉 150g ₩36,000
像五花肉這樣的豬肉一般都會烤到粘鍋變焦為止,但記住韓牛是不能烤太耐!

辣醬油蟹 ₩40,000
直火燒烤時,木炭會將肉烤得更香噴噴,讓您享受到平常用鐵板燒烤中感受不到的獨特鮮味。

MAP 別冊 M02 B-2

地時電註交 首爾中區南大門路68半地下
09:00-翌日02:00　**休** 年中無休
(82)02-752-5900
有英文和中文版本
地鐵4號線明洞站(424)5號出口,步行3分鐘;地鐵2號線乙支路入口站(202)6號出口,步行4分鐘

資料由客户提供

各種新鮮的海鮮料理
明洞海鮮湯
명동해물탕

地址 서울시 중구 명동8길 21-7, 2F

明洞海鮮湯位於明洞美食街的中心,店舖使用新鮮韓國產海鮮,主打海鮮湯、醬油蟹、辣醬油蟹、燉鮟弓水魚、生章魚、生魚片、鮑魚、煎牙帶魚等的人氣海鮮餐廳。海鮮湯是在大鍋裏將花蟹、魷魚、蝦、章魚、蜆、扇貝、大蛤、青口等海鮮再加上水芹菜、大蔥、白蘿蔔等蔬菜一起放入辣醬湯底中煮,新鮮滾熱辣,味道鮮美,口感豐富,不只可以搭配米飯,與韓國啤酒和燒酒更是絕配。

海鮮湯 2-3人份 ₩40,000

醬油蟹 170g ₩18,000
辣醬油蟹 150g ₩18,000

MAP 別冊 M03 C-2

地電時休交 首爾中區明洞8街21-7,2F
(82)02-3789-3334
10:00～23:00
年中無休
地鐵4號線(424)明洞站5,6,7,8號出口步行約3分鐘或地鐵2號線(202)乙支路入口站5,6號出口步行約4分鐘

資料由客戶提供

日本語・中國語・ENGLISH OK!

韓牛烤肉及韓國菜老店

大家BBQ 대가BBQ

WOW! COUPON 優惠

地址 서울시 중구 명동8가길 32, B1-3F

來到首爾，當然少不了要吃韓牛！位於明洞 的「大家」，創店至今超過40年，是當地一家著名的傳統烤肉店。店內只選用最高等級的 A++橫城韓牛肉，食材每日新鮮運到，再用啄 木炭去烤製，肉質十分鮮嫩，盡現濃厚地道風味！除烤肉以外，牛大腸、五花肉、醬油蟹、 參雞湯、鮑魚粥及海鮮蔥餅也是必試推介。特別是牛大腸，美味鮮甜，烤起來非常惹味，配搭用了3年以上陳 年泡菜熬製的泡菜鍋，味道更是一絕！

← 醬油蟹 W55,000
醬油蟹乃選用韓國出產的蟹製成。

↓ 海鮮嫩豆腐鍋 W10,000

↑ 五花肉 W19,000
五花肉是採用韓國產鮮五花肉。

↑ 海鮮煎餅 W27,000
海鮮煎餅是韓國的傳統菜式之一，以各種海鮮與大蔥所煎至金黃色，可口美味。

↑ 部隊鍋 W17,000
朝鮮戰爭以後，從美軍流傳下來一種放有午餐肉和脆皮腸的韓式火鍋。

MAP 別冊 **M03 D-3**

地	首爾中區明洞8GA街32, B1-3F
時	09:00-02:00
休	年中無休
電	(82)02-777-8088
交	地鐵4號線(424)明洞站7,8,9號 出口步行約2分鐘

WOW! MAP
大家 BBQ

明洞

⑩ 甚麼都有商店
DAISO 다이소

地址 서울 중구 명동1가 53-1

正如去到日本一定要行100円店，韓國必行的非Daiso莫屬！很多人都以為日、韓兩間Daiso是同一間公司，其實現在是分開獨立營運，因此產品都會完全不同，唯一的共通點就是「抵」！明洞的Daiso總店樓高12層，從護膚品、零食到生活用具都可以找到，重點是全部都只是₩1,000起，買再多都不會心痛。

樓層	產品種類	樓層	產品種類
1F	季節商品	7F	廚房餐具、烹飪工具
2F	美容、時裝、飾品	8F	浴室、清潔用品、洗衣用品
3F	文具、數碼用品、包裝	9F	室內裝節、收納
4F	卡通人物、兒童、宴會	10F	園藝、假花、寵物
5F	食品、一次性用品	11F	工具、汽車、手藝
6F	陶瓷、玻璃餐具	12F	運動、露營、旅行

MAP 別冊 **M03 D-3**

地 首爾中區明洞1街53-1，B1F
時 10:00-22:00
電 (82)02-318-6017
交 地鐵4號線明洞站(424)6號出口，步行約5分鐘

→寵物專用粉紅眼鏡 ₩1,000，最適合小型犬的型格飾品。

↑星星格子外套 ₩5,000，內裡有絨毛內襯，高質！

←芥末黃色碎花小裙 ₩3,000

寵物專區

有寵物區不算意外，令人意想不到的是Daiso的寵物衣服竟然可以如此高質抵買！款式極多，材質不俗，而且大多有齊大、中、細碼，價錢僅由₩3,000至₩5,000，就算沒有寵物，買回去送給狗朋友都抵玩！

↑超多狗狗專用玩具！

WOW! MAP
10

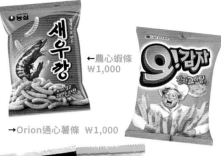

←農心蝦條 ₩1,000

→Orion通心薯條 ₩1,000

激平 零食、美妝 小物

5樓除了有實用的美妝用品之外，還有遊客最愛的零食區，很多人都10包10包地掃，無他，價錢比其他地方賣的平一截， 自然是絕不手軟！

←HERSHEY'S 朱古力批 ₩1,000

→零食區總是最受遊人歡迎的區域。

迪士尼Crossover商品

Daiso最受歡迎商品之一就是與迪士尼聯乘的卡通系列，包括有經典的米奇米妮、《反斗奇兵》的三眼仔和巴斯光年，總之各個超高人氣的卡通角色產品，都可以用超平價找到！

←↓迪士尼小童膠衣架 ₩2,000，有小熊維尼及豬仔兩款。

← JM solution X Disney 唐老鴨胎盤素抗老化精華面膜 ₩1,000

→米奇瓷杯 ₩2,000

↑《玩轉腦朋友》角色短襪 ₩2,000

↓迪士尼卡通系列商品不但抵買，而且更是韓國限定。

↑三眼仔毛毛拖鞋 ₩5,000，毛質柔軟，可愛得來質素不俗！

資料由客户提供

優質眼鏡及隱形眼鏡專門店

趙成珉眼鏡
조성민안경 콘텍트

WOW! COUPON 優惠

↑ 這家眼鏡店是一對夫婦經營，所有員工都是持有配鏡執照的專業配鏡師，因此對於這裡的配鏡技術以及眼睛檢查也可以放心。

地址 서울시 중구 남대로문72, 명동지하상가 다-4호, 라-4호

趙成珉眼鏡擁有40年的傳統，提供舒適的眼科檢查和值得信賴的眼鏡選擇。提供多種類、售後的服務品質和技術，以安全、實惠、準確、快速為口號，努力為每位百分百滿意的選擇。從驗眼到選配眼鏡，30分鐘內即可完成，還為提供了忙碌的客人送到酒店或其他目的地的服務。店內有多款名牌、韓國品牌、人氣偶像佩戴過的眼鏡品牌可供選擇。 店舖為遠近兩用眼鏡的OHOYA特約代理店，並擁有70種以上的隱形眼鏡。提供品質良好、款式多樣、價格實惠的產品。位於明洞內的樂天百貨商店旁邊，交通非常便利，距離不遠的話還可以安排接送服務。

다(ダ)-4号
조성민안경
趙成珉メガネ

MAP 別冊 M02 B-2

地 首爾中區南大門路72，明洞地下商街Da-4號、La-4號
時 10:00~22:00
休 年中無休
電話 (82)02-777-7820
Line ID：sungmin10212 (可以用粵語或日語查詢)
交 地鐵2號線（202）乙支路入口站6、7號出口，步行3分鐘

資料由客戶提供

←醬油蟹套餐
1人 ₩34,500；2人 ₩69,000；3人 ₩103,500；4人份 ₩138,000

醬油蟹中的特製配料，在嘴裏入口即融化。另一個特點是可以按照尺寸大小下單。在首爾很少有店鋪出售裝滿螃蟹粒的醬蟹，因此其味道將長久留在回憶中。首爾很少有賣隻隻肥蟹肉蟹膏的餐廳，相信這個味道會令每一位食過返尋味。

↑老闆曾是歌手出身，現在是一名音樂製作人，在店裏可以看到很多和人氣藝人的合照作裝飾。

邊吃醬油蟹邊聽K POP

鳥達里家 오다리집

WOW! COUPON 優惠

地址 서울시 중구 명동8나길28, 2-3F/명동8나길10, 사보이호텔2-3F

明洞醬油蟹餐廳，提供現場K-POP表演。以最抵價品嚐到延坪島產物。客人惠顧醬油蟹套餐，可免費享用泡菜、燉菜、醬油蝦、米飯和飲料。東方神起、Super Junior、Wanna One、樸施厚、張根碩等眾多偶像明星都曾光顧過這家餐廳。被國內外媒體推薦為首爾最好的醬油蟹餐廳。主菜有明火燒烤、蟹膏、嫩豆腐等，無限自助套餐。店內提供多款食品如炭烤牛排骨、豬排骨、五花肉等、海鮮蔥餅、雜菜炒粉絲、泡菜湯。

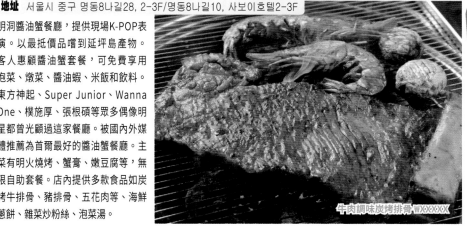

牛肉調味炭烤排骨 ₩○○○○○

MAP 別冊 **M02 B-3/M03 C-3**

地 1號店：首爾特別市中區明洞8na街28，2-3樓
2號店：首爾特別市中區明洞8na街10，SAVOY HOTEL2-3樓
時 09:00-23:00（L.O.22:30）
休 年中無休
電 (82)02-778-6767,6769
交 地鐵4號線明洞站6號出口步行3分鐘

↑**牛肉調味炭烤排骨 ₩32,800**
主菜有明火燒烤、蟹膏、嫩豆腐等，無限自助套餐。店內提供多款食品如炭烤牛排骨、豬排骨、五花肉等、海鮮蔥餅、雜菜炒粉絲、泡菜湯

↑另外也可在江南直營店可以最合理價格品嚐到鳥達里家的醬油蟹。滿滿的新鮮蟹籽！江南花蟹專賣店。

WOW! MAP

鳥達里家

資料由客户提供

想要飽嘗一頓韓茶盛宴
首爾烤肉
서울불고기

WOW! COUPON 優惠

地址 서울시 중구 명동2길 57, 1F

在明洞品能嚐最高級的牛肉烤肉！韓國傳統食物必食首選。首爾烤肉明洞總店裏可以品嚐到韓國最高級的牛肉料理，包括韓牛烤肉、肥牛、豬排骨、雜菜炒粉絲、醬油蟹、海鮮蔥餅、石鍋拌飯等多種韓餐。店舖傳統韓屋形象化的高檔裝潢，讓食客可盡情享受來韓國旅行的氛圍。

韓牛霜降肉/雪花肉

醬油蟹

五花肉

排骨湯

砂鍋烤肉

石鍋拌飯

MAP 別冊 M02 B-3

地址 首爾中區明洞2街57,1F
電 02-779-3000
時 11:00-22:00(LO21:00)
休 年中無休
交 地下鐵4號線(424)明洞站5號出口步行約2分鐘或地下鐵2號線(202)乙支路入口站5・6號出口步行約8分鐘

資料由客户提供

↑ 選擇對應的天然誕生石，製作出世上獨一無二的手鏈，既好看又有開運之效。

老闆娘手作各款獨特首飾

鏡面朱砂手鏈

↓ 鏡面朱砂含量97%，十分稀有

神秘魔法石專賣店
水晶社
수정사

WOW! COUPON 優惠

地址 서울시 중구 소공로 102, 소공지하쇼핑센터 65호

鏡面朱砂的紅色是手鏈被視為神祕又美麗，也是長生不老的靈丹妙藥，有"賢者之石"之稱，與鍊金術有着很深的關係。在《哈利波特—神秘的魔法石》中登場的哲學家的石，真正身份就是朱砂。據說是可以防止厄運的同時也能帶來好運，朱砂含量高達97%，是十分珍貴的鏡面朱砂手鏈，目前只提供少量作售賣。

MAP 別冊 M02 A-2

地址 首爾中區小公路102,小公地下購物中心65號
時 10:30-20:00
休 逢星期日
網 www.okjoocrystal.com
電 (82)02-774-5797
交 地鐵2號線乙支路入口站7號出口,從樂天百貨步行約3分鐘

資料由客户提供

WOW! MAP
首爾烤肉　水晶社

11 不得不試的三文治店
Isaac

好食
編者推介

地址 서울 중구 충무로1가 24-41

Isaac是韓國十分出名的三文治店,於1993年開業,到目前為止全球已有近千間分店,出名的原因最主要除了有別於一般街邊小店,能確保衛生乾淨外,在用料上都有一定的講究。麵包要用自家工場生產的,食材要每天新鮮運到的,連醬汁也要親自調配的,點好食物,就馬上在面前煎啊煎,熱辣辣,吃一口,包你大讚好味!提提你,雖然材料可以自由配搭,但建議試試店方預設的8款口味,小記試過自行配搭的,也試過店方配搭的,味道真的差天共地!

↑明洞店3位阿豬媽不停手處理訂單,連非繁忙時間也不斷有客人光顧。

Bulgogi Special W4,900
有烤牛肉、雞蛋、芝士和大量蔬菜,麵包及蔬菜都吸滿肉汁。

MAP 別冊 **M02 B-3**

地 首爾中區忠武路1街24-41
時 07:00-19:00
休 星期日
網 www.isaac-toast.co.kr
電 (82)02-752-3002
交 地鐵4號線明洞站(424)
5號出口步行約2分鐘

12 超抵食部隊鍋
挪夫部隊鍋
놀부부대찌개

地址 서울 중구 충무로1가 25-3

已有多間分店,必試人氣部隊鍋,是韓國經典食物之一,食材有泡菜、餃子、公仔麵、香腸、通心粉、烏冬等,份量以人頭計算。

←自稱為詹士邦的老闆,為人風趣幽默,他更希望娶一個香港老婆,哈!

MAP 別冊 **M02 B-3**

地 首爾中區忠武路1街25-3
時 10:30-23:00
網 nolboo.co.kr
電 (82)02-757-5510
交 地鐵4號線(424)明洞站
5號出口,步行約3分鐘

部隊鍋 W19,000/2人份
有泡菜、公仔麵、餃子、香腸、通心粉、烏冬等配料,份量極大。

WOW! MAP

11 12

店內韓國人多,遊客也不少。

↑整餐飯都有專人服侍,完全不用自己動手。

→五花腩也非常好吃,烤得帶點微焦,口感更脆而不油膩。

↓小菜全部都是可以免費再添,請盡情享用。

↑用炭來烤的牛肉,自然是更有炭香更好吃。

↑店員每次料理完肉,都會拉下管去吸油煙。

⑬ 專人服侍高質燒肉
王妃家 왕비집

地址 서울 중구 충무로2가 63-3

來到韓國怎能不吃優質韓牛呢!王妃家是人氣超高的高質韓牛,即使已開業多年,依然有滿滿的人龍,入庭先會安排8碟小菜,全部都可以再添可以盡情享用。主角自然是韓牛,必吃牛里脊及牛背肉,兩款都是1+韓牛,雪花分佈平均美極了,一入口滿嘴都是牛肉油脂,牛肉味非常濃郁,令人忍不住細細回味。這裡最好的就是有專人服侍,不用擔心高級牛肉會被烤得太熟,可享受一頓美味的韓牛大餐。

→韓牛拼盤
₩55,000

MAP 別冊 M02 C-3

地址 首爾中區忠武路2街63-3
時 10:00-14:00、16:30-21:45
電 (82)02-3789-1945
交 地鐵4號線(424)明洞站
　 8號出口步行約2分鐘

14 北韓美食
明洞咸興麵屋
명동함흥면옥

好食 編者推介

→ 海鮮冷麵 ₩7,000
海鮮冷麵跟原味同價,但配料卻更豐富,計落更抵食,味道辣中帶甜。

地址 서울 중구 명동2가26-1

來咸興必試冷麵,那是北韓的美食,不是以小麥製而是用薯粉搋成的幼身麵條,煮熟後口感很煙韌,尤其是冷吃更覺爽口,提提你冷麵配熬足24小時的牛骨湯,最合味,冬天飲更覺暖身。

↑ 以往百姓吃不起韓牛,但他們依古書《東醫寶鑑》所說,用牛骨熬湯以吸取營養,所以吃冷麵的湯必以牛骨熬製,所以牛骨是韓國人最重要的食材。

↑冷麵(회냉면) ₩13,000

← 水冷麵 (물냉면) ₩12,000
除了辣醬拌麵之外,亦有較為溫和的水冷麵可供選擇。

MAP 別冊 **M03 C-2**

地 首爾市中區明洞2街26-1
時 11:00-20:00
休 元旦、春節及中秋節當日
電 (82)02-776-8430
交 地鐵4號線(424)明洞站
8號出口步行約4分鐘

餃子 (손만두) ₩11,000

WOW! MAP

⑮ 皮薄餡靚
明洞餃子
명동교자

地址 서울 중구 명동2가25-2

韓國人叫餃子做「饅頭」，開業47年的明洞餃子，主打即叫即蒸的韭菜豬肉餃，皮薄餡多新鮮熱辣辣，除了餃子，其雲吞肉碎湯麵也是招牌作，湯底加了大量雞骨熬製，麵質爽滑充滿麥香，每逢夏天更會推出凍豆漿湯底，麵條帶豆香，口感也更滑了。

↑**刀切麵 칼국수 ₩10,000/碗**
湯麵的湯底很鮮甜。而後面的韓式餃子很似小籠包，但沒有那麼多湯汁，中間的肉十分實淨，女士們細食，一籠二人分就差不多。

←**餃子（손만두） ₩12,000**
採用上等豬肉、蔬菜、麻油包成的餃子，皮薄通透，食感極好。

↓**辣醬拌麵（비빔국수） ₩11,000**
酸辣帶的醬料混和麻油，味道簡單和諧。

MAP 別冊 **M03 C-2**

地址 首爾中區明洞2街25-2
時間 10:30-21:00
網址 www.mdkj.co.kr
電話 (82)02-776-5348
交通 地鐵4號線(424)明洞站8號出口
步行約3分鐘

WOW! MAP
15

→明洞餃子多年來獲米芝蓮推介。

⑯ 自製辣麵
狹縫拉麵 틈새라면

地址 서울 중구 명동2가4-1

只有20個座位的小店，獨沽一味賣超辣雞蛋拉麵，此麵是店方找工廠度身訂造，辛辣程度分大中小三種，最辣的湯色呈鮮紅，比辛辣麵勁3倍！彈牙麵條滲滿辣汁，辣味來得快去也快，令人愈辣愈想食，如果太辣，不妨喝喝水，吃醃蘿蔔，啃紫菜飯糰來解辣。

→ 麵店在明洞開了多年，因為太美味，所以顧客都會留言，多年來由牆身貼到屋頂。

好食 編者推介

雞蛋拉麵(빨게떡) W6,000
小辣湯底不紅但其辣度已超越辛辣麵

↑ Lee Su Young(左)和 Ku Tae Woo(右)是辣麵孖寶，不但次次柯打至辣，還要白飯撈汁，吃至湯碗底朝天，大汗淋漓才算過癮。

↑ 以秘方自家訂造的辣麵雖有包裝，但不設外售。

MAP 別冊 **M03 C-2**

地 首爾中區明洞2街4-1號2樓
時 星期一至五 10:00-20:00、星期六日11:00-20:00
電 (82)02-756-5477
交 地鐵4號線(424)明洞站8號出口步行約5分鐘

MAP 別冊 **M03 D-2**

地 首爾中區明洞2街1-1
時 06:30-21:00
電 (82)02-774-1784
交 地鐵4號線明洞站8號出口，步行8分鐘。

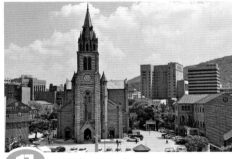

⑰ 百年歷史
明洞聖堂 명동성당

地址 서울 중구 명동2가1-1

建於1898年的明洞天主教聖堂，樓高45米，整幢大樓以石頭砌成，是主教區常用的聖堂，每年12月24日舉行子夜彌撒儀式。這類百年歷史建築在區內鮮見。

169

18 鬧市中的悠閒咖啡廳
POEM 포엠

地址 서울 중구 명동2가 54-7, 2/F

咖啡廳是韓國重要的新興文化，Coffee shop成行成市，實在令人花多眼亂，今次推介這間咖啡店由1971年開始營業，至今已經是第二代經營，店內的皇牌餐點是朱古力火鍋窩夫，自家製窩夫口感綿密，配搭新鮮水果、滑溜忌廉和朱古力醬，每口都是滿滿的幸福感！還有超搶眼的棉花糖咖啡：把香濃的咖啡灑在軟綿綿的棉花糖上，配著底下的雪糕伴吃，美味又好玩，用來影相呃Like就最正！

朱古力火鍋窩夫 ₩17,900
自家製窩夫味道香濃，加上大大碟雪糕和水果，輕盈得來視覺效果又豐富。

↑ Cotton Candy Afocato ₩7,000

MAP 別冊 **M02 B-2**

地 首爾中區明洞2街 54-7, 2/F
時 10:00-24:00
電 (82)02-776-5003
交 地鐵4號線明洞站(424) 5號出口步行約5分鐘

19 新鮮貝類料理
貝殼 조가비

地址 서울 중구을지로2가199-53

韓文的店名，中文意思為「海螺」，顧名思義是吃貝殼類海鮮，店外置有水族箱，所有貝類都是來自韓國沿海，新鮮即宰，可以用來炭燒，嫌燒烤太熱氣，亦可以用蒸煮的方式上桌，同樣鮮甜味美。小店在轉角位，設有露天雅座，每晚的用餐時間，人流都絡繹不絕。

↑ 海鮮拼盤 ₩50,000
有齊大小蜆、帶子、扁貝等，韓國的蜆種類多而且特別鮮甜。

↑ 店外的水族箱，飼養著每天沿海運來的貝類，即叫即撈。

MAP 別冊 **M03 C-1**

地 首爾中區乙支路2街199-53
時 11:00-02:00
電 (82)02-757-7736
交 地鐵4號線(424) 明洞站6號出口，步行約8分鐘

精熬牛骨湯飯（前）₩15,000、精選牛骨湯飯（後）₩25,000
店內的湯飯以肉質分成不同價錢，愈貴的價錢代表牛肉質地愈軟膩香濃。

好食 編者推介

20 逾半世紀美味牛湯飯
河東館하동관

地址 서울 중구 명동1가 10-4

牛骨湯是韓國的傳統美食，一般都會採用牛胸、肉排、牛尾、牛腿和內臟等加入白蘿蔔熬煮成湯，這間開店逾70年的牛骨湯飯店便是首爾其中一間最老字號的牛湯飯專門店。店內的牛肉湯飯清香不油膩，牛內臟爽口又帶濃郁牛味，飯粒較廣東粥硬身，有點像是潮州泡飯，加入少許胡椒和鹽巴，味道層次更豐富，令人一口接一口不停追吃！美味的秘密原來是因為店主金喜英多年來只在同一家食材店入貨，並以同一方法烹調，70多年來味道始終如一，被韓國國民評為最美味的牛骨湯。

↑ 這款較高級的牛肉紋理清晰，纖維幼細軟膩，蘸上微酸醬汁可更突出牛肉濃香。

→河東館不設添湯服務，每日只準備當天份量的材料，賣完即止，據聞這間老店從來都未試過遲於下午 16:30 閉店！

↑牛肉湯未經調味，客人可根據自己的口味加入蔥、胡椒、鹽、泡菜和蘿蔔。

MAP 別冊 **M03 C-1**

地 首爾中區明洞1街10-4
時 07:00-16:00
休 星期日
網 www.hadongkwan.com
電 (82)02-776-5656
交 地鐵2號線乙支路入口站
（202-5號出口步行約3分鐘

WOW! MAP

㉑ 滿口的幸福忌廉
文化社 분카샤

←水果三文治
₩9,000

地址 서울 중구 을지로3가 302-2, 2F

這間咖啡店開業已一段日子，依然是韓妹的口袋名單。最招牌的水果忌廉三明治，中間夾了滿滿的忌廉及新鮮水果，忌廉口感一點也不油膩，水果更是大大粒又清爽，配上各款果茶、梳打飲品，非常消暑。此店位於明洞，是少有開至晚上11點的咖啡廳，掃貨累了可以上去坐坐，但要注意每人低消一杯飲品。

→ 每人低消一杯飲品，各₩7,000。

到訪時間已經是晚上約10點，很少咖啡廳開到這麼晚！

MAP 別冊 **M03 D-2**

地 首爾中區乙支路3街302-2, 2F
時 星期一至六 11:00-23:00、星期日 11:00-21:00
網 instagram.com/Bunkasha
電 (82)02-2269-6947
交 地鐵2號線(424)乙支路3街站號出口步行約1分鐘

㉒ 韓國人傳統早餐
清潭洞魔女紫菜包飯 찰스숯불김밥

地址 서울 중구 을지로1가 192-11

說到韓國人最愛的食物，紫菜包飯一定榜上有名，「**찰스숯불김밥**」是非常有名的一間店，其重點是帶有炭燒的香氣，與一般的相比麻油香沒有那麼重，反而能突出食材本身的味道，而配料與飯的比例拿捏得剛剛好，每一口都可以吃到滿滿的肉。只要點紫菜包飯，就會送麵豉湯及漬物，抵食！

牛肉紫菜包飯 ₩4,800
比一般的紫菜包飯多了一份炭燒香氣，比較特別。

MAP 別冊 **M02 A-1**

地 首爾中區乙支路1街192-11
時 08:00-21:00
電 (82)02-318-9890
交 地鐵2號線(201)市廳站6號出口步行約3分鐘

WOW! MAP
21　22

↑ 展望台也是間咖啡廳，不一定用餐都可以坐哦！

↑ 另外還有手信專區，產品印有「I.Seoul.U」標記。

看到德壽宮的景色，有種回到過去的感覺。

MAP 別冊 **M02 A-2**

地 首爾中區西小門洞37
時 09:00-21:00、
星期六及公休日 09:00-18:00
交 地鐵2號線(201)市廳站3號出口
步行約6分鐘

㉓ 飽覽宮殿景色
貞洞展望台 정동전망대

地址　서울 중구 서소문동 37

韓國有不少收費的展望台，但位於明洞的貞洞展望台是韓國人很常去的免費觀景台，可以隨時上去欣賞德壽宮全景，現代與歷史結合的景致。貞洞展望台位於政府辦公大樓內，一般遊客可能未必知道，13樓就是欣賞景色的地方了，雖然是間咖啡廳，但不消費也會不趕人，大家可以安心坐坐。坐在窗邊看著德壽宮，如果秋天時節前往更可以欣賞到楓葉美景呢！

最潮韓國BBQ專門店
資料由客戶提供
牛兄弟 우형제

WOW! COUPON 優惠

地址　서울시 중구 퇴계로127, B1F

牛兄弟在2023年9月新開張，年輕老闆請來會講中、美、日文的年輕店員，店內滿滿潮流氣氛。店舖提供既實惠又高質的食物，從下午3點開始到晚上11點，讓客在明洞購物後仍能輕鬆享受豐富的烤肉晚餐。店舖使用國內最高品質的牛肉及五花肉，性價比高。生拌牛肉、海鮮韭菜煎餅、拌飯、排骨湯等是美味且人氣很高的招牌菜式。

↑ 橫隔膜肉 ₩45,000
在明洞牛兄弟裡可以品嚐到韓國內最珍貴的牛橫隔膜肉。

↑ 雪花肉 ₩45,000
只使用韓牛最高級的部位的牛兄弟代表菜單。

生拌牛肉 ₩23,000
食過返尋味的牛兄弟獨家開胃菜

MAP 別冊 **M03 C-3**

地 首爾市中區
退溪路127,B1/F
電 (82)02-3785-0744
時 15:00-23:00
交 地鐵4號線(202)
明洞站7、8號出口
步行約1分鐘。

↑ 嫩豆腐湯
₩10,000
辣湯一流的嫩豆腐湯

WOW! MAP

173

資料由客户提供

WOW! COUPON 優惠

首爾人氣烤肉店
河南豬肉家明洞總店
하남돼지집 명동본점

地址 서울시 중구 명동9길 12,1F

這家河南豬肉店很受年輕人歡迎。全國共有230家分店，目前分店數量仍在增加。這裡也是韓國上班族的聚集地。是韓國國內的人氣餐廳。材料用上正宗韓國豬肉，可以放心食用。肉質柔軟 。五花肉再配以鬱陵島出產的茗葇葉(杏子大蒜醬油醃製)包著來吃，更加美味！豬肉會先放在400攝氏度以上的木炭上燒烤，厚切五花肉，會分為瘦肉和白肥肉三層。可以同時享受肉汁和油脂的美味！豬肉與脂肪的黃金比例！當你把香噴噴的味道放入口中的瞬間，鮮美多汁的味道就會在嘴裡蔓延！

↑拼盤 900g W52,000
←蟹籽雞蛋醬 W6,000

↑拼盤 180g W18,000

← 泡菜湯面 W6,000

↑冷麵 W6,000
↓豬護心肉 W18,000

MAP 別冊 M03 C-1

地 首爾中區明洞9街12,1F
時 平日：16:30-24:00 ；
週六、週日：11:30-24:00
休 年中無休
電 02-772-9995
交 地鐵2號線乙支路入口站(202)
5、6號出口步行3分鐘 （明洞Metro Hotel旁邊）

WOW! MAP
河南豬肉家明洞總店

→五花肉 180g W18,000

資料由客戶提供

WOW! COUPON 優惠

逛街後補給熱門壽司店

SUSHIKASE 스시카세

地址 서울시 중구 남대문로 81, 롯데백화점 본점 지하 1층

樂天百貨總店美食街Food court地下1樓的著名壽司專門店。店舖選用新鮮及多種食材親手製作當造料理的高級壽司專門店。高級氛圍的迴轉壽司店內,可以品嚐到厚實的魚生,店家推薦甜蝦和海膽壽司以及海膽軍艦。而餐廳位於明洞樂天百貨總店地下一樓。為外國人而設的平板顯示器點單,並提供免費飲料。

←價錢根據碟子顏色決定₩ 2,000~

MAP 別冊 **M02 B-1**

地 首爾中區南大門路81,樂天百貨商店總店地下1層
電 (82)0507-1351-9260
時 10:00-20:00
休 與樂天百貨店休息日相同
交 地鐵2號線(202)乙支路入口站7號出口步行3分鐘

SUSHIKASE

WOW! MAP

175

南山

남산 Namsan

必見！
N Plaza

南山環境幽靜，是富貴人家的住宅區，民居不高，以三兩層平房為主，政府為保持南山風貌，至今也沒設地鐵站。位於南山的首爾塔在 1980 年才開放給公眾，塔高 236.7 米，南山本身又在海拔 243 米之上，故此是江北區的最高點，早年前花了 150 億韓元作翻新，正名 N Seoul Tower，感覺煥然一新，吸引大量情侶到此山盟一番。

往來南山交通

| 明洞站 | 步行 約15分鐘 | 南山纜車站 | 南山纜車 約4分鐘 成人₩14,000、小童₩10,500（來回） | 首爾塔站 |

① 情侶勝地
N首爾塔 N Seoul Tower

1a 愛的見證
N Plaza

 SNAP

韓劇
《結婚》
《來自星星的你》

地址 서울 용산구 남산공원길 105

約十年前韓劇《結婚》在N Plaza的觀景台拍攝,自此全國情侶爭相到觀景台扣心鎖,心鎖扣滿欄杆後,再扣在樹上,圍成心鎖樹,多年下來一棵接一棵,成為塔上另一風景,眼見不少情侶在周年紀念日也前來加鎖,又仔細找尋上一次扣鎖的位置,甜蜜地替紀念品店做就一盤生意。

↑女孩子擅詞令,更要花長時間去想寫甚麼在鎖上好呢?男人最常是寫「당신을 사랑합니다」(我愛你)。

↑可以扣而又當眼的位置都被霸了,要找個靚位的確要花點心思和時間。

↑紀念品店推出的鎖頭款式別緻,當中以粉紅心心鎖最受歡迎,夠直接又多空位寫甜言。

MAP 別冊 M04 B-2

地 首爾龍山區南山公園街105
時 星期一至五10:30-22:30、星期六日及假期10:00-23:00
金 瞭望台:大人₩21,000、小童₩16,000
(1至4樓10:00-23:00免費入場)
網 www.nseoultower.com
交 參閱P.179達人教室
電 (82)02-3455-9277 (中文)

↑Love is in the air,情侶相擁喁喁細語,浪漫到暈。

WOW! MAP

177

聖水洞 — 麻浦區 — 明洞

1D N Plaza 紀念品店

↑鮮橙紅色護照套印有塔的剪影，每個₩10,000。

←這個尖尖的芝士磨茸器像甚麼，當然是N首爾塔啦。每個₩42,000。

↑N Plaza 的紀念品店，當中有很多日用貨品，而且價錢不算貴。

南山

1C 變化萬千 N Tower SNAP

首爾塔在05年經過翻新後，正名N Seoul Tower，那個N字有雙重意思，既是南山Namsan的第一個字母，也有New的意思。有關方面也替觀景塔加入新元素，像燈光效果，令這座塔變成會變色的光柱，遠看近看都那麼迷人。

韓劇
《我叫金三順》

↑電視劇《我叫金三順》就曾在山頂上的八角亭取景。

↑在漢江對面那座金黃色建築正是汝矣島的地標63廈。

韓劇
《花樣男子》

↑09年纜車換了玻璃面，感覺現代化，而且更方便乘客觀賞風景。電視劇《花樣男子》男女主角因意外被迫於纜車過夜的取景地。

幻彩首爾塔  達人教室

每晚7點至12點，塔身便會亮起燈來，遠看如光柱，此外還會變色，天氣好的時候，還有6支探射燈，在天空中照出鮮花盛開的圖案。

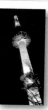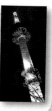

鐘路 • 仁寺洞 • 三清洞

WOW! MAP

1a   1b   1c

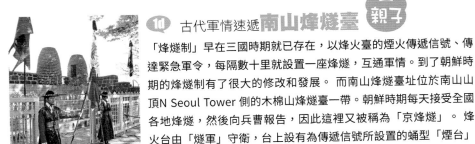

⑪ 古代軍情速遞 南山烽燧臺 親子

「烽燧制」早在三國時期就已存在，以烽火臺的煙火傳遞信號、傳達緊急軍令，每隔數十里就設置一座烽燧，互通軍情。到了朝鮮時期的烽燧制有了很大的修改和發展。 而南山烽燧臺址位於南山山頂N Seoul Tower 側的木棉山烽燧臺一帶。朝鮮時期每天接受全國各地烽燧，然後向兵曹報告，因此這裡又被稱為「京烽燧」。 烽火台由「燧軍」守衛，台上設有為傳遞信號所設置的蛹型「煙台」高7.5米，長21米，「煙台」下方底座各個面長9米。現時南山烽燧臺每日上午11:30都有燧軍的交班表演，重現朝鮮時期的情況。

↑↓烽燧臺由「烽燧軍」和統領「五員」守衛，並由烽燧臺的最高長官「兵曹」每天清晨向承政院報告情況，再由承政院稟泰國王。

↑→烽燧臺表演更設有Cosplay化妝，遊客可扮成古裝高官甚至大長今與守衛士兵們合影，費用全免。(注意：守衛們正午前便收工，要合照切記趁早。)

達人教你去 N Seoul Tower

達人教室

1.南山循環巴士

地鐵明洞站1號出口，或首爾站首爾廣場巴士站轉乘往南山纜車站的免費接駁巴士。巴士班次由12:00-20:30每30分鐘一班（14:30及17:30除外）。

2. 纜車

地下鐵4號線到明洞站(424)下車，從3號出口往左行，沿 Pacific Hotel 旁邊的路步行約8分鐘到達南山纜車站。纜車路程605米時間約4分鐘，高低落差138米，載客48名，到達山頂出站後，步行樓梯直上約3分鐘即到。

地 首爾中區會賢洞山1-19
時 10:00-23:00
金 大人單程W11,000/來回W14,000
　　小童單程W8,000/來回W10,500
網 www.cablecar.co.kr
電 日:(82)02-753-2403
　　夜:(82)02-757-1308

鐘路・仁寺洞・三清洞

종로 Jongno・인사동 Insa-dong・삼청동 Samcheong-dong

必見！
Annyeong
Insadong

位於鐘路區的仁寺洞，150多年前朝鮮時代的達官貴族均安居於此，家道中落的貴族以變賣家當和房子為生，值錢的珍品賣到成行成市的古董店去，傳統建築的貴族房子變成特色食店和商店。跟仁寺洞一樣，三清洞有很多由傳統韓屋改建成的咖啡廳和料理店，所以美國旅遊雜誌《Travel+Leisure》把三清洞形容為充滿藝術氣息的街道。

往來鐘路・仁寺洞・三清洞交通

起點		路線			終點
東大門站 (128)	🚇	1號線 約4分鐘 ₩1,400			鐘路3街 (130)
明洞站 (424)	🚇 4號線 約2分鐘	忠武路站 (423)	🚇 4號線 約8分鐘 ₩1,400		
明洞站 (424)	🚇 4號線 約2分鐘	忠武路站 (423)	🚇 4號線 約7分鐘 ₩1,400		安國站 (328)

① 來自濟州的綠茶Cafe
o'sulloc TEA HOUSE

地址 서울 종로구 가회동 79-1

濟州島的水土特別優良,所以韓國人認為當地飼養的牲畜或種植的瓜菜都特別甜美。濟州的茶葉尤其出名,O'Sulloc Tea House是由化妝品集團開設的連鎖店茶館,出品全部用上濟州茶葉,品牌在北村分店樓高3層,地下是品牌的零售點,出售各種茶葉、零食和護理用品,2樓是茶室,提供茶品咖啡和甜品等輕食,3樓則是可以體驗無酒精茶品雞尾酒的酒吧。

↑綠茶醬 ₩9,000
以濟州綠茶製作的甜醬,可用來塗在餅乾、法包上。

←山茶花茶 ₩25,000
混合濟州山茶花和熱帶水果香氣的茶包。

↑北村糕點拼盤
(북촌의 색동) ₩12,000
4款韓式傳統糕點有配4款醬汁。

Baked Green Tea
₩9,000
北村Café限定供應的焙茶帶有麥子香,味道深沉。

MAP 別冊 **M07 B-2**

地 首爾鐘路區嘉會洞79-1
時 星期一至四11L00-20:00、
　星期六日11:00-21:00
網 www.osulloc.com
電 (82)070-4121-2019
交 地鐵3號線(328)安國站
　2號出口步行約4分鐘

WOW! MAP

181

聖水洞

麻浦區

明洞

南山

品牌以傳統與現代的美學貫穿整個空間。

2 雪花秀旗艦店
Sulwhasoo Bukchon Flagship Store

地址 서울 종로구 가회동 74

位於北村的雪花秀旗艦店「雪花秀之家」，巧妙融合30年代建造的傳統韓屋和60年代建造的西式房屋，店內佈置得有如一個富有品味的家。韓屋部分主要為類似藝廊般的產品展示區，洋屋部分則分為零售區、體驗區、包裝區和休息區，天台更設有種植松樹、芒草和香草等植物的天空花園，讓客人可在購物之餘享受靜謐的休憩空間。

←第6代潤燥再生精華
₩140,000
新配方注入高效人參活膚精華，讓肌膚呈現健康光澤。

↑韓屋部分為1930年代建造，柱子和瓦頂結構都盡可能地保留下來。

↓濃縮人參煥顏霜
₩270,000

MAP 別冊 M07 B-2

地 首爾鐘路區嘉會洞74
時 10:00-19:00
休 星期一、元旦及中秋
網 www.sulwhasoo.com
電 (82)02-762-5743
交 地鐵3號線(328)安國站2號出口
步行約7分鐘

WOW! MAP

↑木製桌椅和木地板顯出一種復古氛圍。

③ 寧靜咖啡島
珈琲島
가배도

地址 서울 종로구 소격동 142-2

珈琲島創自2017年9月，旨在人來人往的市中心創造出彷如小島般唯世獨立的咖啡廳。在咖啡初登陸韓國的時候，咖啡象徵著一種新的生活方式，藉著擺放竹子、簡約的木製桌椅等優雅的佈置，珈琲島嘗試重現昔日咖啡館沙龍文化的氛圍——光線從木條間隱懸透入，微風吹動竹葉而發出細碎的聲音，濃厚香醇的咖啡香佈滿每一個角落。

↑雖然珈琲島人氣滿滿，不過店內座位充足，亦不會出現人貼人的情況。

MAP 別冊 M07 A-2

地 首爾鐘路區昭格洞142-2
時 10:00-21:00
網 gbdcoffee.com
電 (82)02-732-4542
交 地鐵3號線 (328)安國站2號出口
　 步行約7分鐘

↓萬用賀卡 ₩4,000
部份卡片以孔版印刷,非常特別。

④ 娃娃玩具店
Paperdollmate ATELIER

地址 서울 종로구 안국동19-1

在資源貧乏的年代,小朋友往往會自己製作玩具,最容易製作的就是紙娃娃了,這些紙娃娃只是一張紙,但小朋友卻能玩得不亦樂乎,甚至把它們當成好朋友。Paperdollmate就是在這個背景下創造出來,老闆希望大家能從這些粗糙的玩具中找回昔日的童真。店內售賣以紙娃娃為靈感創作的Papper Doll Mate系列,以及來自世界各地的文創用品與小玩意。

MAP 別冊 M07 A-3

地 首爾鐘路區安國洞19-1
時 12:30-19:30
網 www.paperdollmate.com
電 (82)070-4242-1766
交 地鐵3號線(328)安國站1號出口
　步行約10分鐘

→日本東京児玉産業製作的「五型動物」₩18,000

WOW! MAP

⑤ 預約制韓式甜品
Blue Bottle
블루보틀

地址 서울 종로구 소격동88-18

來自美國加州的Blue Bottle連鎖咖啡店大家都不會陌生，但品牌為了配合三清洞韓屋分店而設的「韓屋咖啡體驗」就不是每個遊客都知。一份套餐有3道甜點和3款相應飲品，並由服務員以韓文或英文解說餐點內容，讓客人享受韓國專屬的咖啡體驗。

→ 店內每個時段只接受待 4-5 組預約，每次招待 1.5 小時。

↓ 套餐內容隨季節更替。

→ Tiramisu 的咖啡原料以兩小時滴漏，可選越南或哥斯達黎加的咖啡豆。

→ 微酸帶甜的開心果乳酪灑上大量開心果碎，酥皮底夠酥軟，吃起來有鹹香。

MAP 別冊 **M07 A-2**

地址 首爾鐘路區昭格洞88-18
時 星期一至五12:00-18:00、
　 星期六日11:00-19:00
金 傳統韓國甜點配咖啡套餐
　 ₩34,000/2人 (*韓屋體驗須預約
　 及於網上完成付款)
網 bluebottlecoffee.com
電 (82)02-1533-6906
交 地鐵3號線(328)安國站2號出口
　 步行約9分鐘

聖水洞

麻浦區

明洞

南山

⑥ 回憶中的香氣
GRANHAND
그랑핸드 북촌

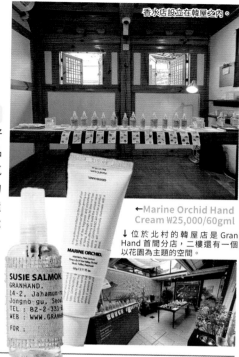

香水店設立在韓屋之內。

地址 서울 종로구 가회동40-3

據說大腦可以保存最久的記憶就是氣味，好的氣味會讓人留下深刻的印象，因此香氛品牌Gran Hand便以可以融入日常生活的香氣製成一系列的香氛產品，例如有舊書氣味的Kyujang、濕潤清爽的溫室香氣Toit Vert，還有捕捉春夜下的雨氣味的Lily Owen等，款款都是有故事的香味。

MAP 別冊 **M07 A-2**

地 首爾鍾路區嘉會洞40-3
時 10:30-19:30
網 en.granhand.com
電 (82)02-333-6825
交 地鐵3號線 (328)
安國站2號出口步行約4分鐘

←Marine Orchid Hand Cream ₩25,000/60gml

↓ 位於北村的韓屋店是Gran Hand 首間分店，二樓還有一個以花園為主題的空間。

→Susie Salmon ₩35,000/100ml
香水可用於身體、房間及衣物上，香氣約能持續 5-6 小時。

↑比利時水果窩夫 ₩9,000

→Cafe vienna ₩6,000

MAP 別冊 **M07 A-2**

地 首爾鍾路區花洞102-1
時 08:30-23:00
網 www.facebook.com/
　 samchungdong
電 (82)02-732-7656
交 地鐵3號線
　 (328)安國站
　 1號出口步行
　 約10分鐘

老闆雖然不諳英語，但為人親切友善，還很喜歡畫畫呢！

鐘路 · 仁寺洞 · 三清洞

⑦ 韓屋中呷咖啡
咖啡磨坊 커피방앗간

地址 서울 종로구 화동102-1

鐘路區上有不少由韓屋改裝而成的咖啡館，如果時間有限只可以去一間的話，推介大家可以去人氣超高的咖啡磨坊試試，它的招牌咖啡全部都是自家烘焙，不但芳香濃郁，而且更能呷出那份咖啡的甘味，層次可謂極之醇厚。此外老闆親自製作的即製窩夫也不容小覷，邊位微微焦脆，吃下又帶有麵粉香，配合細滑的自發忌廉、水果、雪糕和朱古力醬，簡直是鐘路區上最棒窩夫！

WOW! MAP

6

7

環境十分闊落，氣氛幽靜。

↓自家製蓮藕茶 ₩10,000
有清血作用，每次用2至3塊蓮藕就夠。

落單後老闆會從整齊地放著各式材料的櫃中執出所需材料即席炮製。

⑧ 韓方茶Café
Tea Therapy

地址 서울 종로구 안국동 6-1

要變美，最緊要先調理好體內狀況。Tea Therapy是一家提供天然健康飲品的韓方茶茶室，每張桌上都會放有一張讓客人更了解自己需要哪類飲品的問題表，只要跟著表上的「Yes/No」回答，就會辨別到各自的體質類型，再從餐牌中選擇不同的健康茶。每款飲品都會附上自家烘培的健康零食，飲完吃完之後記得在店內逛一逛，除了店內可以買到各種飲品的材料及自家烘焙的小食外，門外亦有供客人免費使用的足湯，浸後整個人會變得暖笠笠，配合店方特調的藥劑浸泡，更加事半功倍！

泡足區

▶ 門外的泡足區，客人可免費使用，建議浸泡時間為20分鐘，可配合店方的特調藥劑使用，主要有「減壓、治理痛症」及「手腳冰冷、血氣不足、減肥」兩種，藥劑每包₩5,000。

↑減肥茶 ₩8,000
有橘皮、桑葉等材料，茶味清新，附帶的烘紅棗薏米妃子十分香口好吃，感覺健康。

↑柚子茶 ₩8,000
全由店方自家調製，含豐富維他命C，有美顏的功效。

MAP 別冊 M07 A-3

地 首爾鐘路區安國洞6-1
時 星期一至六 10:00-21:00、
　 星期日 10:00-22:00
網 teatherapy.com
電 (82)02-730-7507
交 地鐵3號線(328)安國站步行約7分鐘

WOW! MAP

8

187

⑨ 蔡瀾推介有名醬油蟹
大瓦房 큰기와집

地址 서울 종로구 재동49-3

已有40年歷史,韓國非常有名的醬油蟹的專門店,連食家蔡瀾都推介,大瓦房選用忠清道瑞山產的花蟹,既多肉又鮮甜。醬油味濃郁,但不會很鹹,品嘗到蟹的鮮甜味,建議食到最後,可將飯倒入蟹蓋中,跟蟹汁和蟹膏混合。

MAP 別冊 M07 B-3 ↑醬油蟹 ₩59,000

地 首爾鐘路區齋戒洞49-3
時 11:30-15:30 (L.O. 15:00)、
17:00-22:00 (L.O. 21:00)
網 blog.naver.com/keunkiwajip_0501
電 (82)02-722-9024
交 地鐵3號線(328)安國站2號出口,
步行3分鐘

↑室內裝潢頗具心思,作為打卡點可以加分。
↓室外的器具狀甚專業,吸引不少遊人駐足研究。

→凍櫃內放滿自家出品的芝士蛋糕,包括有 Brie cheese cake ₩12,000 和 Emmental cheese cake ₩13,000。

⑩ 回憶中的香氣
Cheese Industry

地址 서울 종로구 익선동 166-33

一間以自家製奶製品為主題的連鎖餐廳,店內的包點和蛋糕都加入自製芝士,例如意大利軟芝士Mascarpone製成的Tiramisu、牛奶軟芝士Brie的芝士蛋糕等。室內分成鋪上粗獷泥地的用餐區及光線明亮的現代化芝士工廠區,兩個區域風格迥異,相映成趣。

→Maple Burrata Pastry ₩8,900
酥皮底的糕點上灑有楓糖醬,布袋形的 Burrata 流心水牛芝士沒有預期中的柔軟流心,整體不甚出色。

MAP 別冊 M06 B-2

地 首爾鍾路區樂園洞166-33
時 10:00-22:00
網 litt.ly/cheeseindustry
電 (82)0507-1363-1722
交 地鐵3號線 (329) 鐘路3街站
4號出口步行約兩分鐘

11 隱世美味
Hoban

地址 서울 종로구 삼일대로26길 20

位於鐘路3街和益善洞胡同附近有一間人氣極高的韓國餐廳，提供血腸、燉鯧魚和瑞山蠔等可口美味的地道料理，是不少韓國人口耳相傳的聚會秘店。餐廳的招牌血腸塞滿豬血、白菜和糯米，味道豐富，而另一款菜式燉銀鯧魚，橘紅色的湯汁內藏原條魚肉，燉得入味又能保持嫩滑，微甜的惹味湯汁拌飯一流。每年10月至4月更提供季節限定的瑞山蠔，蠔身雖然小巧但味道鮮美，值得一試！

→韓式嫩豆腐
(콩비지)
₩8,000
作為主食的存在，可加點豉油提味。

←雜錦血腸
(모듬순대)
₩28,000

瑞山蠔 (서산강굴) ₩38,000
爽口的瑞山蠔類似台灣的蚵仔，軟嫩滋味。

→燉銀鯧魚 (병어찜중) ₩49,000
嫩滑魚肉伴以鱟仔、南瓜和豆腐，味道輕辣帶甜。

MAP 別冊 **M06 B-2**

地 首爾鐘路區三一大路26街20
時 12:00-22:00
休 星期日
電 (82)02-745-6618
交 地鐵3號線 (329) 鐘路3街站5號出口步行約兩分鐘

WOW! MAP

189

11

室內室外同樣好坐，秋天來的話更加舒服。

→ANG Butter
Bread ₩4,500
室溫的麵包完全不能溶化牛油，入口感覺就似生食一整塊牛油。

MAP 別冊 **M06 B-2**

首爾鐘路區益善洞166-31
11:00-22:00
www.seoulcoffee.co.kr
(82)02-6085-4890
地鐵3號線(329)鐘路3街站4號出口步行約2分鐘

⑫ 港風吹到韓
Seoul Coffee 서울커피

地址 서울 종로구 익선동 166-31

不得不說香港的特色美食也影響到韓國了！有不少港式餐廳陸續開幕，這個牛油麵包在韓妹間掀起了熱潮，與香港的菠蘿包不盡相同，小方包上夾了兩片牛油，中間還有點豆沙，感覺更加邪惡，只有拳頭大小，比香港的更小巧可愛。

→Sobok Injeolmi Iceball ₩7,500
把韓國傳統做成甜點的「黃豆粉年糕雪糕」，打卡靚，味道也不俗。
↓傳統韓屋格局，予人一種典雅的氛圍。

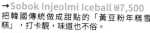

↑店內有很多不同品種、造型、設計的花束,令人心花怒放。

這裡美得就連韓國人都會停下自拍一番。

↑乾花明信片 ₩3,000

13 被花海包圍的世界
Flower Yerd Cafe 마당

地址 서울 종로구 익선동 166-23

「마당」可以說是益善洞最受歡迎的咖啡廳,無論是店內店外,都被花花草草包圍著,綠色的世界營造了治癒的氛圍,令人感覺非常舒服。店內的鮮花除了是用來佈置,也有很多用來販賣的產品,像是被紮成了一小束的滿天星,又或是乾花明信片等,旅行期間也不妨買份小禮物給旅伴令對方高興一下吧!店外還掛滿了彩色的雨傘,是很多遊人的必打卡位之一。

↑坐在花海的包圍之間,怎麼拍都是一幅畫。

↑花管裝飾 ₩5,000

MAP 別冊 **M06 B-2**

地址 首爾鐘路區益善洞166-23
時 08:00-23:00
網 www.instagram.com/
madangflowercafe
電 (82)02-743-0724
交 地鐵3號線(329)鐘路3街站4號出口步行約3分鐘

門外有一把把小陽傘作裝飾,色彩繽紛的配著藍天。

WOW! MAP

14 一位難求

李慶文牛雜鍋
이경문순대곱창

→為免造成對其他食客的不公，所有客人都必須齊人才可入座。

地址 서울 종로구 돈의동 11-1

下午喝過咖啡吃過蛋糕，晚上當然要來一點扎實飽肚的美食，這家李慶文聖洞牛腸便是一個好選擇。招牌牛雜鍋的牛肚爽口沒有羶味，牛腸是釀入粉絲的血腸，集鹹香辣於一身，湯頭和牛雜不斷翻滾，愈吃愈入味，到最後例牌加入白飯一碗，吸盡牛汁精華，一鍋到底吃到盡，簡直完美。

→牛腸鍋（순대곱창전골）
₩30,000/小
裝滿了牛肚和血腸，份量澎湃。

↓加入白飯後可倒入少量麻油同炒，更加滋味。

MAP 別冊 **M06 B-2**

地址 首爾鍾路區敦義洞11-1
時間 11:30-22:30
電話 (82)02-765-1532
交通 地鐵3號線 (329) 鐘路3街站 6號出口步行約1分鐘

---

15 電玩酒吧

SAESEOUL

晚上搖身一變成為夜浦熱點。

↑酒吧以新舊首爾為概念，裝潢充滿復古氣息。

地址 서울 종로구 낙원동 122

小時候有沒有在機舖打機流連過呢？街霸、泡泡龍、太鼓之達人等經典電動全都是童年回憶。座落在樂園洞的SAESEOUL地下和1樓是充滿青春情懷的電子遊戲機中心，而3至6樓則是售賣雞尾酒、威士忌、葡萄酒、啤酒等酒精飲料的酒吧，每逢週五及週六晚上更會有DJ現場打碟，氣氛熱烈。

→Rose of Sharon
₩18,000

MAP 別冊 **M06 B-2**

地址 首爾鍾路區樂園洞122
時間 12:00-02:00 (L.O. 01:30)
網址 www.instagram.com/sae.seoul
電話 (82)0507-1433-5788
交通 地鐵3號線 (329) 鐘路3街站 4號出口步行約1分鐘

WOW! MAP
14   15

現在的韓妹就算是吃甜品也很講究健康。

↑蒸出來的麵包口感比較濕潤，配上奶香濃郁的芝士蛋糕，令人滿足得不得了！

↑咖啡也是用心之作，慢慢地滴成壺。

⑯ 蒸籠裡的麵包
MIL Toast House
밀토스트집

地址 서울 종로구 돈의동 21-3

「MIL Toast House」是益善洞內的人氣名店，最出名的蒸籠麵包很受歡迎，不時會見到店內飄出一縷縷煙，麵包蒸好後感覺更加濕潤口感更佳，同時也更健康哦！另外法式吐司配藍莓芝士蛋糕同樣好吃，由於多士是即叫即製作，所以每次都要等約20分鐘，口感鬆軟有點偏甜，吃一口再配一口芝士蛋糕，鹹甜的味道中和了甜膩感，更加好吃，還有入口即溶的口感呢！

←藍莓芝士蛋糕配蒸麵包 ₩18,000

→莓果梳打 ₩9,000

↑這種蛋糕的做法，第一次看感覺十分神奇！

MAP 別冊 **M06 B-2**

地 首爾鐘路區敦義洞21-3
時 08:00-22:00
電 (82)02-766-0627
交 地鐵3號線(329)鐘路3街站
4號出口步行約2分鐘

店內的麵包，很多都是先煎烤完再蒸的。

⑰ 麵包控必去
Holiday Bakery
홀리데이 베이커리

地址 서울 종로구 익선동 164-1

益善洞不乏環境闊落好坐的咖啡廳，如果你是麵包控的話，一定不能錯過這間小店！一走進去就聞到剛出爐的麵包香，十幾種麵包供選擇，令人眼花繚亂。店內空間感十足，非常闊落，每枱客人都會點數份麵包和同行友人分享著吃，加上用心沖製的咖啡，就算是一個人來放空一下也會覺得寫意。→香酥牛油包 ₩4,800

↑人山人海的店家，幸好位置很夠多。

↑芝士橄欖長形麵包 ₩4,800

↑核桃包 ₩4,800

MAP 別冊 **M06 B-2**

地址 首爾鐘路區益善洞164-1
時間 11:00-23:00、星期日11:00-22:00
電話 (82)02-739-6994
交通 地鐵3號線(329)鐘路3街站6號出口步行約2分鐘

⑱ 雲朵般鬆軟
東柏洋果店 동백양과점

地址 서울 종로구 수표로28길 17-24

鐘路區的三清洞及仁寺洞是個古色古香的地方，而於2018年開業的東柏洋果店，就是以復古的設計成為韓國人們的新寵。熱賣的梳乎厘pancake，食開日本版的話可能會小看它，以為沒有甚麼特別，這樣想就錯了！士多啤梨夾層梳乎厘即叫即製，因此要等約半小時才可以食，士多啤梨與梳乎厘層層相隔，水果的口感不是很結實的那種，而是比較鬆軟，一咬就會爆汁，從而增加了梳乎厘的空氣感，完全可以稱是驚為天人，好味到食完一份都會不膩！

好食 編者推介

↑士多啤梨梳乎厘 ₩23,500

MAP 別冊 **M06 B-2**

地址 首爾鐘路區水標路28街17-24
時間 10:00-23:00
網址 www.instagram.com/dongbaek_official
電話 (82)02-3144-0429
交通 地鐵3號線(329)鐘路3街4號出口步行約7分鐘

→橙味忌廉咖啡 ₩8,500

←每一份鬆餅都是即叫即製，雖然等待的時間很長，但絕對值得！

↑佐酒的美食也有不少選擇

↑牆上的啤酒管每月清潔和檢查，質素甚有保證。

⑲ 精品手工啤酒
CRAFT ROO

地址 서울 종로구 익선동 166-57

別以為韓式古宅一定是傳統茶館或者是餐廳，事實上這間隱藏在韓屋內的Craft Root是一間潮味十足的手工啤酒專門店。店內的手工啤酒來自韓國的安山、牙山和釜山等地，推介的啤酒有帶濃郁花香的Platinum Pale Ale和味道清爽的Duchesse De Bourgogne。

MAP 別冊 **M06 B-2**

地 首爾鐘路區益善洞166-57
時 12:00-23:30
網 www.facebook.com/craftroo
電 (82)070-7808-0001
交 地鐵3號線(329)鐘路3街站
4號出口，步行約2分鐘。

⑳ 復古影樓
益善衣裳室 익선의상실

地址 서울 종로구 낙원동 110,3/F

在鐘路區，租借傳統韓服的人比比皆是，如果想擁有特別一點的拍照體驗，不妨到出租1900年韓國啟蒙時期服裝和道具的益善衣裳室，當時韓國正受西式民主思想啟蒙，連帶衣著時裝風格都漸漸西化，女生可選落落大方的雪紡襯衣、荷葉邊連身裙，男生則可選復古感重的全套西裝。提提大家，租借時需要使用護照登記及支付按金₩5,000，而且店內的服裝款式不能預訂，所以當天記得要預早前往店內挑選心儀的裝束。

MAP 別冊 **M06 B-2**

地 首爾鍾路區樂園洞110,3/F
時 09:00-19:00 (*出租服飾完結時間為18:00)
網 3小時₩30,000、6小時₩40,000、全日₩45,000、兩日一夜₩50,000
電 www.ikseonboutique.com
交 (82)02-747-4310
地鐵3號線 (329) 鐘路3街站4號出口步行約1分鐘

↑鐘路一帶出名是傳統舊區，在附近隨手一拍已經有復古感覺。

↑影樓內置道具和場景，如果遇到惡劣天氣都一樣可以拍到美照。

↑高貴的網紗帽和大蝴蝶結襯衣，十足十《德魯納酒店》的滿月社長！

WOW! MAP

195

㉑ 韓劇「掃街」
鐘路3街小吃

地址 서울 종로구 종로3가

來韓國旅遊，當然少不了購物和品嚐美食。很多人喜歡街邊小吃，其風味不比飯店遜色。在韓國最具經典的小吃要數炒年糕，將腸粉型的年糕條加入魚串、洋蔥、大蔥、芝麻葉、韓國辣椒醬、紅糖等放在鐵板上炒，使年糕入味。辣辣甜甜的炒年糕QQ的，非常惹味。還有魚丸串，以竹籤插着炸魚片，捲曲在滾燙的清湯裡放進昆布、白蘿蔔及大蔥等一起煮，不但魚丸串好吃，湯也非常鮮美。其他韓國小吃如雞蛋餅、甜餡餅、炸魷魚、炸蝦天婦羅、烤地瓜、紫菜卷、烤肉腸、烤栗子、雞肉大蔥串燒、脆米餅等都值得去掃街！

↑ 這類推車仔的小吃檔規模較小，不設雅座，韓國人會站著吃或是打包。

↑ 辣炒年糕

→韓式烤栗子 ₩5,000/8粒
韓式烤栗子跟我們的炒栗不同，這種較爽口。

↑ 烤大肉腸 ₩2,000/條
烤本地大肉腸，外皮焦脆內裡多汁。

↑ 炸蝦天婦羅 ₩1,500/件

MAP 別冊 **M06 B-2**

地 首爾鐘路區鐘路3街
時 14:00-24:00
交 地鐵3號線(329)鐘路3街站
5號出口，步行約30秒

仁寺洞宣傳館

位於仁寺洞的仁寺洞宣傳館，同時亦是韓國體驗館，場景較普通，勝在價錢較平，沒有攝影師駐場，可用自己的相機拍照，適合純粹想試穿韓服的自遊人。一日16場，每場20分鐘，每人₩3,000，各位可先預約，再到仁寺洞四周間逛後回來拍照。

多款韓服可供選擇

連配飾也有

達人教室

地址 서울 종로구 인사동 11길 19 인사홍보관

地 首爾鐘路區仁寺洞11-19
時 09:30-18:30
電 (82)2-737-7890
註 體驗時間：10:00-12:00、13:00-17:30
時限：20分鐘

金 ₩3,000
網 www.hiinsa.com

煮麵機會自動出水，只需把麵和配料和味粉放在碗內再按M1開始即可。

數十款即食麵任揀，還有清真麵，非常貼心！

← 店內大部分麵食都是 ₩4,000，不過仍有部分特別麵款不同價錢，購買的時候要特別留意。

MAP 別冊 M06 B-3

地	首爾鐘路區觀水洞67-1
時	24小時
電	(82)02-6954-2910
交	地鐵3號線 (329)鐘路3街站14號出口步行約1分鐘

㉒ 自煮即食麵
24小時即食麵館
라면편의점

地址 서울종로구 관수동67-1

香港有窮人恩物兩餸飯，韓國有自煮即食麵館。麵館是一間無人店，一切都要自助進行，首先揀好麵款，付好款之後就到配料櫃加芝士、韭菜和魚片等配料，再放到電子爐上按制煮麵，一碗配料豐富又熱騰騰的即食麵就完成。自助麵館廿四小時營業，以後半夜嘴饞又想慳錢的話就有新選擇了！

聖水洞 麻浦區 明洞 南山

↑ 海鮮蔥煎餅 ₩21,000
蔥餅帶少許香脆口感，入口滲出陣陣蔥香，濃郁的蔥味與清淡的米酒是絕配！

→ 新鮮馬格利酒 ₩8,000

MAP 別冊 M06 A-3

地	首爾鐘路區貫鐵洞256, 2/F
時	17:00-23:00 **休** 星期日
網	www.instagram.com/soon_dang1
電	(82)0507-1470-0439
交	地鐵3號線(321)鐘閣站5號出口，步行約3分鐘

㉓ 米酒專門店
百歲酒村 백세주마을

地址 서울 종로구 관철동256,2/F

韓國米酒是濁酒的一種，是以米、麥等農作物加水發酵而成，酒色混濁，味道甜香且帶有碳酸水般的口感，不過由於韓國每家每戶都有自己釀酒的秘方，要試勻絕不容易！首爾就有一家米酒餐廳，專門提供不同口味的米酒，例如有高麗時代的御酒梨花酒、新式冷釀的Icing、生馬格利酒等等逾10款由麴醇堂提供的酒類。點一瓶上好的米酒，再點一碟傳統的美味蔥餅下酒，一樂也！

22

23

鐘路・仁寺洞・三清洞

WOW! MAP

24 仁寺洞購物中心
Annyeong Insadong

地址 서울 종로구 관훈동 155-2

「你好仁寺洞」是一個綜合式購物商場，以現代化的風格佔據仁寺洞大街。商場地下設有Line Friends的聯乘副線Line Play和近年人氣超高的甜磚專門店Brick Sand，二、三樓則有眾多韓國本土文創及時裝品牌和餐廳。

MAP 別冊 M06 A-2

地 首爾鐘路區寬勳洞155-2
時 10:00-22:00
網 www.xn--o70bt1cn3s2seb6c.com
電 (82)02-6954-2910
交 地鐵3號線 (328) 安國站6號出口
　 步行約4分鐘

→門口位置已經有巨型熊大公仔讓遊人打卡！

←老闆千挑萬選，採用本土烘啡公司 Dux Coffee 的咖啡，好啡之人值得一試。

↑仁寺洞分店設有咖啡館兼餅房，保證每日新鮮製造。

24a 甜磚專門店
Brick Sand

磚頭和甜點會有甚麼關係呢？Brick Sand是一間2020年開業的蛋糕店，由建築師丈夫和當科研人員的妻子花了約一年時間研發而成，宗旨是讓人們可即時品嚐新鮮出爐的蛋糕。品牌的蛋糕統一製成磚頭形狀，蛋糕外面酥脆，裡面綿密，味道輕甜富蛋香，從合桃、杏仁、芝麻到焦糖、綠茶和曼越莓朱古力等各種口味可供選擇。

←Basic Brick（기본 브릭）W2,000
蛋糕表面烤得香脆，內裡綿甜。

地 GF
時 10:00-20:30
網 www.instagram.com/happybricksand
電 (82)0507-1333-4974

WOW! MAP
24　　24a

(24b) 兩層高門市
PLAY LINE FRIENDS

LINE Friends位於仁寺洞的門市樓高兩層，門口有一個超巨型的鴨子Sally供粉絲們打卡，店內主要售賣與各個韓國天團的聯乘系列，包括防彈少年團（BTS）、女團NEW JEANS等等，粉絲來到保證可以滿載而歸！

→Line Friends BT21 杯 (475mL)
₩35,000
手繪風格的保溫瓶，瓶頂有紫色手挽。

TOKKI 毛絨睡眠眼罩
₩13,000
代表 NEW JEANS 5 人的 TOKKI 白兔眼罩，有 5 色可選。

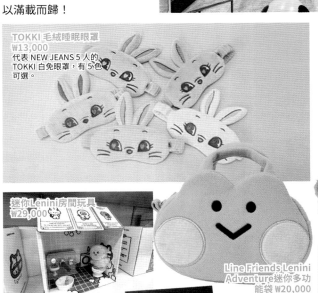

迷你 Lenini 房間玩具
₩29,000

←Line Friends Minini Chichini 鎖匙圈 ₩12,000

Line Friends Lenini Adventure迷你多功能袋 ₩20,000

地 G/F
時 11:30-19:30
網 brand.naver.com/linefriends
電 (82)02-6954-2940

(24c) 兩層高門市
金木堂금옥당

把傳統生羊羹結合傳統紋樣的盒子重新包裝，金玉堂的「生羊羹」成為了韓國近日最受歡迎的手信點心。生羊羹以國產紅豆、海藻和糖製成，過程沒有添加防腐劑和色素，若非即日食用，需要在雪櫃冷藏，將生羊羹當手信帶回家的朋友可以加₩1,000另購可持續12小時冷凍的冰種一份。

↑6件裝生羊羹
₩23,000

↓生羊羹有十多款口味可供選擇，包栗子、蕃薯、南瓜、綠茶和開心果等，每盒價錢由₩3,000起。

若嫌禮盒不夠華麗，可另購即有不同圖案和質地的包裝布料，加添傳統風味。

地 G/F
時 10:30-20:30
網 guemokdang.com
電 (82)0507-1462-2931

24b

24c

WOW! MAP

聖水洞

麻浦區

明洞

南山

鐘路・仁寺洞・三清洞

24d 溫暖的動物插畫
KongKongY

有沒有發現在生活太沉重的時候，欣賞動物相片或影片有種莫名的治癒感？如果你也喜歡貓貓狗狗的話，這間由藝術家Yoon Kyeong-sook創立的KongKongY就正合你心意！甫進內已見到各式各樣的貓狗雜貨，而且還有著各種表情的貓畫，有微笑的、沉思的、鬱悶的和鄙視的，叫人不禁會心微笑。店內還有陶瓷、Tote Bag、貼紙和圍巾等超級治癒的產品，瞬間將日常壓力拋諸腦後。

地 3F
時 星期一至五12:00-18:00、
星期六11:00-19:00、
星期日11:00-18:00
網 kongkongy.com
電 (82)02-735-9328

WOW! MAP
24d

→貓咪燒酒杯 ₩7,000
有三款不同表情和樣貌的貓咪。

↓貓貓圍巾 ₩9,000

→ 門外的黃色貓咪是KongKongY的生招牌，吸引不少客人內進。

↑貓貓銀包 ₩16,000
黑貓花貓白貓肥貓通通有齊，你會喜歡哪一款？

↑站立貓咪環保袋 ₩15,000
環保袋的肩帶刻意設計過，使用起來更舒適。

↑用韓紙做的宮庭人物書籤，栩栩如生，每個₩10,000。

㉕ 紙品工藝
原州韓紙特約店

地址 서울 종로구 관훈동121

韓國的原州有大片優質的楮木林，那是製造韓紙的主要原料，所以原州自古掌握優良的製韓紙技術，傳統韓屋窗框上貼的紙就是韓紙，它可用上千年而不變，購買用韓紙做的人形書籤以及首飾盒，實是手信之選。

→韓紙做的木板壓花紙兜，充滿藝術特色，每個 ₩30,000。

↓這個韓紙盒連蓋摸上手十分實淨，每個₩36,000。

MAP 別冊 **M06 A-1**

地	首爾市鐘路區寬勛洞121
時	10:00-20:00
電	(82)02-737-3064
交	地鐵5號線(534)鐘路3街站5號出口，步行約5分鐘

㉖ 時令野菜宴
山村 산촌

好食 編者推介

地址 서울 종로구 관훈동14

被《紐約時報》視為焦點報道的山村素食店，以「精進料理」 為主。餐廳老闆曾在年少時上山入廟為僧，二十出頭時還俗，有見多年來吃全素料理後，身體健康壯碩，於是還俗後把料理發揚光大，食店分用餐區和購物區，售賣木製食具、佛塔及佛像等。

→炸時蔬
天婦羅茄子、青椒、甘笋及冬菇等。
↓湯伴飯

山村精進料理 ₩29,000

MAP 別冊 **M06 A-2**

地	首爾鐘路區寬勛洞14	時 11:30-22:00
電	(82)02-735-0312	網 www.sanchon.com
交	地鐵5號線(534)鐘路3街站5號出口，步行約6分鐘	

25

26

WOW! MAP

27 仁寺洞地標
Ssamzigil 쌈지길

地址 서울 종로구 관훈동38

Ssamzigil有超過70間型格小店，當中包括首飾設計、眼鏡店、模型店、陶瓷工作坊、玩具精品店、時裝店、古董店及咖啡室等，給喜歡創作的年輕人一個創業機會，也讓商場成為多樣化的創意文化空間。

MAP 別冊 **M06 A-2**

地 首爾鐘路區寬勛洞38
網 smartstore.naver.com/ssamzigil
交 地鐵5號線(534)鐘路3街站5號出口步行約5分鐘
時 10:30-20:30
電 (82)02-736-0088

Ssamziegil由韓國建築師崔文奎設計，商場用大量樹木、石頭去建造，很少修飾，把最自然最真的一面呈現在你的眼前。

↑ 全場均以環形斜廊貫穿，就算不坐電梯不行樓梯都可以逛勻整個商場。

27a 可愛陶瓷小物
Cyart Plan 사이아트플랜

陶瓷是一種貼地的材質，除了平時用來盛載食物的杯盤碗碟之外，還可以用來做裝飾，這間Cyart Plan便將兩者合二為一，創製出一系列可愛又具功能性的陶藝品，例如酒壺套裝、馬克杯、茶杯等，店內最有人氣的商品是小巧可人公仔花瓶，全手工製作，價錢僅由₩4,000起，用來做手信也不失禮。

陶瓷小花瓶 ₩8,000
以不倒翁為造型的花瓶，一件只能種植一棵小植物，就算放在家中也不太佔位置。

陶瓷湯匙架 ₩5,000

→ 清酒酒壺及酒杯套裝 ₩31,000

MAP
地 G/F
時 10:30-20:30
網 www.instagram.com/sai_artplan

28 親切阿珠媽

閃閃發光
반짝반짝빛나는

地址 서울 종로구 관훈동 6, 2/F

然一太太是仁寺洞的老街坊，她深諳韓茶文化，也是陶瓷發燒友，退休後索性開設自家茶館連陶藝坊，老人家早睡早起，一般茶館中午開門，她十點便營業，店裡韓茶品種齊全，菜譜加有英語及日語，茗茶後可到隔壁單位買陶瓷茶具以及其他擺設，雖然她只會少量日語，但對中國客人和外國人一樣熱情款待。

→然一太太每朝到茶館後，第一件事是換上傳統韓服，然後才預備茶品糕點。

梅子茶(上) · 薑茶(下) ₩7,000/杯
梅子茶和薑茶均有暖胃殺菌的功效。

↑隔壁的單位是陶瓷展覽坊，茶杯₩3,000起，茶壺₩10,000。

→加有立體花的作品就是然一太太的作品，年紀大了很少落手落腳做陶瓷。

MAP 別冊 M06 A-2

地 首爾鐘路區寬勛洞6號2樓
時 12:00-23:00 (L.O.22:30)
電 (82)02-738-4525
交 地鐵5號線(534)鐘路3街站5號出口步行約3分鐘

好食 編者推介

29 最靚用料豆腐料理

仁寺洞豆腐村
인사동 두부마을

地址 서울 종로구 관훈동2-2

黃豆在韓國食材中佔重要一席，加上本地飲食文化成熟，故容得下專門做豆腐料理的店，說是豆腐又不等於是齋菜，豆腐會跟烤肉、泡菜、牛肉一起入饌，而且有滑豆腐、粗豆腐和布包豆腐等，就算跟泡菜同煮，豆味一樣香濃，皆因這裡用的是全國最優秀的全州黃豆。

↑豆腐伴烤豬腩肉
₩35,000/客
用生菜包著泡菜、豆腐和烤肉一起吃。

→泡菜伴粗豆腐
₩15,000/客
泡菜伴粗豆腐是全素的菜式。

↓味道正宗就連僧侶們也來幫襯

MAP 別冊 M06 A-2

地 首爾鐘路區寬勛洞2-2
時 10:00-20:30
電 (82)0507-1466-0083
交 地鐵5號線(534)鐘路3街站5號出口步行約5分鐘

28   29

文藝天地
三清洞 삼청동

三清洞的房子不高，晚上燈火闌珊，浪漫寧靜，很自然成為新的拍拖勝地，誰想到文藝氣術如此濃厚的街道曾經宵禁，皆因附近的總統府有過刺殺事件，近十年來政府才批准買賣，幸好韓國人念舊，沒把舊房子拆掉，特色小店、咖啡店、畫廊等，紛紛在這小區開店，才有今天的獨特氣息。要到這裡，最近的地鐵站是安國站及景福宮站。

③⓪ 記憶保存所
敦義門博物館村
돈의문 박물관 마을

↑即使是平時，也有很多人來探訪。

↑此展區有不同時代的電話，好令人懷念！

↑當年的戲院，也有種港式風情。

↑以前的理髮室，就算是遊客看到也很有共鳴。

地址 서울 종로구 신문로2가 7-22

來到韓國不只是想打卡掃貨吃美食，也想了解一下這座城市的歷史的話，推薦大家去敦義門博物館村了解一下1960-80年代的韓國生活。裡面可以劃分為不同的展區，像是為了紀念31運動而設的獨立運動家之家，了解舊時通訊設施的市民藝廊等等，當中最有趣的是6080感性空間，分別展現了1960-80年代的劇場、娛樂室、漫畫室、照片館及理髮室，這些地方都真實地模擬了當時的模樣，彷彿回到過去，走進歷史的民居中感受舊時的生活，比起很多資訊性太強的博物館，這裡更有趣地呈現了數十年前南韓人民的生活點滴，很有意思！

MAP 別冊 **M06 A-2**

地址 首爾鐘路區新門路2街7-22
時間 10:00-19:00　**休** 星期一
網 dmvillage.info
電 (82)02-739-6994
交 地鐵5號線(532)西大門站
4號出口步行約5分鐘

WOW! MAP
30

↑ 任婆婆用畫框裱好傳媒採訪，掛在牆上，當中包括The Korea Herald。

MAP 別冊 **M06 A-2**

地址 首爾鐘路區寬勛洞30-11
時 11:30-21:30、星期日11:30-20:00
網 www.koong.co.kr
電 (82)02-733-9240
交 地鐵5號線(534)鐘路3街站5號出口步行約5分鐘

↑ 開城餃子湯 ₩10,000/碗
一碗四大粒餃子配小年糕，像無餡小湯丸，煙韌有咬勁。

31 秘方餃子 宮궁

地址 서울 종로구 관훈동30-11

祖籍北韓的任婆婆，沿用家傳秘方炮製餃子，材料包括豬肉、豆芽、韭菜和豆腐等，粒粒飽滿豐碩，吃下去感覺實在。店內另一特色是全女班，至今已傳到第三代，由孫女掌舵，任婆婆偶爾才到店裡巡視。

32 古雅簡樸 傳統茶院

地址 서울 종로구 관훈동30-1

茶院沿用朝鮮時代的傳統住宅，以木材建造，人字屋頂，四角飛簷，簷下是長走廊，古意盎然，是典型的韓式茶館，因為太多遊客到訪，索性加入彩照及英文餐牌，詳列韓國傳統茶的功效，在寧靜的古建築中茗茶，每一口都甘香順喉。

傳統泡綠茶 ₩7,000/份
茶盅跟茶杯一樣大，隨茶送炸米餅。

茶院後方的5號展覽館，主要擺放新進藝術家的作品。

↑ 傳統的韓屋是席地而坐，為方便遊客，店方特別加入小桌和椅子。

露天庭園種滿大樹，當中還有柿樹，秋天到訪便看見柿樹上纍纍的果實。

MAP 別冊 **M06 A-2**

地址 首爾鐘路區寬勛洞30-1
時 11:00-21:20
網 kyunginartdawon.modoo.at
電 (82)02-730-6305
交 地鐵1號線(130)鐘路3街站5號出口步行約5分鐘

↑ 轉入去就見美術館和茶院的木牌。

WOW! MAP

31   32

33 絕美大溫室
昌慶宮 창경궁

地址 서울 종로구 와룡동2-1

1483年第九代王成宗將其擴建大妃居所，正式由「壽康宮」更名為「昌慶宮」。昌慶宮在日帝時期曾一度加建成動物園和植物園，當中1909年建成的大溫室更是國內最早的西式溫室，2004年修建後重開，展示70多種列入韓國天然紀念物的觀賞植物，白色的溫室由金屬和木材打造並由玻璃覆蓋，處處洋溢歐陸風情。

↑陽光從玻璃屋頂灑落，白色屋框與翠綠植物成為絕美背景。

←西式溫室上部的窗呈半圓尖拱狀，屋脊上刻有象徵朝鮮王室的梅花圖案。

→宮殿摒棄傳統向東而建，因此宮殿可以欣賞到含春苑和駱山的景色。

←昌慶宮在1616年重建，修復的明政殿、明政門和弘化門是韓國現存最古老的宮殿建築之一。

MAP 別冊 **M07 B-2**

地 首爾鐘路區臥龍洞2-1
時 09:00~21:00
休 星期一
金 ₩1,000
網 www.niusnews.com/=P3ij0pu02
電 (82)02-762-4868
交 地鐵4號線
(420)惠化站
4號出口，
步行14分鐘

WOW! MAP

34 皇室花園
昌德宮

地址 서울 종로구 와룡동 2-71

韓國李氏皇朝的最後一個離宮，亦曾成為後期國王的居所，已被聯合國教科文組織列為世界文化遺產。比景福宮小一點，內裏的秘苑則保留了朝鮮時期的園林藝術，伴著小橋流水的，是多達一百種樹木，有的樹齡更超過三百歲！以往皇室成員多喜歡在此地散步，十至十一月的秋天時份，不同顏色的紅葉充滿層次感，冬天在這裏賞雪，都別有一番景緻。

昌德宮的秘苑是韓國皇室的後花園，樹木的層次感豐富，秋天風景最美麗。

MAP 別冊 M06 B-1

地 首爾鐘路區臥龍洞2-71
時 昌德宮 2至5月及9至10月 09:00-18:00、
6至8月 09:00-17:30、11至1月 09:00-16:30
(閉館前1小時停止售票)
秘苑 3至10月 09:00-16:30、2月及11月 09:00-15:30、
12至1月 09:00-15:00(閉館前1小時停止售票)
金 昌德宮 成人₩3,000、7至18歲青少年 ₩1,500
秘苑 成人₩8,000、7至18歲青少年 ₩4,000
網 eng.cdg.go.kr **電** (82)02-3668-2300
交 地鐵3號線(328)安國站3號後出口，步行約5分鐘

35 皇親府第
雲峴宮 운현궁

韓劇《宮》

地址 서울 종로구 운니동114-10

雲峴宮王親國戚暫時應居住的地方，高宗(1863－1907)曾在雲峴宮生活直至12歲，登上王位後，曾將這裡大肆翻新，並建有正門、後門、敬勤門、恭勤門等四大宮門，故此升格為宮，1866年高宗和明成皇后在這裡行成家禮，明成皇后也是在這裡接受王妃教育。在日本侵略期間，雲峴宮受到重大破壞，只留下了現在的一小部分，雖然現存規模不大，但宮裡仍擺放當年的皇室展品。

MAP 別冊 M06 A-1

地 首爾鐘路區雲泥洞114-10
時 4月至10月 09:00-19:00；11月至3月 09:00-18:00
(閉館前半小時截止入館)
休 星期一
網 www.unhyeongung.or.kr
電 (82)02-766-9090
交 地鐵3號線(328)安國站5號出口，
步行約2分鐘

34　35

沿着嘉會洞31號的小巷走上去，斜路末端是「北村六景」的觀賞點，在古色古香的韓屋中，遠眺現代化的N首爾塔和首爾市風景，兩者互相融合，別有一番風味。

北村
六景

韓劇

《Oh My Venus》
《她很漂亮》
《鬼怪》

36 穿梭於傳統與現代之中
三清洞北村體驗

北村座落在景福宮和昌德宮之間，到了80年代，政府視韓屋為文化遺產，進行保育。北村逐成為首爾市中心最大規模的韓屋村，現今的韓屋為普通住宅或改建成咖啡室等店舖。

北村濃烈的傳統氣息，成為韓劇的重要拍攝地。北村內設有多間博物館，保留了珍貴的文化、歷史和傳統，而且沿途有咖啡店、小吃店、服裝店等，是一條結合傳統與現代的村莊。北村著名的「北村八景」，是指定8個最佳的欣賞地點，主要是韓屋景觀和盡顯韓屋獨特風格的小巷風貌。但「北村八景」的位置分散，其中北村四景、六景和七景的景點較集中，適合重點遊覽。

MAP 別冊 M07 A-2 北村四景

↑ 嘉會洞31號是韓屋的密集區，自遊人在左側的斜坡俯瞰，可以欣賞縱橫起伏的屋頂。密密麻麻的屋頂，不但不會給遊人壓迫感，反而有一種錯落有致的獨特感覺。

MAP 別冊 M07 A-2 北村五景

↑ 沿着嘉會洞31號的小巷走下去是「北村五景」，是韓屋最密集的景觀。

MAP 別冊 M07 A-2 北村七景

↑ 此景是一條巷弄，在台階放上的盆栽，可以感受居民寧靜安逸的生活。

《Oh My Venus》

《她很漂亮》

《鬼怪》

WOW! MAP

36

36a

36b

拍攝點

→ 崔娜瑪學了7年國語,是北村的義工,她們會於旅遊季3月至9月出現在北村一帶,解答自遊人有關北村的問題,態度親切。

在地上看到此標誌,表示是「北村八景」的最佳欣賞和拍攝點。右上角的瓦與醬缸台,象徵北村傳統與生活。

↑ 不少韓國人都喜歡於假日遊覽北村!

↑ 韓國美女Lee Hye Jin(左)和Kim Se Young (右)久仰北村大名,首次遊覽!

🚇 地鐵3號線(328)安國站2號出口

↑ 絡繹不絕的遊人,都喜歡在北村找個「靚景」留倩影!

↑ 同場加映,一個型格既韓國大叔,有沒有令你心跳加速?

36a 保留珍貴時刻
首爾教育歷史資料館

地址 서울 종로구 화동2

館內曾是高中學校,現為資料館,展示了不同時期的教育資料、校服、成績單等物品。此外,家長和小孩更可以穿上老師和學生的服飾,一嘗做韓國學生的滋味,尋回那些年的回憶。

MAP 別冊 **M07 A-2**

地 首爾鐘路區花洞2
時 星期一至五09:00-18:00,
　 星期六及日09:00-17:00
休 每月第一、三個星期三、公休日
金 免費
電 (82)02-2-736-2859　🚇 鐘路三街站步行約2分鐘

36b 傳統藝術
東琳繩結博物館

地址 서울 종로구 가회동 11-7

展館展示了著各吊飾、腰帶等裝飾韓服用的傳統繩結、結繩材料,以及昔日的遺物及仿古作品。想體驗的自遊人,可以參與即場的手機吊飾繩結課程,製作一條獨特的手機吊飾,送給獨一無二的他/她。

MAP 別冊 **M07 B-2**

地 首爾鐘路區嘉會洞 11-7
時 星期二至日10:00-18:00
　 (17:00最終入館)
休 星期一、中秋節及農曆新年
金 繩結體驗 ₩12,000/1位
網 www.shimyoungmi.com
電 (82)02-3673-2778

景福宮・光化門

경복궁 Gyeongbokgung Palace·
광화문 GwanghWamun

必見！
光化門

到韓國旅遊看名勝，必到景福宮，是五大宮闕中，規模最大、建築設計最美的宮闕，宮裡除了古跡和現代化的博物館，每天還有換兵儀式，過程隆重而莊嚴，由此可見傳統還是備受重視。景福宮的正門叫光化門，正門前面的街是世宗大路，沿路是光化門廣場，新設計的清溪川，02 年集齊 30 萬一齊觀看首爾主辦世界盃的首爾廣場。從古老的宮殿至新式建設，一路走來像時光隧道。

往來景福宮・光化門交通

*時光隧道的入口可以是地鐵3號線(327)景福宮站或5號線(533)光化門站。

| 首爾站
(133) | 🚇 | 3號線
約6分鐘 | 鍾路3街站
(329) | 🚇 | 3號線
約12分鐘₩1,400 | 景福宮站
327) |
| 明洞站
(424) | 🚇 | 3號線
約1分鐘 | 忠武路站
(331) | 🚇 | 3號線
約7分鐘₩1,400 | |

210

① 鬧市清泉
清溪川 청계천

地址 서울 성동구 마장동527-6

1970年代初，清溪川曾因建設高架道路，而改變了原來的面貌。2005年經翻新復建後，立即成為市內知名的觀光點。清溪川沿岸特設清溪八景，像清溪廣場、廣通橋、文化之牆及貼滿二萬多名市民希望的希望之牆等，還有清溪高架道路在拆除後，留下的紀念橋墩和隧道噴泉。

↑ 在八石潭的流水中間有很多圓框方石，把錢幣投放進去而不被溪水沖走，你許的願就會達成。

↑ 11月底至12月這裡舉行燈會展覽，沿川河擺放各式燈籠，入夜更搶眼。

MAP 別冊 M05 B-3

地 首爾城東區馬場洞527-6
電 (82)02-2290-7111
交 地鐵5號線(533)光化門站4號出口，步行約1分鐘。

德壽宮的入口處是大漢門，那裡就是錦川，河上有道錦川橋，橋面極寬，因為當年皇上的坐駕經此入宮。

② 韓洋建築
德壽宮 덕수궁

地址 서울 중구 정동 5-1

德壽宮原來是朝鮮成宗(1469-1494)的哥哥月山大君(1454-1488)的住宅。在首爾的宮殿中唯有德壽宮與西式建築並肩而立，構成有趣的景緻。1900年建的靜觀軒是最早的西式建築，相傳當年高宗曾在此喝咖啡。石造殿也是西式建築，由英國公司建造，現在它的東館是宮中文物展覽館，西館是國立現代美術館分館。

MAP 別冊 M05 B-3

地 首爾中區貞洞 5-1
時 09:00-21:00/中和殿內部只於星期六09:00-16:00予公眾參觀。
交 地鐵1號線(132)市廳站2或3號出口，步行約1分鐘。

休 星期一
金 大人₩1,000、7歲至18歲青少年₩500
網 www.deoksugung.go.kr
電 (82)02-771-9951

1   2

景福宮・光化門

南大門

東大門

上網睇片

韓劇
《明成皇后》
《女人天下》
《大長今》

當分針踏正12字,正門便響起號角聲,一隊將士步伐一致地進來。

這邊廂鼓手奮力一敲大鑼鼓,示意正門的侍衛要立正準備。

❸ 換兵儀式
景福宮 경복궁 📷SNAP

地址 서울 종로구 세종로1-1

景福宮位於首爾市的正中央,它建於1395年,是太祖李成桂的皇宮,面積有40多萬平方米,它跟昌德宮、慶熙宮等四大宮闕相比,是規模最大、建築和設計最精美的宮闕。相傳世宗皇帝久視景福宮在日照下的窗花剪影,而創造出韓國文字。壬辰倭亂(1592-1598)期間,景福宮內大多數的建築物皆被燒毀,高宗(1852-1919)上任,重新修建了約7,700間建築物。

→新隊伍各就位,最後光化門外的將士站穩腳步,儀式便完成。

↑ 用成門裡三個品階的將士徐徐步至。

↑ 士兵樂隊有號角手、鼓手、銅鑼手等,大鑼大鼓地進場。

MAP 別冊 **M05 B-1**

地金 首爾鍾路區世宗路 1-1
成人₩3,000 (18歲或以下及65歲或以上免費)

時 3至5月及9至10月09:00-18:00、6至8月09:00-18:30、11至2月09:00-17:00(最終入場時間為閉園前1小時)

休 星期二

網 www.royalpalace.go.kr

電 (82)02-738-9171

交 地鐵3號線(327) 景福宮站5號出口步行約5分鐘。

↑ 本來站在正門的士兵,持著旗幟,筆直地走回中庭。

↑ 光化門城樓上的將領大聲吶喊,令士兵繞圈圈巡邏。

必看換班儀式 達人教室

早在睿宗1年(1469年),宮庭裡便實行守門將換班儀式,不同官階的將士會帶著兵器、旗幟及大鑼鼓等,從側進入,跟在正門入口即光化門的將士換更,換班儀式為周二至日,11:00、14:00及15:30,但下雨儀式就會取消,儀式約15分鐘,只在入口的空庭進行,費用全免,要參觀景福宮內的主殿才要付款。

WOW! MAP
3

韓劇 《公主的男人》

④ 皇上離宮
慶熙宮 경희궁

地址 서울 종로구 신문로 2가 1-126

慶熙宮的位置在首爾的西側，故也叫作西闕，是朝鮮後期的離宮，即是皇帝避難的地方。慶熙宮是朝鮮時代仁祖至哲宗10代皇帝的離宮，它依山而建，既有傳統美感又具有歷史意義，慶熙宮附近還有首爾歷史博物館，鍾路也相距不遠，沿著貞洞大街還能繼續參觀德壽宮。

MAP 別冊 **M05 A-2**

地 首爾鍾路區新門路2街1-126	**電** (82)02-724-0274
時 09:00-18:00	**交** 地鐵5號線西大門站4號出口，步行7分鐘
休 星期一	

博物館門前放了卡懷舊車廂，遊客可上車拍照留念。

⑤ 籌備17年
首爾歷史博物館 서울역사박물관

地址 서울 종로구 새문안로 55

自1987年起，有關單位便著手籌備首爾歷史博物館，歷過17年的努力，至2002年5月終於正式揭幕，其外觀及設備也相當現代化。博物館內的展品，有許多是由市民捐贈，因此展品逐年增加，更具可觀性。

MAP 別冊 **M05 A-3**

地 首爾鐘路區新門安路 55	**網** chi.museum.seoul.kr
時 09:00-18:00	**電** (82)02-724-0274
休 星期一、元旦	**交** 地鐵5號線光化門站7號出口，步行8分鐘

⑥ 展現韓國現代與歷史文化的空間
貞洞劇場

地址 서울특별시 중구 정동길 43

貞洞是韓國近代文化遺產的集結地。在這裡可以欣賞到古代宮廷德壽宮、貞洞教會、首爾市政府廳廣場和首爾市立美術館等地展開的多樣文化和活動。最大特點於貞洞路以自然和季節情調來展現給大家浪漫的首爾文化空間。

MAP 別冊 **M05 A-3**

地 首爾中區貞洞街43貞洞劇場	
網 www.jeongdong.or.kr	
電 (82)02-751-1500	
交 地鐵市政廳站1號線1號出口或2號門12號出口沿德壽宮石牆街徒步5分鐘	

4　　5　　6

WOW! MAP

景福宮・光化門

南大門

東大門

7 熱門韓劇場景
崇政殿

地址 서울 종로구 신문로 2가 1번지

《宮》又名《野蠻王妃》，改篇自韓國漫畫家朴素熙的同名作品，以皇室為背景的青春愛情劇，由尹恩惠、朱智勳、金政勳、宋智孝主演，是MBC電視台06年最受歡迎的戲劇，連帶此劇拍攝場景──崇政殿，也躍升為近年熱點。

↑皇太子李信居住在皇宮，部分起居場景就在崇政殿。

↑崇政殿在劇集中出現。相片取自 www.imbc.com

MAP 別冊 **M05 A-2**

地 首爾鍾路區新門路2街1號
時 09:00-18:00
休 星期一
電 (82)02-724-0274
交 地鐵5號線(533)光化門站1或8號出口，步行約5分鐘。

↑崇政殿是慶熙宮的正殿，是朝鮮皇帝避難所，但格局陳設均見精細。

↑殿外的空地豎了官品職位的石柱，劇中亦常見這場景。

8 一代賢君
世宗文化會館 세종문화회관

地址 서울 종로구 세종로 81-3

會館外形似傳統韓屋，但用料卻很現代化，新舊兼備更見特色，台劇《夏日香氣》曾在會館門前取景。在春季至秋季期間，會館外的噴水池旁時常有免費表演。

韓劇 《夏日香氣》

←世宗路擺放了很多昔日韓國人民生活的舊照片，作露天展覽。

MAP 別冊 **M05 B-2**

地 首爾鍾路區世宗路81-3
休 星期一
交 地鐵5號線(533)光化門站1號出口步行約7分鐘。
網 www.sejongpac.or.kr
電 (82)02-399-1111

9 美化廣場
光化門廣場 광화문광장

地址 서울 종로구 세종대로

即景福宮的正門，門前是寬敞的光化門廣場。廣場近年不斷美化，除了世宗大王以及李舜臣將軍的雕像豎立之外，還有一段鋪上了草地，前端則設有噴水裝置，每天晚上均有表演，夏天則成了小孩玩水消暑之地。

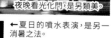

夜晚看光化門，是另類美。

←夏日的噴水表演，是另一消暑之法。

MAP 別冊 **M05 B-2**

地 首爾鍾路區世宗大路
交 地鐵3號線光化門站9出口即達

WOW! MAP

7

8

9

⑩ 傳統市場
通仁市場통인시장

地址 서울 종로구 통인동 통인시동 44

通仁市場以韓式小菜、年糕、中藥乾貨等為主，這邊遊客比較少，所以無論吃東西或觀光都比較舒適。市場內售賣韓國各式伴菜的店很多，在市場中央的18號店2樓更設食堂，需購買銅錢(₩500/個)的餐券，即可在市場內的指定店舖任選伴菜。

↑ 通仁市場主要賣的是韓式小菜，另外，年糕食品、中藥、乾貨濕貨也應有盡有。

MAP 別冊 **M05 A-1**

地 首爾鍾路區通仁洞通仁洞44
時 07:00-21:00 (各店不同)
休 每月第3個星期日
電 (82)02-722-0911
交 地鐵3號線(327)景福宮站2號出口步行8分鐘。

好食 編者推介

⑪ 總統至愛
土俗村토속촌

地址 서울 종로구 체부동 85-1

歷史悠久的土俗村，以傳統韓屋為店，其招牌菜蔘雞湯的湯底，用30多種韓方藥材和五穀去熬製而成的，再加入栗子、紅棗、糯米、四年蔘、銀杏和大蒜等，跟全隻雞一齊煮，味道香濃可口，連韓國的前總統盧武鉉也愛光顧，令這家人氣的食店更受歡迎。

↑ 什麼時候來都是人山人海的，好運氣的話，你只要等3分鐘，最長是等10分鐘。

↑ 土俗村 蔘雞湯(삼계탕) ₩20,000
未入口先聞到濃濃雞湯味，湯色濃，湯味更濃，雞肉滑，肚裡的糯米盡吸人蔘的清甜，不知不覺便一個人吃掉一盅。

MAP 別冊 **M05 A-1**

地 首爾鍾路區體府洞 85-1
時 10:00-22:00 (L.O. 21:00)
網 tosokchon.com
電 (82)02-737-7444
交 地鐵3號線(327)景福宮站2號出口步行約5分鐘。

達人教室

愈熱愈要補

韓國人吃熱辣辣的蔘雞湯不分季節，因為這個湯有著補元氣的作用，在寒氣入侵的冬季固然要飲，以便全身暖和，但在夏天也一樣要喝，尤其是最熱的上伏天，身體會流很多汗，這樣會消耗元氣，所以天氣愈熱愈要補氣，辦法是吃人蔘雞湯。

WOW! MAP

10

11

南大門
남대문 Namdaemun

必見！
南大門市場

南大門市場（Namdaemun Market）很多商店都由生產商開辦，直接銷售服裝、童裝、日用雜貨，是平貨批發區，但治安和衛生跟東京一樣好，原來600多年前韓國人已在這裡購買日用品和衣衫，今天的南大門，食店營業至深夜甚至通宵，紫菜更是超市的六折價，買手信之餘，以明洞七折價便可吃到地道美食。

往來南大門交通

| 首爾站(133) | 地鐵 4號線
約2分鐘 W1,400 | 會賢站
(425) |
| 明洞站(424) | 地鐵 4號線
約2分鐘 W1,400 | |

地鐵4號線(425)會賢站5號出口，一出來便是南大門市場。

① 宵夜必試
中央王豬蹄
중앙왕족발

地址 서울 중구 남창동 34-120

豬蹄是韓國的經典食物之一,要吃傳統的豬蹄推介大家來這間位於南大門市場的中央王豬蹄。中央王是24小時營業的餐館,已有30年歷史,佔地兩層,以傳統製法炮製豬蹄,豬蹄充滿骨膠原之餘肉質嫩滑入味,輕輕一咬豬蹄就已經輕易與骨頭分離。一碟豬蹄份量十足,一份已經足夠3至4人分享,晚上來這裡吃份豬蹄再點杯啤酒,為一整天行程劃上句號也不錯。

↑豬蹄沒有想像中油膩,用來包裹的蔬菜及泡菜無限量供應,吃完不妨問店員添加。

↑餐館的生意非常好,無論是外賣還是堂食,訂單都完全沒有停過,老闆娘密切地應接不暇。

←地方不算寬敞,但仍有不少當地人及遊客慕名而來,深夜時份仍然熱鬧,可想而知中央王的豬蹄有多好吃!

MAP 別冊 **M16 A-3**

地 首爾中區南倉洞34-120
時 24小時營業
電 (82)02-777- 4009
交 4號線會賢站5號出口步行3分鐘

WOW! MAP

景福宮 · 光化門

② 老字號 東京食品

地址 서울 중구 남창동34-13

在南大門市場經營乾貨有40個年頭的東京食品，老闆叫張琪壽，他不是日本人，取名東京純粹是喜歡這個地方，他的店雖小，但卻乾淨整齊，他每天親手把乾貨入袋，貼好價錢，並分類排列在架上，細看店裡一粒塵都沒有，衛生過日本人，店內有五味子、松仁及白果等本土產物，作為手信也不錯。

←店主不諳普通話或英語，為方便遊客查詢，索性在瑤柱乾旁掛上元貝殼，每包 ₩95,000。

↑店裡相當乾淨，產品之間、木間罅位均一塵不染，令人對小店充滿信心。

MAP 別冊 **M16 A-3**

> 地址：首爾中區南倉洞34-13
> 時間：07:00-19:00
> 休息：星期日
> 電話：(82)02-753-6261
> 交通：地鐵4號線(425)會賢站5號出口步行約2分鐘。

③ 流利普通話 公順成商會

地址 서울 중구 남창동50-6

在明洞等遊客區，英語也不算普及，南大門市場更難得一見流利英語的店員，遇有疑問只能雞同鴨講，但公順成商會則例外，有流利普通話及英語的店員駐場，能清楚講解食物成份及食用方法外，溝通無障礙，開口殺價就更方便，店裡貨品價錢跟其他店差不多，殺價後更抵。

MAP 別冊 **M16 A-3**

> 地址：首爾中區南倉洞50-6
> 時間：08:00-22:00
> 電話：(82)02-774-5296
> 交通：地鐵4號線(425)會賢站5號出口步行約2分鐘。

←真材實料的參雞湯包，叮熱後香氣四溢，一星期內要飲用，每包 ₩10,000。

↑經理洪芸芸推介雙和茶，成份以熟地黃、紅棗和杞子等補氣血藥材為主，每盒50包 ₩25,000。

④ 韓蔘寶地 大成物產

地址 서울 중구 남창동50-12

開業廿年的大成物產，人蔘種類和副產品最齊全，除了紅蔘、白蔘等，還有蔘茶、人蔘蜂皇漿、人蔘酒，甚至有洗面奶及護膚品，此外更有矜貴的松茸發售，源自江原道及慶尚道，秋天當造，這段期間店裡有鮮松茸供應，其他時間則有急凍或乾品發售，店方定價公道，故很多日本遊客也來此買手信。

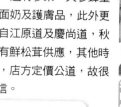

↑人蔘是店裡的主打，人蔘酒保存期長，更是遊客首選

MAP 別冊 **M16 A-4**

> 地址：首爾中區南倉洞50-12
> 時間：08:00-22:00
> 電話：(82)2-757-6421
> 交通：地鐵4號線(425)會賢站5號出口步行約2分鐘。

WOW! MAP

⑤ 年中無休
南大門食街

地址 서울 중구 남창동34-13

南大門市場是平價批發市場，而南大門食街的店舖價錢亦相應便宜，除了地道的石頭飯、泡菜飯和拉麵以外，你更要試這裡的炖刀魚，即是牙帶魚，魚味濃郁，湯底加入紅椒粉，既可僻腥，又可提升魚的鮮甜，冬天吃還有暖身驅寒的作用，達人特別推介미가정店，說是炖刀魚日日清，最新鮮。

→南大門食街的食店寫著年中無休，不是指24小時營業，而是周日及公眾假日也照常營業，時間約朝九晚九。

⑤a 必試炖刀魚
味家亭 미가정

↑미가정店只有下午4時才較清閒，平日早午晚都擠得水洩不通。

地址 서울 중구 남대문로4가3-4

↑店裡的炖刀魚的確較鮮味，秘訣是辣椒的份量不多，這樣便不會搶去魚鮮味。

MAP 別冊 **M16 A-3**

- **地** 首爾中區南大門路4街3-4
- **時** 08:00-21:00
- **電** (82)02-318-3638
- **交** 地鐵4號線(425)會賢站5號出口步行約5分鐘。

↑炖刀魚湯 每鍋W12,000
炖刀魚湯色桃紅，但其實味道沒想像中辣，不用狂飲水沖淡。

⑥ 人氣肉包
佳梅谷昔日手工大包子

熱辣辣而且肉汁豐富

MAP 別冊 **M16 A-4**

- **地** 首爾中區南倉洞60-2
- **時** 08:00-20:00(L.O.19:10)
- **休** 星期日、元旦、春節及中秋
- **電** (82)02-755-2569
- **交** 地鐵4號線(425)會賢站5號出口步行約5分鐘。

地址 서울 중구 남창동 60-2

SBS長壽節目《生活的達人》訪問過的老牌肉包子店가메골손왕만두，每十五分鐘不停出爐，日賣出過千個，在南大門極具人氣，小店不設座位只供外賣，韓國本地人都是一盒十個、二十個地買走，五個只賣₩3,500，內有肉碎、粉絲碎等，掰開中間肉汁豐富，入口帶點點胡椒香，很容易在不知不覺間吃上3、4個。

5

5a

6

WOW! MAP

東大門
동대문 Dongdaemun

必見！
L'atelier
藝術館

韓國人習慣早睡早起，仁寺洞等旺區，十點便開始冷冷清清，但東大門可不同，晚上十時後仍燈火通明，從地理位置上看，從鐘路5街的廣藏市場開始，沿清溪川路到東大門運動場 ，都是東大門購物商圈範圍。這裡集合傳統市場、新興批發市場和零售商街，成衣批發款式多，大部分由商家設計生產和促銷，香港時裝小店在這裡入貨後，回港賣貴一至兩倍。來東大門不用趁早，反正商店營業至黎明，晚飯後來掃貨也未遲，飽肚才有氣力血拼嘛。

往來東大門交通

| 首爾站(426) | 地鐵 4號線 約9分鐘 ₩1,400 | 東大門站 (421) |
| 明洞站(424) | 地鐵 4號線 約5分鐘 ₩1,400 | |

東大門購物商圈的範圍像三角形，最接近的地鐵站就是1號線的(129)鐘路5街站、(128)東大門站和4號線的(422)東大門歷史文化公園站。

① 首爾最好逛的傳統市場
廣藏市場 광장시장

地址 서울 종로구 창경궁로88

外國旅客如果想一次過品嚐韓國小食可以到哪裡呢？答案就是廣藏市場！廣藏市場位於東大門，與地鐵站相連，場內的小食攤檔分門別類，當中有生拌牛肉街、煎餅街、生魚片街等等，大多都是家庭式經營，價錢不貴又相當地道，值得花時間一訪。

MAP 別冊 M14 A-1

地址 首爾鐘路區昌慶宮路88
時間 09:00-23:00 (各店不同)
網 kwangjangmarket.co.kr
電 (82)02-2267-0291
交 地鐵1號線
鐘路5街
(129)站9或
10號出口
即達

↑場內不乏韓國人的傳統小食。
→韓國糕點多源自宮殿點心，現代人除用來做點心之外，也成了節日或嫁娶用的點心。

小店受不少本地電視節目報導過，難怪人氣十足。

① 人氣滿分
糯米麻花捲
찹쌀꽈배기

要在眾多小食店之中，要分辨哪間最具人氣，其中一個方法就是看店家門前排隊的人龍。這家小店長期都有人排隊，招牌糯米麻花捲即叫即做，灑滿肉桂糖粉，味道香甜口感煙韌，此外還有售賣紅豆、芝麻和蕃薯口味的糯米捲。

地址 首爾鐘路區昌慶宮路88
時間 11:00-21:00
休 星期日
電 (82)010-6807-1926

←招牌糯米
麻花捲 W1,000

糯米捲即時炸起再灑上薄薄的糖粉。

WOW! MAP

1　　1a

↑晚上的DDP會亮起LED燈，夢幻得來又不會似霓虹燈般俗套。

DDP外的沙地其實是特意保留的遺跡，讓遊人可更了解DDP的前身。

MAP 別冊 **M14 C-2**

地 首爾中區乙支路7街2-1
時 10:00-20:00
休 星期一
網 www.ddp.or.kr
電 (82)02-2153-0000
交 地鐵2號線東大門歷史文化公園站(205)1或2號出口側

② 名師出手DDP
東大門設計廣場與公園

地址 서울 중구 을지로7가 2-1

DDP長寫是Dongdaemun Design Plaza & Park東大門設計廣場與公園，由已故著名女建築師Zaha Hadid設計。DDP舊址是東大門運動場，如今公園變成首爾設計產業的總部。在未正式開館前，《來自星星的你》已到此取景，正式開館後，香港的電視節目《超齡打工假期》亦遠道前來拍攝。

③ 人氣之最
doota! 두타

地址 서울 중구 을지로6가18-12

在東大門四大購物商場中，doota!的衣衫首飾最貼近港人口味，地庫及1樓以韓國本地品牌為主，無論是黑白灰型人款，粉色花邊少女款，斯文返工衫，剪裁夠fit，2樓是首飾配飾區，民族風、誇張大件頭或簡約款，因為有嚟頭，所以價錢稍貴，亦不易殺價。

場內的時裝相對其他商場年輕得多。

MAP 別冊 **M14 C-1**

地 首爾中區乙支路6街18-12
時 星期一至六10:30-05:00、
網 星期日10:30-24:00
電 doota-mall.com
交 (82)02-3398-3333
地鐵1號線(128)東大門站8號出口步行約2分鐘

WOW! MAP

2　　　3

④ 東大門折扣城
Hyundai City Outlet

地址 서울 중구 을지로6가 17-2

2016年開幕的Hyundai City Outlet連同地庫共有11層，地庫2樓是美食廣場、地庫1樓是免稅店、1至7樓售賣時裝和家品、8至9樓則是餐廳。場內擁有逾200間店舖，包括與MARVEL Crossover的BIND X MARVEL、家品店moongori.com、書店教保文庫和賣薯片雪糕的HAITAIRO等商店，而且大部分品牌都有提供折扣，最適合喜歡舒適逛街的遊人。

MAP 別冊 **M14 B-1**

地 首爾中區乙支路6街17-2
時 10:30-21:00
網 ehyundai.com/newPortal/index.do
電 (82)02-2283-2233
交 地鐵東大門歷史文化公園站(536/422)
14號出口，步行約5分鐘。

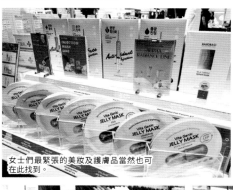
女士們最緊張的美妝及護膚品當然也可在此找到。

商場不定期舉辦展覽，這次展出捷克畫家慕夏的作品，藝術品揉合音樂與動畫影片。

講明是Outlet，當場有大量季尾款式以優惠價發售。

景福宮・光化門

南大門

東大門

抵食 編者推介

⑤ 征服雞之霸
陳玉華奶奶元祖一隻雞
진옥화 할매 닭 한마리

地址 서울 종로구 종로5가265-22

在首爾，除了要吃人蔘雞，還要去朝拜陳奶奶的雞。雞肉既嫩且滑，一放入口就知道雞是每天新鮮運到。雞混合了雞湯、泡菜、蒜等味，味道非常夾，濃郁可口；麵線煙韌，吸盡雞湯的精華，十個讚！最後，筆者吃完雞後，忍不住把雞湯飲到一滴不漏。

↑招牌一隻雞 ₩28,000(닭한마리)
雞肉內臟吸盡精華的人蔘和糯米，超滋補！

MAP 別冊 **M14 B-1**

地 首爾鐘路區鐘路5街265-22
時 10:00-01:00(L.O.23:30)
電 (82)02-2275-9666
交 東大門九號出口，往鐘路5街方向直走至大馬路轉左，第一條巷右轉

這張相足以反映陳奶奶受歡迎的程度。

⑥ 電視台推介
銀酒亭 은주정

地址 서울 중구 주교동 43-23

KBS電視台的飲食節目推介的烤肉泡菜鍋店，全因他們選料實在上盛，同是五花腩，這裏的用上國產豬，肉質及顏色也較鮮嫩。他們最有名的是泡菜鍋，用上五花腩及自家製泡菜，橙橙紅紅的，味道卻不太辣，有點像番茄湯，伴飯最佳。中午只供應泡菜鍋，晚上則只供應烤肉，二人份起，吃完烤肉後泡菜鍋會免費送上，抵食啊！

↑泡菜鍋色澤橙紅，入口卻像番茄湯，不會太辣。

五花腩 ₩16,000/1人份

↑小店大部份位置是傳統式的席地而坐，十分傳統。

MAP 別冊 **M14 A-1**

地 首爾中區舟橋洞43-23
時 11:30-22:00 (L.O. 21:00)
網 smartstore.naver.com/ssamkimchi
交 地鐵2、5號線(240)/(525)乙支路四街站4號出口步行約5分鐘
電 (82)02-2265-4669
休 星期日

WOW! MAP

5　6

⑦ 女生個性時裝
Designer Club
批發市場

地址 서울 중구 신당동 200-1

樓高7層，全棟都是女裝品牌，每間店都有自己個性，設計款式每間也不同，非一般大路的批發市場，建議由頂層開始逐層掃貨，但留意不是所有店都可零售，不妨多問幾間。

MAP 別冊 **M14 C-2**

地 首爾中區新堂洞200-1
時 20:00-06:00　　　休 星期六
電 (82)02-2233-2528
交 地鐵2號線(205)東大門歷史文化公園站2號出口，步行約5鐘。

---

⑧ 零售買家至愛
apM
批發市場

地址 서울 중구 마장로 40

雖然B1至3樓是女裝，但款式絕不及Designer club及U:US；但男士就不能錯過4至7樓的男裝專區，適合斯文、型格、公子、運動型等不同男士，款式及設計絕對比得上日本雜誌內的款式，最重要是大部分都可以零售。

apM出名平靚正，不少批發買手和零售散客都是捧場客。

↑ 除了男裝較多之外，場內女裝款式較為新潮，而且重複出現的次數亦不算多，算是好逛的血拼之地。

MAP 別冊 **M14 C-2**

地 首爾中區馬場路 40
時 20:00-05:00
網 www.instagram.com/apm_korea
電 (82)02-2250-2010
交 Designer Club 旁邊

← 商店多為女裝，無論是返工斯文款還是休閒時裝都可在此找到。

← 貝殼白色短Tee價錢 ₩29,000。

⑨ 女裝大場
apM Luxe
批發市場

地址 서울 중구 퇴계로73길 51

樓高10層的apM Luxe內大部分都是批發女裝的散貨場，款式雖然略為重複，而且通道狹窄，但時裝的款式相對apM 高檔和有質素，只要大家有掏寶的決心，相信定必在此找到心頭好。

MAP 別冊 **M14 C-2**

地 首爾中區退溪路73街51
時 20:00-05:00
網 www.instagram.com/apm_luxe
電 (82)02-2231-0936
交 4號線東大門站8號出口，步行約5分鐘

7　　8　　9

資料由客戶提供

BTS也是星眸宅的常客。

江南的烤牛肚烤牛大腸專門店
星眸宅 별양집

WOW! COUPON 優惠

地址 서울시 강남구 테헤란로43길 17, 1F

店舖由第二代年輕人傳承經營的江南傳統餐廳!《無限挑戰》中的鄭俊河是店舖的忠實粉絲,20年來的常客、G-Dragon、泫雅、李勝基、娜娜等 衆多韓星也是長期的捧場客,除此以外亦十分受日本遊客等外國遊客歡迎。這裏亦是前職業棒球本壘打王出身的李大浩經常光顧的餐廳,近期的人氣吃播《好吃的傢夥們》節目裏也有介紹。

CHA EUN-WOO.97
MOON BIN.98
MJ.94
JINJIN.96
ROCKY.99
YOON SAN HA.00

↑ASTRO成員們及車銀優也會經常一個人來吃飯。
↓很多韓國偶像明星及運動員也是星眸宅的常客。

→**韓牛調味烤牛排**
是吸引眾多藝人、體育明星最合胃口
的最高級排骨，特別秘方製作的天然
調味，入口即融，口味極佳。

↓**烤牛排**
用最優質的韓牛搭配特製的天然
調料味料，味道香甜可口。

→**大腸燒烤**
香噴噴的牛腸，鹹甜入味又不
難咀嚼的柔軟口感，是在其他
地方很難找到的。

↑**特製牛腸炒飯**
這是韓國最早開發並流行於江南的高端食
品，是以特製牛肚、泡菜、及蘿蔔塊為主
材料的炒飯。

韭菜大醬湯
這是由韓食廚師親自開發，
使用傳統發酵大醬製成的特
色大醬湯。

烤牛大腸

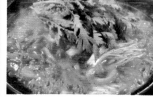

←**牛腸火鍋**
（2人份以上可點）
是將各種新鮮蔬菜
和肥腸等拌入調料
中，在肉湯中在煮
製而成的韓國傳統
食品。

MAP 別冊 **M10 B-2**

地 首爾江南區德黑蘭路43街17號
電 (82)02-501-2937
時 12:00-06:00
休 年中無休
交 地鐵2號線宣陵站(220)5號出口
　 步行5分鐘

227

資料由客户提供

專業信譽美容中心

Goldenbalance Clinic
골든발란스의원

地址 서울시 강남구 강남대로468, 충림빌딩 12F

「Goldenbalance 黃金比率女性醫院」 由具有27年經驗的婦產科專家醫生開設，熟知女性解剖學，並利用精密儀器檢查提供一對一的個人診療。診所針對女性敏感部位(Y區)的不適、煩惱、或其引起性生活煩惱等難以啓齒的問題也進行咨詢。此外，另設皮膚科提供不同療程滿足不同需求，包括使用醫療激光儀器除痣、雀斑和美白護理以及注射填充、肉毒桿菌和美容注射等各種醫美療程。不單是女生，也有很多想變美的韓國男生也會慕名而來。

女性手術

項目		價錢
小陰唇手術	(一邊)	₩1,320,000~ 2,200,000(優惠價)
陰道緊縮手術		₩3,850,000~
陰道膠原蛋白填充	1cc	₩220,000
陰道雷射	100發	₩220,000
外陰部美白	1次	₩110,000

半永久

項目		價錢
男士3D眉毛	1次	₩385,000
女士自然眉毛	1次	₩110,000
女士飄霧眉	1次	₩220,000
女士明星裸霧眉	1次	₩275,000
3D髮際線	1次	₩385,000
半永久紋唇	1次	₩330,000
繡眼線（眼皮或眼尾）	1次	₩275,000
半永久乳暈（一邊）	1次	₩275,000
頭皮SMP(名片大小)	1次	₩770,000
肥胖紋遮瑕(名片大小)	1次	₩330,000

臉部整形

項目	價錢
雙眼皮手術	₩880,000~
隆鼻手術	₩1,980,000~
非切除脂肪重整	₩440,000
上眼皮/下眼皮手術	₩990,000

皮膚科

項目		價錢
肉毒桿菌(眉毛,眉間,額頭)	1個部位	₩55,000
身體肉毒(斜方肌,腋下,小腿)	100unit	₩99,000
臉部填充	1cc	₩110,000
皮秒雷射/IPL		₩55,000
飛梭雷射	鼻翼兩側	₩66,000
麗珠蘭填充	1cc	₩165,000
水光針/三文魚針	全臉	₩220,000
暗瘡護理(Aqua Peel)		₩99,000
女性私密處激光脫毛		₩99,000
膠原蛋白Juveloo	1/2瓶	₩330,000
全臉除痣		₩165,000

提拉緊緻

項目		價錢
全臉Inmode提位		₩330,000
Shurink	100發	₩110,000
埋線拉提	6條	₩660,000
輪廓注射	1個部位	₩220,000

↑ 女士自然眉毛
1次 ₩110,000

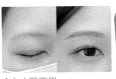

↑ 女士飄霧眉
1次 ₩220,000

↑ 女士明星裸霧眉
1次 ₩275,000

↑ 男士3D眉毛
1次 ₩385,000

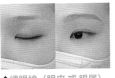

↑ 繡眼線（眼皮 或 眼尾）
1次 ₩275,000

↑ 半永久紋唇
1次 ₩330,000

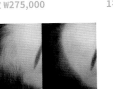

↑ 3D 髮際線
1次 ₩385,000

↑ 頭皮SMP(名片大小)
1次 ₩770,000

MAP 別冊 **M11 A-3**

地時 首爾江南區江南大路468,12F
星期一、五、六(10:00-20:00)
星期二、三、四(10:00-19:00)
星期日及公眾假期(10:00-17:00)
休 年中無休
網 www.goldenratiospm.com
電 02-516-7148 / 010-2288-7883
可用LINE通話(LINE ID: @goldenbalance)
註 可以中文或英文預約Email：
goldenbalance123@gmail.com
交 地鐵9號線 新論峴駅(925,D06)
5號出口徒步1分鐘

江南區・瑞草區

강남구 Gangnam・서초구 Seocho gu

必見!
高速巴士地下街
Goto Mall

當年一首《GANGNAM STYLE》席捲全球，令遊客對江南區增添了熟悉。與繁華的明洞、東大門不同，江南區是韓國標誌性的高級地段，遊客相對沒那麼多，但亦有自身的魅力。集各大人氣品牌、旗艦店、時尚服飾、高檔酒吧於一身，同時也不乏特色小店咖啡廳，無論是想要掃貨還是慢活，都不能錯過此處。

往來江南區交通

| 明洞站(424) | →4號線 約3分鐘 | 忠武路站(423) | →3號線 約12分鐘 ₩1,400 | 新沙站(337) |
| | | | →3號線 約9分鐘 ₩1,400 | 狎鷗亭洞站(336) |

| 明洞站(424) | →4號線 約3分鐘 | 東大門歷史文化公園站(422) | →7號線 約8分鐘 | 建大入口(212) | →7號線 約5分鐘 ₩1,500 | 清潭站(729) |
| | | | | | →2號線 約27分鐘 ₩1,500 | 三成站(219) |

① 咖啡獨立屋
Alver Coffee 알베르

地址 서울 강남 구역삼동618-11 B1-3F

位於驛三洞一棟寬敞的紅磚咖啡屋,地下一層至三樓均為咖啡廳,敞大的玻璃窗從室外引入自然光線,一室明亮舒適。店內除了提供各款咖啡飲料之外,還供應多款新鮮果汁、茶品和梳打,食物方面亦有如TIRAMISU、芝士蛋糕、玉桂卷和三文治等多種選擇。

↑ Alver 的座位又多又舒服,吸引不少大學生在此打躉。

MAP 別冊 M10 A-2

地 首爾江南區驛三洞618-11 B1-3F
時 10:00-23:00
網 www.instagram.com/alver_coffee
電 (82)02-566-6181
交 地鐵9號線新論峴站(D09/925)6號出口步行約6分鐘

→TIRAMISU ₩7,000
店內的招牌甜點,幾乎每檯一份。

→Green Tangerine Ade ₩6,500、Yakgwa Butter Bar ₩4,500
牛油蛋糕口感綿密,上面的花形餅乾是韓國的宮廷糕點「蜂蜜藥菓子」。

② 鮮花咖啡店
CACHI 까치화방

地址 서울 강남구 역삼동811-13

不知由何時開始,鮮花和咖啡似乎成為一對最佳打卡拍檔,CACHI以鮮花掛帥,不僅在每桌大理石紋圓檯上擺放著鮮花裝飾,咖啡廳一隅還特別設置有插花師駐場的花店,雖然未至於一片花海,但卻透出淡淡的花香和新鮮草青味,讓整個空間都充滿浪漫情調。

MAP 別冊 M10 A-2

地 首爾江南區驛三洞811-13
時 11:00-22:00 (L.O.21:30)
網 www.instagram.com/cachi_flowercafe
電 (82)02-558-5533
交 地鐵9號線新論峴站(D09/925)6號出口步行約4分鐘

→鮮花花束 ₩25,000起
女生都喜歡收花,這間花店附設在 café 內,提供少量現貨花束,令男生無藉口不送花,高招!

WOW! MAP

資料由客户提供

最潮牛排骨專門店

南營洞兩門盤浦直營店
남영동양문 반포직영점

地址 서울 서초구 신반포로 189 반포쇼핑타운 4동 지하층 6, 7, 8, 9호

在木炭上烤的牛排骨肉上塗上牛油，蘸着韓式洋蔥醬吃，堪稱一絕。餐廳是近期最紅的牛排骨專門店。還會贈送醒酒湯給顧客。除了水冷麵和辣醬油蟹很受大家的歡迎外，到店一定要嚐嚐有大骨頭的韓式牛骨拉麵！

→生牛排骨
一盤₩69,000
會提供一盤牛排骨600g+解酒湯+水冷麵+辣醬油蟹
↓漢堡牛排₩9,000
親自制作的漢堡牛排，可選擇舖上芝士或雞蛋配料

牛骨拉麵₩8,000
用牛骨湯熬煮的拉麵

MAP 別冊 **M08-B-3**

地 首爾瑞草區新盤浦路189盤浦購物中心4洞地下6、7、8、9號
電 (82)02-592-1994
時 11:00-23:00
休 年中無休
交 地鐵3、7、9號線
高速巴士站8-2號出口步行1分鐘

特式韓國木炭烤雞

MATILDA BBQ CHICKEN
마틸다 바베큐치킨

地址 서울 서초구 신반포로 219 8동 지층 5호,6호,7호,8호

店舖以烤箱及木炭烤韓國烤雞，店內必吃原味烤雞和玫瑰忌廉烤雞。原味烤雞配以營養十足的蔬菜一起吃非常美味可口,玫瑰忌廉烤雞內裏包裹著意粉。意大利麵上面放滿烤雞和鋪滿雪花芝士，非常夢幻般的味道。此店已連續3年榮獲韓國米芝蓮BLUE RIBBON SURVEY獎。

↑原味烤雞 ₩22,000
無油清淡的烤雞搭配營養豐富的蔬菜一起吃的夢幻組合。

→玫瑰忌廉烤雞 ₩28,000
意粉上面放上烤雞,上面再撒上雪花芝士，可以嚐到多樣的食物。

MAP 別冊 **M08-B-3**

資料由客户提供

地 首爾瑞草區新盤浦路219 8洞地下5,6,7,8號
電 (82)02-594-7592
時 15:00-23:00
休 年中無休
交 地鐵3、7、9號線高速巴士站8-2號出口步行3分鐘

資料由客户提供

韓國熱門人氣壽司店

WOW! COUPON 優惠

SuShi maiu
스시마이우 본점

地址 서울시 서초구 신반포로 200 고속버스터미널 지하상가 G29-30

擁有10年經驗的老闆廚師親自制作出性價比極高的迴轉壽司店。韓國著名的美食節目《水曜美食會》也有介紹。推介必吃放鐵板上灸烤的西冷牛排壽司。邊望著迴轉帶上的壽司，令食指大動。店舖位於Goto Mall 的West Zone，建議逛Goto Mall 時的必試壽司店。

←價錢根據碟子顏色決定W 1,300~

MAP 別冊 **M08-B-3**

地 首爾瑞草區新盤浦路200號高速巴士客運站地下商街G29-30號
電 (82)02-537-3608
時 11:30-21:30
休 年中無休
交 地鐵3、7、9號線高速巴士客運站8-1號出口步行3分鐘

獲獎豬肉專賣店

WOW! COUPON 優惠

熅膝月食堂
온유월식당 본점

↑善良的五花肉
W16,000
韓國人的靈魂食物五花肉。與泡菜一起享用，更加美味。

←酸泡菜生牛肉麵
W12,000
在涼爽的泡菜湯底裏放入生牛肉片吃的特別招牌菜。

地址 서울시 서초구 신반포로 177 반포쇼핑 3동 지하 1층 20

此店選用新鮮的當季食材和世界三大豬肉杜洛克品種，曾獲總統獎大獎的豬肉專賣店。通過獲得專利的低溫熟成法，保留了濃郁的味道，優秀的大理石紋，鮮味和風味十足，肉汁和口感也是最好的。豬肉、扇貝、酸泡菜的三重組合，可以帶來多重享受。在這裏可以享用到招牌菜單加入新鮮生牛肉的酸泡菜生牛肉麵。

MAP 別冊 **M08-B-3** 資料由客户提供

地 首爾瑞草區新盤浦路177 盤浦購物3洞地下1樓 20號
電 (82)02-534-3608
時 12:00-23:00
休 年中無休
交 地鐵3、7、9號線高速巴士站8-1號出口步行1分鐘

WOW! MAP

❸ 小資女萬圓大作戰
高速巴士地下街

地址 서울서초구반포동128-4

自從淘寶網購興起之後,你會不會在每次買衫之前都先以圖搜圖看一下價錢呢?來到首爾,大家大可省下這個動作——皆因這裡的服飾店比他們都還要平靚正!這個位於江南高速巴士客運站的地下街GOTO Mall全長880米,佔地32,000平方米,店舖多達620間,多是售賣平價服裝、時裝和家品雜貨的小店,隨時行到腳軟都未逛完。目測韓國製造的服裝售價約由₩10,000至₩25,000,遇著特價大平賣更可低至₩3,000,在一堆斷碼衫裡尋尋覓覓,終能尋獲至寶,叫人感受到莫大滿足感。

↑有圖有真相,全場最低W 3,000。

↑地下街與高速巴士客運地鐵站相連,就算落雪下雨都無阻大家瘋狂購物。

MAP 別冊 M08 B-3

地址 首爾瑞草區盤浦洞128-4
時 10:00-22:00
網 www.gotomall.kr

電 (82)02-535-8182
交 9號線高速巴士客運站直達

❸a 極高質日本帽子
WHITE 하얀

縱觀GOTO Mall的時裝雖然有不少都是Made in KOREA,但普遍都是以平價為主,質素不免要稍稍妥協。時裝店WHITE卻專售質量較高的毛呢服飾,包括法式簡約貝雷帽、設計簡單的皮手袋和貴婦款毛絨外套,觸感柔和且具時尚感。

→幼帶長形皮包
W208,000
造型簡單易襯。

地址 A029, GOTO MALL
時 10:00-20:00

草綠色毛呢圓帽W178,000

米色絨毛棒球帽
W128,000
質地柔軟的絨毛帽,軟妹必備!

3

3a

WOW! MAP

整整兩行齊備不同品牌的顏料。

3b 文具控必訪
Hangaram Stationery Store
한가람

1988年創立的老牌文具店
Hangaram是不少韓國人的共
同回憶，GOTO MALL總店的
產品一應俱全，無論是要筆記
薄、原子筆、貼紙和賀卡等普
通文具，還是繪畫用的專業顏
料、畫具、紙張，又或是建築
模型、陶藝材料，通通可以在
此找到。

↑ 建築系學生再熟悉不過的材料，造功
精緻的樹木模型W22,400，價錢一點也不
便宜。

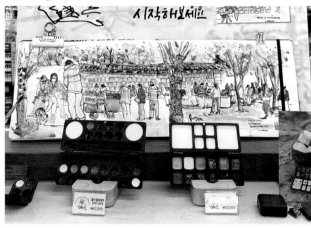

↑ 小時候總會被文具店的水彩畫示範吸引，就算不懂畫畫也想買一盒水彩顏料盤來用用。
↓ 雙頭墨水筆W4,000，顏色選擇極多，令人驚艷！

地 B1（近1號出口位置）
時 10:00-21:00
網 www.hangaram.kr
電 (82)02-535-6238

3c 氣質氛圍
A-pril

主打斯文風格的時裝店，西裝外套、碎花連衣裙、牛仔布長裙，款式落落大方，無論上班還是外出同樣合適，最重要的是質優價廉，價錢約由₩10,000起。

←白底藍色菱形針織
上衣 ₩15,000
另有湖水綠及芥末黃。

↑薄荷綠毛絨外套 ₩20,000
←門口位置的季尾款底低至₩5,000！

地 A053
時 10:30-20:00

3d 新世界百貨Outlet
SHINSEGAE FACTORY STORE

由新世界百貨直營的工廠直銷場，不少國際時裝品牌的季尾款式均以特價發售，包括New Era、Moncler、New Balance、CLARKS、UGG、FILA等。除了時尚用品之外，場內還設生活用品部，售賣Neoflam和Locknlock鍋具，以及STANLEY的真空保溫瓶等用品。

各款JANSPORT背包7折發售。

→UGG毛毛拖鞋
₩139,000
（原價₩178,000）

←Vivienne Westwood 銀包
₩249,000

地 B1（近1號出口位置）
時 11:00-21:00
網 www.shinsegae.com/
factoryStore/main.do
電 (82)0507-1479-2201

WOW! MAP

3c

3d

MUST HAVE

NEW

1,780

카라멜 러스크130g

No Brand

3e 高質「無牌」貨

No Brand 노브랜드

韓國的零食一向花款又多又高質,以往到韓國掃平價零食,樂天超市似乎是唯一的選擇,幸好近年超市Emart推出自家品牌「No Brand」,有點像日本的無印,重視產品品質多於包裝,從中減省成本,消費者因而可用更優惠的價錢購買更高質產品。品牌成立數年已有口皆碑,除了新鮮食品和零食之外,No Brand更推出家品、化妝品和護膚品系列,同樣以品質為先,質優價廉。

↑難得在 NO BRAND 看到有花俏包裝的商品!

↑除了自家「無牌」商品之外,場內亦提供少量其他「有牌貨」,價部份商品的錢比其他超市便宜一點。

家品

←Deep Cleansing Foam ₩4,280
質感輕柔的潔面泡可深層清潔同時滋潤肌膚。

←Daily Moisture Body Lotion ₩3,800
身體保濕乳液價廉物美,是人氣產品。

→化妝棉 ₩1,980
一包有240塊,100%純棉製造。

零食

←72%黑朱古力 ₩1,780
原料來自比利時,折合港元不過十多元,相當抵買。

→薯片 ₩980
3種口味的薯片,以中間的紫薯片最受歡迎。

←榛子朱古力醬 ₩2,980
早餐時塗麵包,又或者用來點餅乾都可以。

→芝士波 ₩3,980
韓國人推薦必買一位的芝士波,一大桶有排食。

←雙和茶 ₩5,480
雙和茶是傳統韓方茶品,用以補充元氣,一盒有30包。

→炸醬拉麵 ₩2,280
集合甜與辣於一身的炸醬麵,一袋5包,美味又便宜。

→鍋巴茶 ₩9,980
韓國傳統會將鍋巴浸成茶,入口味道清淡,但具濃濃焦香。

→辣拉麵 ₩1,980
拉麵質地彈牙,辣度適中,是經典的韓式辣拉麵。

→朱古力夾心撻 ₩2,580
朱古力撻上鋪上彩色圓珠,內裡是香甜的白朱古力內餡,繽紛的外形非常適合用來開派對。

←是拉差辣醬青豆脆片 ₩2,480

地 B1F
時 10:30-22:00
網 emart.ssg.com/specialStore/nobrand/main.ssg

WOW! MAP

3e

23

汝矣島

梨泰院・龍山

樂天世界・愛寶樂園・Outlets

④ 交通便利的購物中心
江南地下街 강남역지하도상가

地址 서울 강남구 테헤란로101

自2010年大規模翻新之後，江南地下街吸引不少商家進駐，愈做愈大，除了手搖飲品、小食店之外，便以售賣平價衣飾的小店最受歡迎。成為周末和假日的人氣商圈。

→隨處可找到的花店，算是城市中的一點小浪漫。

江南地下街的商店頗為多元化，有賣手機配飾的，也有賣時裝和飾品的、

MAP 別冊 **M11 B-4**

地 首爾江南區德黑蘭路101
時 09:00-22:00
電 (82)02-553-1898
交 地鐵2號線江南站
(D07/222)連接地下街

ACCESSORY

④a 多元飾品
RESSUA

店內置放了大量可以轉動的展示鐵架，掛起一件件色彩斑斕的飾物，如手飾、耳環和頭飾，此外還有帽子、頭箍和太陽眼鏡在旁邊整齊排列，方便客人仔細配襯。值得一提的是店內的耳環大多是抗敏的銀耳環，價錢約由₩9,900起。

→白色間紋髮飾
₩3,900

←優雅大方的花形耳環 ₩12,000
是低敏的銀製品。

地 D21
時 10:00-11:00
電 (82)010-2402-1396

不同造型和顏色的太陽眼鏡 ₩20,000

4b 簡約的基調
pink salt

有一句說話叫「Less is more」，意即簡單就是美，這金句用在穿衣上也同樣合適。這家pink salt沒有驚為天人的時裝配搭，提供的就只有簡單易襯的基本款式，價錢不過W15,000起

MAP
地 F9
時 10:30-11:00

←芥末黃吊帶背心
W16,000

↑款式百搭
的毛衣外套
W17,000

←恤衫配上短身冷衫，下身可穿淺色牛仔褲營造休閒風格。

整間店都被各式各樣的飾品圍繞，光是略略看一遍全場的商品都得花上15分鐘！

4c 首爾最紅飾品店
REDEYE

提到飾品，韓國女生一般都會立即想到連鎖飾品店REDEYE。REDEYE在首爾有多間分店，主打平價的大眾化款式，只有韓國製造以及銀製品的價錢才會稍高一點。商品種類由耳環、戒指、手鏈、頸鏈，到髮飾和帽子等一應俱全。

MAP
地 A18
時 09:00-23:00

↑牛仔布帽、藤帽和冷帽
價錢由W7,900-W12,000

↑充滿Y2K風格的戒指
W26,000

↑韓國製造
的銀耳環
W13,000

汝矣島 — 梨泰院・龍山 — 樂天世界・愛寶樂園・Outlets

杯子蛋糕造型蠟燭
W13,000

可愛的啤啤熊是店內的標誌。

←ome bear貼紙W2,500
場景有早午餐、冬甩和蛋糕店。

MAP 別冊 **M10 A-2**
地址 首爾江南區驛三洞635-13
時 12:00-19:50
網 en.jellsis.co.kr
交 地鐵2號線江南站(D07/222)12號出口步行約5分鐘

5 知名網店實體店
Jellsis Showroom
젤시스쇼룸

地址 서울 강남구 역삼동635-13

品牌由網上文創店起家，首間實體店落戶驛三洞，門外一列七彩的啤啤熊公仔，內裡售賣啤啤熊、獨角獸、粉紅色雪糕和可愛風賀卡，如果這些小物是你杯茶的話，Jellsis就非常適合你！

6 24小時的美味
江南真解酒湯
강남진해장

地址 서울 강남구 역삼동819-4

江南宵夜和早餐的選擇不多，幸好還有這間解酒湯餐廳！店內提供多款解酒食物，包括牛骨湯（可配牛胸、牛內臟）、大醬湯、大腸鍋、雜錦鍋和水煮豬肉，招牌牛肚鍋濃香惹味，店內幾乎一桌一鍋，最重要的是吃完後要學本地人般加入白飯、香蔥、紫菜和泡菜等材料快炒，一鍋香噴噴的韓式炒飯隆重登場，吃得再飽也忍不住添吃。

牛肚鍋（곱창전골）
W62,000/小鍋
店內招牌推介，肉質鮮美有嚼勁，一鍋有齊雜菇和蔬菜，非常豐富。

→牛胸肉湯（양지곰탕）
W11,000
若喜歡清淡一點，不妨點一客經典牛骨湯，奶白色的牛骨不油不膩，加入些少岩鹽提味更加精彩。

←水煮豬肉（수육）W40,000
韓國水煮與中式不同，是加入紅棗、蒜片灼煮，味道較為清淡，油份亦較少。

↓火鍋吃完還可煮成飯，一滴湯汁也不浪費。

MAP 別冊 **M10 A-2**
地 首爾江南區驛三洞819-4
時 24小時 (*星期日 00:00-22:00、星期一05:00-24:00)
電 (82)02-557-2662
交 地鐵2號線江南站(D07/222)11號出口步行約2分鐘

7 韓國人的街市
永東傳統市場 영동전통시장

地址 서울 강남구 학동로4길35

「永東」，指的是「永登浦」的東邊，在這裡有一個早在1973年已落地生根的市場，售賣附近居民所需的日常食材和用品。不過，市場的規模隨著江南區的商業發展開始日漸縮小，2017年索性將市場翻新修整。現在的永東傳統市場除了售賣人蔘、魚乾、生果等乾濕貨品之外，還有眾多美食餐廳，每到午市時間都坐無虛席，前來購物之餘也不妨來尋食。

這裡以做街坊生意的小店為主，價錢自然相宜一點。

MAP 別冊 **M10 A-2**

- 地 首爾江南區鶴洞路4街35
- 時 09:00-19:00 (各店不同)
- 交 地鐵2號線論峴站 (D05/732) 3號出口，步行兩分鐘

韓式湯底鮮味的秘密就是來自各海帶和魚乾。

8 本地薑人氣手工店
Billy Angel

地址 서울 강남구 역삼동 619-16

韓國近年流行一股蛋糕風，繼在紐約紅到首爾的過江龍LadyM，這間在弘大起家的本土蛋糕店亦不遑多讓，推出多款誘人的精緻蛋糕，當中以色彩斑斕的彩虹千層蛋糕最受歡迎：薄薄的法式薄餅夾著一層又層的幼滑忌廉，彩色的餅皮更帶有甜甜的果香，感覺非常夢幻，吸引一眾少女來到打卡自拍！

Galaxy cake W7,400

MAP 別冊 **M11 B-3**

- 地 首爾江南區驛三洞 619-16
- 時 11:00-23:00
- 網 www.billyangel.com
- 電 (82)070-5051-8135
- 交 地鐵9號出口新論峴站 (925) 4號出口步行約7分鐘。

⑨ 名牌復古時裝
BELL & NOUVEAU
벨엔누보

地址 서울 강남구 신사동542-3 B1F

首爾的時裝店間間高質,她的復古時裝店都不弱!BELL & NOUVEAU坐落在新沙洞的大廈地庫,甫進內已覺得店主的選物絕不簡單,不只有大牌子的舊版手袋,還有許多店主自己改造的時裝,風格大膽又具時尚感,喜愛復古混搭的朋友不可錯過。

←仿皮草外套配喱士絲帶搭配粉色束衣,嫵媚得來不失型格。

←90年代POLO格仔紋馬鞍包 W115,000

閘口隨隨便便就掛起Jeff Hamilton的NBA Multipatch外套

MAP 別冊 **M11 B-2**

地 首爾江南區新沙洞542-3 孝珍大廈B1F
時 11:30-22:00
交 地鐵3號線新沙站(D04/337) 8號出口,步行兩分鐘

汝矣島

梨泰院・龍山

樂天世界・愛寶樂園・Outlets

除了好吃的macaroon之外，還有很多麵包呢！

香港首推

好食 編者推介

入面的空間非常舒適，設計很有質感。

Espresso
W4,500
朱古力貝殼蛋糕
W3,200

巨型牛角包
W7,500

10 女生最愛馬卡龍
sor'b 소르비

地址 서울 강남구 신사동 526-10

有很多店都會推出Macaroon，卻不是每一間都好吃，這間位於新沙洞的sor'b剛開業不久，必點的是馬卡龍。面層被一張薄薄的膠紙包著，以確保焦糖不會變淋，入面的布甸味香甜濃郁，配上杏仁餅脆脆的口感非常好吃，而且一點也不會太甜，蛋香一直在嘴巴裡散發，配上一杯咖啡，馬上有個精神的早上！

MAP 別冊 M11 B-1

地址 首爾江南區新沙洞526-10
時間 星期一至五:09:00-21:00
星期六10:00-21:00
休 星期日
電 (82)02-540-7798
交 地鐵3號線(337)
新沙站8號出口
步行約8分鐘

咖啡價錢取決於不同的咖啡豆和咖啡種類，客人可按喜好揀選不同的咖啡組合。

職員打扮正式地為客人製作咖啡，呈現了專業的態度。

11 灰白型格 GRAY

地址 서울 강남구 신사동 522

一走進去GRAY，就有種非常專業的感覺，首先店員穿著正式的灰色西裝加黑色襯衫幫你介紹、沖泡咖啡，看著他一絲不苟的神情，即可感受到其用心。店內以灰、白為主調，入面可以買到來自世界各地的精選咖啡豆，一小包的設計好適合回去品嚐。透過玻璃，更可以看到入面烘焙、製咖啡豆的大型儀器，對於追求咖啡品質的人來說一定會著迷。

MAP 別冊 M11 B-1

地址 首爾江南區新沙洞522
時間 11:00-20:30
網 graygristmill.com/en/home-en/
電 (82)02-546-8902
交 地鐵3號線(337)新沙站8號出口
步行約8分鐘

10   11

WOW! MAP

12 藝術級華麗甜品

SONA 소나

地址 서울 강남구 신사동 520-1

位於江南區的高級甜品店，以華麗精緻的蛋糕和甜品聞名，例如有夏季限定，以鮮花入饌的西瓜蛋糕、擺盤極為精緻的蘋果法式千層酥、以透明糖衣包著鮮花香檳泡沫的香檳水晶鮮花球等，無論視覺還是味覺都甚有驚喜。

→ **Vacherin ₩18,000**
法式小紅莓夾心蛋糕內藏小紅莓雪芭，外層包著乾乳酪、蛋白霜和輕身的鮮奶油，入口層次極之豐富。

← **Rose Summer Fruit Cake ₩18,000**
夏季限定的西瓜蛋糕鋪上時令水果和花瓣，外表一絕。

↑ **Champaign Sugar Ball ₩18,000**
以圓形的糖衣包著香檳泡沫、鮮花、芝士蛋糕、鮮草莓和草莓醬，吃時要輕輕敲破糖衣，花瓣隨泡沫和草莓醬緩緩流出，絕對是少女們的呃Like之選。

MAP 別冊 **M11 A-1**

地 首爾江南區新沙洞 520-1
時 12:30-22:00
網 blog.naver.com/coolbin99
電 (82)02-515-3246
交 地鐵3號線新沙站8號出口步行約7分鐘。

WOW! MAP
12

↑ 店內的設計獨特，例如以浴室或睡房為主題而設計的展覽室。

↓ SECONDBOSS
₩249,000，
橙色鏡片配上不鏽鋼鏡架和
橙藍色花紋鏡框，帶有一種
復古與摩登並存的型格。

↑ GENTLE MONSTER
X KYE HATE P03 ₩
320,000，雙色鏡片設
計與鏡架的獨特鐵線字
樣，感覺極之時尚。

MAP 別冊 **M11 A-1**

地：首爾江南區新沙洞 533-6
時：12:00-21:00
網：www.gentlemonster.com/int
電：(82)70-5080-0196
交：地鐵3號線新沙站(337)
8號出口步行約15分鐘

Gentle Monster陳列的貨品可隨意試戴

⑬ 新沙洞旗艦店
Gentle Monster

地址 서울 강남구 신사동533-6

要數最Hit的眼鏡品牌當然就是Gentle
Monster，自家設計的眼鏡造型大膽又型格，
開業數年已經吸納眾多韓國明星Big Bang、
河智苑、李敏鎬、金宇彬成為它的忠實粉絲。
Gentle Monster不單售賣自己品牌的太陽眼
鏡，亦有大量與其他潮牌的Crossover作品：
KYE HATE 的鴛鴦色眼鏡、KONG HYO JIN貓
眼眼鏡、2ECOND FLOOR粗眉鏡等。

店內還有各款運
動用品，熱愛戶
外活動的話可以
去逛逛。

⑭ 滑浪專門店
LINEWERKS SEOUL

地址 서울 강남구 신사동 526-10

想找些比較有運動感的服飾打扮，來「LINEWERKS SEOUL」
就對了！這是間滑浪專門店，入面除了有時尚的滑板之外，還
有夏日感滿滿的運動服飾，夏威夷風的襯衫令你走在路上分外
搶鏡！店內還發售了可以同時保冷暖的杯，保冷9小時，保暖3
小時，放在辦公室內用很是方便。

↑ 店內有很多特
色滑板，在弘大
區很常看到年輕
人在玩。

→藍色襯衫
₩89,000

MAP 別冊 **M11 B-1**

地：首爾江南區新沙洞526-10
時：12:00-21:00
網：www.linewerks.kr
電：(82)010-2871-8387
交：地鐵3號線(337)新沙站8號出口
步行約8分鐘

WOW! MAP

13   14

江南區 · 瑞草區

汝矣島 一 梨泰院 · 龍山 一 樂天世界 · 愛寶樂園

↑半半炸雞 W23,000
一半是蒜蓉醬一半是韓式辣醬,一次過擁有雙重享受!

追韓星➤

⑮ 「神話」炸雞 **校村炸雞**

地址 서울 강남구 신사동 640-5

男子組合神話在韓國很受歡迎,他們在狎鷗亭開設了炸雞店,開幕當日舉辦了長達6小時的免費試食,吸引了大批媒體和粉絲們來拍照。店裡以神話的代表顏色株黃為主,牆上掛上手印和海報,少不了唱片及DVD等宣傳,話說回頭,炸雞味道不錯,環境也舒服。

MAP 別冊 **M09 A-3**

地址 首爾江南區新沙洞640-5
時 11:00-02:00 (L.O.01:40)
網 www.kyochon.com
電 (82)02-547-9954
交 地鐵3號線(336) 狎鷗亭站2號出口步行約10分鐘;地下鐵盆唐線(K212)狎鷗亭羅得奧站6號出口步行約8分鐘。

燉雞分1-2人份₩26,000、3-4人份₩40,000及4-5人份₩53,000,另有連啤酒的套餐只要另加₩6,000。

⑯ 安東燉雞 **鳳雛찜**

地址 서울특별시 강남구 신사동 663-7 2F

鳳雛燉雞是以慶尚道安東地區流傳下來的料理為基礎,再調整一下,以迎合大眾口味,味道是又辣又甜,因為加了韓國料理必用的辣椒,還有帶甜味的醬油一起煮,至醬汁濃稠,再加燉煮的薯仔,澱粉質和蛋白質含量都高,情侶合作才能吃畢一碟。

MAP 別冊 **M09 A-3**

地 首爾市江南區新沙洞663-7 2F
時 10:40-23:00 (L.O.22:30)
網 www.bongchu.com
電 (82)02-511-6981
交 地鐵3號線(336) 狎鷗亭站5號出口,步行約3分鐘。

WOW! MAP

15   16

甫進門就給這個天花板吸引著，圖案雖然簡單，但排成一大片後，相當搶眼。

⑰ 米蘭名店
10 corso como Seoul

地址 서울특별시 강남구 청담동 79

由意大利時裝雜誌《Vogue》的主編Carla Sozzani於1990年在米蘭創立，香港至今沒有開店，但08年跟韓國三星集團合作，在首爾的清潭洞開了一家3層樓高的店舖，對面就是Galleria百貨，外牆的黑白雙色圖案由Kris Ruhs設計，跟米蘭總店一樣，除了名牌時裝，還有咖啡廳、美容專區以及展覽館，家居精品囊括世界各地的品牌，只要是漂亮的Carla都不會放過，這裡每件貨品都是藝術品，令人目不暇給。

↑1樓最入的位置是咖啡書店，營業時間較服裝部長，方便顧客慢慢看書。咖啡書店不乏時裝書，好像記錄了每個品牌的歷史書，時裝精至愛。

↑2樓是女裝部，排列和布局依足米蘭總店，陽光透過玻璃外牆的波點圖案透進來。
←像弓一樣的掛鐘，放在哪裡也搶眼。

MAP 別冊 **M10 A-1**

地 首爾市江南區清潭洞79
時 11:00-16:30、18:00-22:00
網 www.10corsocomo.co.kr
電 (82)02-547-3010
交 地鐵3號線(k212)狎鷗亭羅德奧站2號出口步行約2分鐘；地鐵3號線(336)狎鷗亭站3號出口步行約20分鐘。

18 OL最Like名牌咖啡店
House of Dior
하우스오브디올

地址 서울 강남구 청담동 98-12

要說到首爾最具話題性的咖啡館當然非這間House of Dior莫屬，Dior選擇落戶在江南洞的高檔地段清潭洞，整幢大樓面積達800平方呎，共分為6個樓層，分別售賣男女時裝飾物和手袋，而當中最特別的就是B1開設的全世界第一間獨立Dior Homme，以及5樓由法國甜品大師Pierre Herme主理的Café Dior。

↑ 店內的女裝明顯比男裝豐富，女人錢果然是易賺點。

→ 螺旋形的階梯是House of Dior的拍照熱點。

↑ DIOR黑色羊仔皮手袋

→ 法式千層酥 ₩24,000

↑ 男裝部雖然佔地較少，但裝潢都絕不失禮。

Cafe Dior分室內茶室和露天茶座兩部分，要自拍當然要到採光較好的戶外座位啦！

MAP 別冊 **M10 B-1**

地 首爾江南區清潭洞98-12
時 11:00-20:00、星期日 11:00-19:00
網 www.dior.com
電 (82)02-513-0300
交 地鐵狎鷗亭羅德奧站(K212)3號出口步行約15-20分鐘或乘的士約3分鐘。

WOW! MAP

48
18

⑲ 日本名店進駐
1LDK Seoul X Taste AND Sense

地址 서울특별시 강남구 선릉로162길 5

來自日本的1LDK Seoul X Taste AND Sense，集客廳、廚房於一身，同時還有間咖啡廳，讓客人可以在選購產品的同時，放鬆地飲一杯咖啡。店內走的是質感路線，可以買到各種家居需要的產品，同時也有不少男裝，黑白簡約路線的設計，值得一逛。

MAP 別冊 M10 B-1

地 首爾江南區宣陵路162街5
時 11:00-20:00
網 1ldkshop.co.kr
電 (82)02-3446-4789
交 地鐵狎鷗亭羅德奧站(K212)4號出口步行約4分鐘

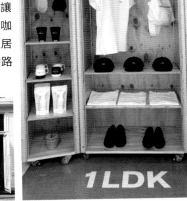

⑳ 高級韓國餐廳
Korea House

地址 서울특별시 강남구 청담동 125-6

區內的高級韓國餐廳，除了有韓式拌飯等料理外，很多人特意來到是為了品嚐不同部位的優質韓牛，其中炭燒牛橫隔膜肉、五花牛肉更是值得品嚐，加入調味料和鹽，非常惹味可口。店內設有大、小和私人包廂服務，可以靜靜品嚐，不被打擾。

MAP 別冊 M10 C-1

地 首爾市江南區清潭洞125-6
時 11:30-22:00
休 農曆新年及中秋
網 www.koreahouse.co.kr
電 (82)02-543-8888
交 地鐵7號線(729)清潭站8號出口步行約20分鐘。

↑牛腰肉
₩180,000/160g

→自遊人可以一邊品嚐美食，一邊享用美酒。

19   20

汝矣島

여의도 Yeouido

> 必見！
> 63大廈

汝 矣島是漢江上的小島，屬於永登浦區。1970年，韓國
政府在這裡大興土木，建了一座大橋將小島跟市區連接，
1975年後國會的議事堂由太平路搬到島上，1979年，韓國
證券交易所亦由明洞搬到這裡，今天就連 MBC 和 KBS 電視台
的總部也設在汝矣島，
這裡還有 63 大廈和汝
矣島純福音教會，這個
新發展區的地價已列入
首爾貴價排名榜裡。

往來汝矣島交通

東大門站 (128)	🚇	1號線 約4分鐘	鐘路3街 (130)	🚌	5號線 約17分鐘 ₩1,500
明洞站 (424)	🚇	4號線 約3分鐘	東大門歷史文化 公園站(422)	🚌	5號線 約20分鐘 ₩1,400

汝矣島站
(526)

❶ 汝矣島地標
63大廈 63빌딩

這邊廂的住宅盡覽漢江海景，不說也猜到是豪宅區吧。

地址 서울 영등포구 여의도동60

位於汝矣島的63大廈，外牆全是玻璃，太陽一照金光閃閃，因此也被稱為金色塔Gold Tower。大廈於1985年落成，曾是首爾最高的建築物，所以展望台是必去之處，晴天時可看到首爾市景色，甚至仁川大海，傍晚又可欣賞到華燈璀璨的繁榮夜景，大廈裡還有63 ART、餐廳和首爾最大規模的水族館「Aqua Planet 63」等。

MAP 別冊 **M09 B-2**

地 首爾永登浦區汝矣島洞60
時 10:00-22:00
金 水族館　成人₩27,000、小童及長者₩23,000；
63藝術館　成人₩15,000、小童及長者₩11,000
(*小童13歲以下及長者65歲以上)
網 www.63art.co.kr/home/63ART/chn/main.do
電 (82)02-789-5663
交 地鐵汝矣島站5號出口MBC方向的臨時乘車場乘免費專車直達。

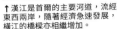
↑漢江是首爾的主要河道，流經東西兩岸，隨著經濟急速發展，橫江的橋樑亦相繼增加。

↑入夜後漢江兩邊的馬路車水馬龍，反而橋上燈火欄柵，相映成趣。

←水族館是全國最大，擁有400多個品種的海洋動物和生物。

→頂層設有玻璃透視地板，多看一眼也會腳軟。

←除了看風景，現場還掛了很多藝術作品。

❶a 264米高空中美術館 63ART

位於第60層的藝術展覽館「63ART」是一個定期更新展覽主題的美術館，展出海外及本地藝術家的作品，例如以經典為電影主題的「Moments in Film」、以顏色為題材的「Museum of Colors」等現代藝術品。除了藝術展覽值得欣賞外，遊人更可透過落地玻璃窗將首爾的美景盡收眼底。推薦大家可以在傍晚時份到達，看著夕陽緩緩下沉，華燈初上，城市閃爍的燈光映照在漢江，你會發現首爾浪漫的一面。

↑天氣好的時候可眺望跨越汝矣島和市中心的數條大橋。

→雖然展覽的作品不算豐富，但勝在藝術門檻較低，口味大眾化。

地 60/F
時 10:00-20:30 (最後入館 20:00)

↑ 魚市場裡的海鮮批發時間由凌晨一時至下午六時，而魚生市場則全日都有。

② 首爾最大規模
鷺梁津水產市場 노량진수산시장

地址 서울 동작구 노량진동13-8

鷺梁津是韓國最大的海鮮市場，於1927年開業。市場裡有超過830個海鮮批發和零售攤檔，主要供應蝦、蟹、章魚、帶子、魷魚、活魚和海參等為主。遊客買了海鮮後，可即場叫魚販替你切成魚生片，在現場即食，也可拿到樓上的餐廳，付過烹調費後，坐在舒適的雅座，慢慢等廚師幫你炮製。

↑ 鷺梁津的海鮮不是全市最平，但肯定最新鮮最肥美，而且選擇也多，光是蜆也有7至8種。

↑ 阿珠媽手上的大螃蟹肥大肉厚，她說就快收工，每隻₩20,000，抵食喎。

MAP 別冊 M09 B-2

地址 首爾銅雀區鷺梁津洞13-8
時間 01:30-22:00 (各店或有不同)
網址 www.susansijang.co.kr
電話 (82)02-2254-8000
交通 地鐵1號線(136)鷺梁津站1號出口步行約4分鐘。

↑ 甚麼叫珍寶鮮帶子？看相中的帶子串就知道了，每隻有掌心大。

↑ 俄羅斯雪蟹價錢由₩86,000起，蒸完還可以留下蟹膏炒飯，認真滋味！

↑ 新鮮的魚生片拼盤價錢由₩60,000起

即片活魚生

→先選擇想吃海魚，老闆娘馬上替你撈上來。

把活魚沖洗乾淨，切去內臟後，再片成一碟鮮魚生，盛惠₩66,000

即食鮮八爪魚

↑在韓劇裡常看到男女主角吃生八爪魚刺身，這裡也有，我們選了中號的魷魚，每隻₩30,000。

↑店方用清水沖洗，再用飲用水再沖，然後刀光霍霍，即場切件。

→加入甜海鮮醬，兜裡的八爪魚鬚仍不斷在郁動，很有特色，口感非常煙韌。

菜館選擇 達人教室

買了海鮮後，可到樓上的菜館加工，樓上鋪裝修雅致坐得舒服，但烹調費也相對高，每位先收₩3,000，然後每斤海鮮清蒸收₩5,000，加醬料或放湯的話，每斤收₩8,000，若然你想感受平民風情，把海鮮交給帳篷檔亦可，不論如何烹調每3公斤收₩5,000，也不收人頭費。

↑樓上鋪一如普通食店，座位寬廣，請客的話是首選。

↑若你跟朋友來旅行，重點是感受民情，樓下的帳篷小店，更適合你。

達人教你去：

地鐵鷺梁津站1號出口旁有天橋。

沿天橋上已見藍色字的鷺梁津水產市場橫額。

③ 賞楓點
汝矣島公園여의도공원

地址 서울 영등포구 여의도동2

1997年政府重建汝矣島公園，花了兩年時間，把本來一大片瀝青地變成如今綠草如茵的休憩場所，公園裡有八角亭、園林及文化院等，不過這裡也是賞楓和賞櫻的理想地點，每年11月至12月，還有4月都吸引很多韓國人前來。

每年4月初，汝矣島公園的櫻花都會盛開。

秋季的汝矣島公園也是賞楓的熱門地點。

MAP 別冊 M09 A-1

地 首爾永登浦區汝矣島洞2
網 parks.seoul.go.kr
電 (82)02-761-4078

交 地鐵1號線(139) 汝矣島站，2號出口，步行約15分鐘。

④ 全球最大
汝矣島純福音教會여의도순복음교회

地址 서울 영등포구 여의도동11

↑汝矣島純福音教會是一家五旬節派神召會的教會。

據《美國洛杉磯時報》說，它是全球最大的基督教教會，1958年創立，1973年搬到汝矣島，其大聖殿可同時容納25,000人一起做禮拜。

MAP 別冊 M09 A-1

地 首爾永登浦區汝矣島洞11
時 09:00-21:00
網 www.fgtv.com
電 (82)02-6181-9191

交 地鐵5號線(529)汝矣島站，5號出口，步行約15分鐘。

↑入門口處的大十字架成為教會建築的其中一個焦點。

WOW! MAP

3   4

梨泰院・龍山
이태원 · 용산 Itaewon・Youngsan

必見！
Vinyl & Plastic

梨泰院擁有大量裝潢獨特的酒吧和餐廳，向來都是感受韓洋混集的好地方，而它附近的漢南洞、綠莎坪近年亦開始急速發展，吸引了不少本地設計師和潮牌開設型格的咖啡廳、時裝店和家品店，拋開高級品牌，遊走在橫街窄巷，亦有甚具本土地特色小店靜靜等待被人發掘，處處臥虎藏龍，難怪成為首爾的新興潮區。

往來梨泰院・龍山交通

東大門站 (128)	1號線 約2分鐘	東廟站 (127)	6號線 約11分鐘 ₩1,400	梨泰院站 (630)
明洞站 (424)	4號線 約4分鐘	首爾站 (426)	1號線 約17分鐘 ₩1,400	龍山站 (135)

↓店內有多處打卡點，讓少女們購物之餘也可擺 Pose 打卡。

① 純素生活
AMUSE SHOWROOM

地址 서울 용산구 한남동 738-13

韓國人氣美容品牌AMUSE首個陳列室落戶新興人氣地區漢南洞，店內裝潢以繽紛色彩和可愛裝飾為主，配合綠色植物、水松木展示檯和寬闊的大玻璃窗，到處洋溢著明亮活潑的氛圍。品牌主打純素的彩妝產品，設計外觀具俏皮可愛的少女感，妝感輕透明亮，備受年輕用家喜愛。

↓DEW及CHOU VELVET
絲絨系列唇彩 ₩20,000
唇彩的外形簡約，上嘴質地柔順不會過乾。

→買滿₩50,000
即送透明粉紅
化妝袋一個，
送完即止。

↑Vegan Face all Palette ₩32,000
這款純素的三合一功能調色盤集眼影、胭脂、高光於一身，柔和的裸色乾淨細膩，一盒就可以輕鬆打造清透自然的妝感。

MAP 別冊 **M15 C-2**

地 首爾龍山區漢南洞738-13 2F
時 11:00-20:00
電 (82)02-796-2527
網 amusemakeup.com
交 地鐵6號線
梨泰院站
(630)2號出口
步行約15分鐘

WOW! MAP

255

② 小眾彩妝品牌
hince

地址 서울 용산구 한남동 743-32

2018年創立的彩妝店,以低調的設計和親民的價格為賣點,品牌宗旨是透過豐富的顏色展現出個人自信和獨特的美態。hince的皇牌產品有使用後不易卡粉、可持久保濕的水潤保濕妝前隔離霜,以及輕盈親膚又持久控油的透薄自然粉底液。雖然OLIVE YOUNG也可買到部分產品,但都不及漢南洞門市齊全,值得各彩妝達人朝聖。

↓ Second Skin Foundation
SPF30 PA++ ₩36,000
透薄自然粉底液質地輕盈親膚,半霧面的妝感極為自然,上妝後宛如第二層肌膚。

↑New
Depth
Eyeshadow
Palette ₩39,000
共有 7 種色調。

MAP 別冊 M15 C-2

地址 首爾龍山區漢南洞743-32
時 11:00-20:00
電 (82)02-2135-3031
網 hince.co.kr
交 地鐵6號線漢國鎮站(631)1號出口步行約10分鐘

→ hince 出品的唇膏顏色不會過於鮮艷,維持一貫低調優雅。

---

③ 新晉少女品牌
HOTEL ANOETIC

地址 서울 용산구 한남동 685-1

成立於2022年的時裝品牌,相比起同區其他品牌可謂相當年輕。HOTEL ANOETIC走法式少女路線,設計風格偏向甜美卻不花巧,為時尚年輕的女性提供一系列簡約俐落的時裝款式。

ANOETIC Logo
Cap ₩39,000
設計簡單的 Logo
鴨舌帽。

↑ANC Classic
Backpack ₩179,000

→ 店內的燈光和陳設都令人聯想到家中的衣櫃。

MAP 別冊 M15 C-2

地址 首爾龍山區漢南洞685-1
時 12:00-20:00
休 星期一
網 anoetic1.cafe24.com
電 (82)0507-1486-6566
交 地鐵6號線漢國鎮站(631)3號出口步行約4分鐘

WOW! MAP
2
3

4 法式簡約風
depound Showroom

地址 서울 용산구 한남동 684-97

始自2016年的新銳韓國品牌,以成為每個人的日常單品為理念,設計出一系列柔和色調的簡約時裝,近年在韓國以至日本都極受歡迎。漢南洞分店是一座充滿法式風情的白色小屋,地下主要售賣頸巾、手袋、頭飾和手套,而二樓則主要賣帽子和衣服,隨性風格適合日常穿搭,散發優雅的自然美。

↑二樓設有小小的陽台予客人休息。

→ depound 的設計大多以白色和杏色為主調,顯出慵懶的休閒風格。

→Bowling corduroy bag ₩95,000

棒球帽系列 ₩48,000起

MAP 別冊 **M15 C-2**

地 首爾龍山區漢南洞684-97
時 12:00-20:00
網 www.depound.com
電 (82)0507-1352-5868
交 地鐵6號線梨泰院站(630)2號出口步行約6分鐘

WOW! MAP

4

⑤ 敏感肌膚適用
NONFICTION

地址 서울 용산구 한남동683-133

聞膩了由化學香味組成的香水？這間來自韓國的香水品牌Nonfiction就非常適合你！品牌提倡透過氣味來追尋本我與內在力量，推出一系列標榜使用溫和的植物原料製作獨特的香氛用品，就算是敏感性肌膚的消費者與能安心使用，目前共推出6款氣味的香水、身體護理、香氛蠟燭和擴香系列。

↓ Nonfiction 目前推出的味道包括 Gaiac Flower、Gentle Night、Forget Me Not、In The Shower、For Rest 和 Santal Cream，當中以帶有果香和木香的 Santal Cream 和清爽中性的 Gentle Night 最具人氣。

↑ 護手霜W23,000
韓國愈來愈受歡迎的小眾品牌，以極簡設計和高雅淡香吸引大量支持者，護手霜以木質香味的 SANTAL CREAM 和溫暖中性的 GENTLE NIGHT 香味最受歡迎。

MAP 別冊 **M15 C-2**

地 首爾龍山區漢南洞683-133
時 11:00-20:30
網 nonfiction.com
交 地鐵6號線漢國鎮站
(631)1號出口步行約10分鐘

⑥ 首爾老牌爵士樂吧
All That Jazz
올댓재즈

地址 서울 용산구 한남동 736-8

位於漢南洞的All That Jazz於1976年開業，是首爾最早的爵士樂酒吧，一直是爵士樂愛好者的聖地，店名「All That Jazz」是爵士樂的From A to Z，意指與爵士樂有關的一切都包含在此，成為韓國爵士文化的領導者，推動本地爵士樂文化發展。酒吧每晚18:30、20:30都會舉辦兩場現場爵士樂表演（周五六23:30會再有一場），表演類型廣泛，爵士樂迷不容錯過。

店內以紅色為主調，線條俐落型格，連BTS的泰亨都被吸引在此拍攝 Le Jazz de VMV。

→A TO Z W25,000

↓ 樂隊成員及資訊會提前在網站公佈，方便大家更了解表演者。

MAP 別冊 **M15 C-2**

地 首爾龍山區漢南洞736-8
時 星期一至四 18:00-24:00、星期五六 18:00-01:00
金 入場費 W15,000
網 allthatjazz.kr
電 (82)02-795-5701
交 地鐵6號線梨泰院站
(630)3號出口步行約5分鐘

WOW! MAP

5　　6

↑很多年輕人都會來這裡挑選黑膠唱片。

挑到自己喜歡的，自然要坐著仔細聽聽。

⑦ 黑膠唱片迷朝聖
VINYL & Plastic
바이닐앤플라스틱

地址 서울 용산구 한남동 683-131

現在人人都有部手機，隨時都可以聽到最新最潮的音樂，但依然有不少音樂迷鍾情於黑膠唱片，對音樂有要求的你一定要來「VINYL & Plastic」朝聖了，這裡收集了很多經典的黑膠唱片，你可以慢慢地逐隻試聽，也可以買回家好好珍藏，當然不只是有韓文黑膠唱片，還有很多歐美的經典作品。另外還有市面上已不常見的卡式錄音帶，聽著充滿歷史感的音樂，像是回到那個時代。店內各種音樂相關的產品，像是藍芽耳機等等，相當齊全。

↑自然少不了黑膠唱片機，樂迷們一定要來看看。

↑店內還有各種音樂配件，可以慢慢收集。

MAP 別冊 **M15 C-2**

地址	首爾龍山區漢南洞683-131
時間	星期二至五12:00-21:00、星期日12:00-18:00
休	星期一、新年、中秋
網	dive.hyundaicard.com/web/vinylandplastic
電	(82)02-2014-7800
交	地鐵6號線(631)漢江鎮站3號出口步行約7分鐘

←坐在窗邊聽音樂，十分寫意。

↑時代有點久遠的錄音帶時代，你有經歷過嗎？

←2樓有較多主流音樂及CD，時下流行的都能找到。

7

⑧ 藝文青必遊
MMMG大樓

地址 서울 용산구 한남동683-142

本來1至3樓分別進駐了咖啡店Anthracite、家品店d、環保袋FREITAG和POSTPOETICS等品牌，後來整幢大廈大執位，整棟大樓都成為咖啡店Anthracite的天下，只剩下後街地下位置開設同一集團的家品品牌「d」。

MAP 別冊 **M15 C-2**

地 首爾龍山區漢南洞683-142
時 11:30-20:00
交 地鐵6號線漢江鎮站(631)3號出口步行約10分鐘

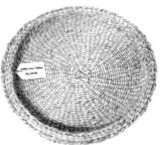

↑手織盤子 ₩45,000

⑧a 生活家品店 **d** (B1F)

以「Long life design」為格言的家品店，主攻可以歷久不衰的長青設計品，以及韓國本土地的傳統產品，如農家自釀的大醬、馬格利米酒，本土設計師製作的陶瓷和傢具等。除此之外亦售賣來自其他國家的特色產品，例如以日本棕櫚樹製成的掃帚和德國製的環保清潔劑。

↑萬用摺刀 ₩300
刀片設計輕巧，攜帶方便。

時 11:00-21:00

↑SEIKO復古掛鐘 ₩270,000
古典的設計加上薄荷綠的顏色，令掛鐘顯得更有復古味。

WOW! MAP
8　　8a

每杯咖啡都由咖啡師精心調配

8b 文青的咖啡室
Anthracite Coffee Roaster

由在首爾弘大打響名堂的咖啡品牌在梨泰院開設的分店，向來走寬敞工業風的Anthracite刻意選擇在這幢破舊的大廈落戶，毫無裝潢的咖啡室配襯簡潔整齊的咖啡用具和咖啡烘焙機，別有一番風味。

↓店內售出配襯咖啡的輕食和糕點。

→夏目漱石咖啡
₩14,000
以夏目漱石為靈感創作的烘焙咖啡，具柑橘、杏仁和牛奶巧克力般的悠長餘韻。

→Challem ₩18,000/200g
咖啡豆來自肯亞，帶有果香和少許柑橘味。

時 星期一至五08:30 -22:00、
星期六日 09:30 -22:00
網 www.anthracitecoffee.com

WOW! MAP

8b

博物館門前的蜘蛛出自Louise Bourgeois手筆，東京六本木山也有它們的蹤影。

⑨ 私人珍藏
Leeum美術館

地址 서울 용산구 이태원로 55길60-16

韓國政府鼓勵文化和創作，凡投資文藝事業，如開畫廊、藝術館和博物館等，也可減稅，大財團為減低交稅款項，以及建立正面形象紛紛投入文化事業，當中Samsung找來Mario Botta、Jean Nouvel和Rem Koolhaas三位世界級建築師替集團設計博物館，前後花了一千萬港元建造。展館分三部分，05年落成至今，合共萬多件展品。

↑除了立體雕塑，少不了平面藝術品如照片及畫像。

→椅背是可以休息的椅子，正面是帶點驚恐的眼睛。

↑彩色花生殼哥爾夫球套，每個₩10,000。

→日本當代藝術家奈良美智陶器雕像，用了白金、金及銀物料。

←韓國藝術家Osang Gwon於2009年完成的作品。

↑精品廊內搜羅不同的設計精品，供客人選購。

MAP 別冊 **M15 C-1**

地址 首爾市龍山區梨泰院路55街 60-16
時間 10:30-18:00 (17:30截止入場)
休 星期一、1月1日新年及中秋節
金 大人₩12,000起 (不同展館收費各異)
網 www.leeum.org
電 (82)02-2014-6900
交 地鐵6號線漢江鎮站(631)1號出口，向前行至分岔路口，向右上斜路，約10分鐘，沿途會有標誌指示方向

↑入面空間夠大很好逛！

↑可愛的手工小擺設，喜歡陶器的可以來逛逛。

↑另有茶具套裝，索價不菲只好欣賞一下吧！

MAP 別冊 **M15 C-1**

地 首爾龍山區漢南洞406-58
時 10:00-19:00　　　休 星期一
網 crafts.yongsan.go.kr
電 (82)02-2199-6180
交 地鐵6號線(631)漢江鎮站3號出口步行約2分鐘

10 精美手作瓷器店
Yongsan Craft Museum

地址 서울 용산구 한남동 406-58

這裡雖然是稱為Museum，不過並不是只供觀賞的瓷器博物館，而是一間精美的瓷器店，於2018開幕之際更有BIGBANG成員T.O.P的加持，如果你想要買些傳統一點，帶有古色古香的產品給長輩的話，這裡是不錯的選擇，有各種茶杯、裝飾品，如果你想親自做些手作的話，記得預先上網進行預約。

↑蒸水蛋 ₩4,000 香滑好味，伴飯一流！

抵食
編者推介

11 平價農家菜
鄉村飯桌 시골밥상

地址 서울 용산구 한남동 738-17

一進門口，即被傳統的擺飾所吸引，四周放滿農村用具與民族工藝品，供客人觀賞，牆壁上都貼滿宣紙，仔細一看，原來是密密麻麻的中文字，加上木材的裝潢及桌椅，給予人古色古香的感覺。食物都是以農村料理為主，食材簡單，給人簡樸之感。份量按人頭計算，一人份₩8,000，有多款農家小菜，一次過試盡多種韓式菜。蒸蛋是招牌菜，值得推介！

MAP 別冊 **M15 C-2**

地 首爾龍山區漢南洞738-17
時 10:30-20:30 (L.O. 20:00)
電 (82)02-793-5390
交 地鐵6號線漢江鎮(631)
　 2號出口步行約
　 10分鐘

←農家小菜
₩10,000/人

WOW! MAP

10　　11

12 型格黑色餐館

Passion5

好食 編者推介

地址 서울 용산구 한남동729-74, 1/F

坐落在這幢5層大廈內的Passion5其實是食品集團SPC旗下的餐廳,著名的CAFFE PASCUCCI和Paris Baguette都是它的姊妹店, Passion5意指麵包、蛋糕、朱古力、咖啡四種元素,再加上廚師的熱情。甫入店,映入眼廉的是玻璃櫃內琳琅滿目的蛋糕和麵包,馬卡龍、芝士蛋糕、鮮果千層酥、朱古力慕絲等,件件都精緻得有如藝術品一樣令人目不暇給!

MAP 別冊 **M15 C-1**

地 首爾龍山區漢南洞729-74, 1/F
時 07:30-22:00　　(82)02-2071-9505
網 spcpassion5.com
交 地鐵6號線漢江鎮站(631)3號出口,步行約3分鐘

↑草莓泡芙 ₩6,900
香脆的泡芙皮有玉桂香味,香甜草莓伴著內藏果仁碎的忌廉,入口層次豐富。

↗Strawberry Venezia boat ₩7,900
以威尼斯的貢多拉為靈感製作的草莓船,外層是千層酥皮,載著厚身的幼滑忌廉和又大又甜的草莓。

↑2樓的咖啡廳裝修優雅高檔,主要提供西式美食。

↑3樓餐廳供應正式的西餐如意粉、炸魷魚和薄餅等。

↑店內預留一個寬敞的空間陳列來自世界各地的廚具。

13 包羅萬有屋

PLATFORM PLACE

地址 서울 용산구 이태원로268

走在漢南洞上,左一間雜貨文創店,右一間家品店確是令人心花怒放,如果閣下還有精力,不妨逛逛這家貨品極多元化的連鎖店PLATFORM PLACE。店內提供多個本地以至海外品牌的家品雜貨、時裝、配飾以至園藝盆栽,務求令到進來的客人花多眼亂,不知怎算!

←HAY Kaleido ₩35,500(大)、₩22,000(小),有著豐富顏色的幾何圖案皮盤子,是來自丹麥的設計品牌。

→啤梨蠟燭 ₩12,000、三角錐型蠟燭 ₩14,000

竹製牙刷 ₩21,000

MAP 別冊 **M15 C-1**

地 首爾龍山區梨泰院路268
時 11:00-20:00
網 www.platform.co.kr
電 (82)02-0797-4628
交 地鐵6號線漢江鎮站(631)3號出口,步行約5分鐘

WOW! MAP
12　　13

→泡菜煎餅
₩12,000
辣勁十足，嗜辣
者必點！

→煎菜黑豆
香甜美味，
令人忍不住
瘋狂地吃。

14 韓國綜藝推介
漢南明太魚湯
한남 북엇국

好食
編者推介

地址 서울 용산구 한남동 73-2

自綜藝節目《滋味行》介紹後人氣急升的道地韓食餐廳，不少韓國的飲食Blogger都有推介。餐廳主打家庭式料理，如泡菜煎餅、魚生片、泡菜海鮮湯和番茄青瓜餅等。人氣料理有乾明太魚湯（북엇국），放入魚乾的湯頭猶如中式大地魚湯般非常清甜，豆腐軟滑，加入白飯製成泡飯味道更佳！

→泡菜煎餅即叫即整，上菜時仍可感受到它香脆的餅邊。

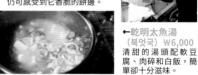

←乾明太魚湯
（북엇국）₩6,000
清甜的湯頭配軟豆腐、肉碎和白飯，簡單卻十分滋味。

MAP 別冊 **M15 C-1**

地 首爾龍山區漢南洞73-2
時 星期一至六 08:00-23:00、
星期日08:00-21:00
電 (82)02-2297-1988
交 地鐵6號線漢江鎮站(631)
3號出口，步行約13分鐘

Puffy garden omelette
₩19,000
主角奄列固然美味，而配角的薄餅、煙肉和香腸也毫不失色，好食！

←加₩2,000更可享咖啡一杯，
為一整天注滿能量。

15 人氣巨型奄列
Pancake
Original Story
팬케익 오리지널 스토리

地址 서울 용산구 한남동 261-6

早餐想搞搞新意思？不妨到這間曾被CNN推介的早午餐店試試！Pancake Original Story店如其名以薄餅為主，招牌薄餅有12種口味可供選擇，包括朱古力碎、藍莓、芝士、番茄等，鹹甜兼備。而數到全店最具人氣的食物則是超巨型奄列早餐：奄列大如一對手掌，質地蓬鬆柔軟，蛋上鋪著菠菜、蘑菇、洋蔥和燈籠椒，混著半溶的藍芝士和車打芝士，發出陣陣誘人香味，讓人不經不覺就全盤掃完！

MAP 別冊 **M15 C-1**

地 首爾龍山區漢南洞261-6
時 星期一至五 08:00-15:00(L.O.14:20)；
星期六及日 09:00-16:00(L.O.15:00)
電 (82)02-2-794-0508
交 地鐵6號線漢江鎮站 (631) 3號出口，步行約13分鐘

WOW! MAP

14   15

江南區・瑞草區 — 汝矣島

梨泰院・龍山

樂天世界・愛寶樂園・Outlets

肩袋款 ₩19,000

↑圍裙對於很多工種的人來說，都是必需的，實用之餘也很帥氣。

16 皮衣專門店
North Beach

地址 서울 용산구 이태원1동 119-11

作為一間擁有多年歷史的皮衣專門店，North Beach在多年前是韓國很多貴族的必入手品牌之一，時至今日，旗下產品的價錢更加相宜，真皮製作的袋款都只是₩19,000起，質感甚好，可以用上好幾年，更是不少韓星的最愛呢！

MAP 別冊 **M15 B-2**

地址 首爾龍山區漢梨泰院1洞119-11
時 11:00-20:00
網 www.northbeach.co.kr
電 (82)02-793-6098
交 地鐵6號線(630)梨泰院站站
1號出口，步行約5分鐘

有超多圖案的行李帶，看到眼都花。

↑還可以繡上人名，送給重要的人最有心思。

↑另外還有手腕套，隨時隨地都可以戴著。

←小巧設計，還可以當鎖匙扣呢！

↑裡面的空間比較細，人多或會感到擠迫。

17 最有心思的旅行手信
Friend Shop

地址 서울 용산구 이태원동 58-5

買手信給閨蜜及另一半，自然要花多點心思，總是派一式一樣的零食手信，很沒誠意！位於梨泰院的Friend Shop是間小店，專賣手工製作的行李帶，客人可以自行決定要老闆做甚麼圖案或寫甚麼字眼，連字型都可以選擇，隔一日就可以去取，成品保證令人滿意！如果等不及，亦可以選現成做好的，同樣的款式多多。

MAP 別冊 **M15 A-2**

地 首爾龍山區梨泰院洞58-5
時 09:00-20:00　　**休** 星期二
交 地鐵6號線(427)梨泰院站4號出口步行約7分鐘

WOW! MAP

16　　17

18 韓國的深夜食堂
楊柳巷故事 버들골이야

地址 서울 용산구 이태원동 128-10

↑**魚春海鮮蔬菜辣湯** ₩25,000
鍋內有青口、蟹、蝦等海鮮，入口啖啖新鮮海水味，加上湯底香辣惹味，令人食到上癮！

↑牆上貼滿由顧客寫的小字條，見證食客的開心時刻。

在梨泰院的小巷之內，隱藏著一間開業多年的海鮮餐館，甫進內已感受到那陣地道的小店感覺：貼滿小紙條的牆壁、古舊的檯櫈、一桌桌開懷大笑的韓國人……總之就是那種很「深夜食堂」的感覺。餐廳主打海鮮，刺身、鍋物、燒烤的通通都是海鮮！當中最受歡迎的就是超巨大海鮮拼盤，大大隻海螺、扇貝、海蝦、魷魚、青口等等，份量足夠3-4人食用，如果想點熱食則可考慮人氣同樣高企的辣湯鍋物，點支燒酒，加上老闆豪氣送上的免費秋刀魚和解酒豆芽湯，簡直是最棒的宵夜！

↑每桌都會附送的青口豆芽湯，據說有解酒作用。

柚子燒酒 ₩2,000

MAP 別冊 **M15 B-2**

地 首爾龍山區梨泰院洞128-10
時 星期日至四19:00-04:00；
星期五六18:00-05:00
電 (82)02-797-0167
交 地鐵6號線梨泰院站(630)
4號出口步行約3分鐘

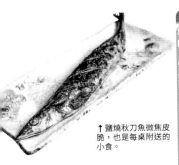

↑鹽燒秋刀魚微焦皮脆，也是每桌附送的小食。

江南區・瑞草區 —— 汝矣島

梨泰院・龍山

樂天世界・愛寶樂園・Outlets

3隻小狗都是十分為食的，一聽到有拆開包裝紙聲就會趕來。

⑲ 柴犬當家
The Mi Three Coffee

地址 서울 용산구 이태원동 549 2층

寵物Cafe在世界各地都十分常見，這間「The Mi Three Coffee」最特別的是有3隻可愛柴犬當店長，牠們分別是Mizu、Mika及Miya。3隻小狗都非常可愛，每次一聽到有客人要進來，就會馬上好奇地跑到門口迎接，在店內跑跑跳跳十分好動。不過想牠們主動地親近你，唯一的辦法就是買店內的零食，只要拆包裝紙的聲音一響起，隨時同步衝過來求餵食，是不是很可愛呢！店內有各種果汁、咖啡及小甜點，雖然沒有低消，但點杯飲品解解渴也不錯，靠窗的位置還可以看到梨泰院的街景。

↑大家好，我們是Mizu、Mika及Miya！

→小狗公仔 ₩6,500

↑Marlenka Cake ₩7,500

↑萌萌的樣子，怎麼拍也不會生氣。

↑一看到有客人，牠們就會率先去迎接了。

MAP 別冊 M15 A-2

地 首爾龍山區漢梨泰院洞549 2層
時 平日 13:00-21:00、周末 13:00-22:00
休 星期三
網 www.instagram.com/shiba_mizz
電 (82)02-797-1215
交 地鐵6號線(629)綠莎坪站1號出口，步行約3分鐘

WOW! MAP
19

江南區・瑞草區

汝矣島

梨泰院・龍山

樂天世界・愛寶樂園・Outlets

⑳ 自助洗衣間
론드리프로젝트
Laundry Project

地址 서울 용산구 용산동2가 15-13

韓國咖啡店的花樣可以說是層出不窮，「Laundry Project」是間自助洗衣店連咖啡店，如果你剛好住在附近的酒店又沒有洗衣服務，不妨來這裡，價錢是₩5,000/12-15kg，在等待的期間再順便歎杯咖啡吧！店內隨時都洋溢著剛洗好衣服的那種香氣，令人非常安心，覺得好聞可於店內選購各種洗衣用品。漂亮的店長更是笑容滿面，親切地接待客人呢！

←自製覆盆子果醬英式烤餅 ₩4,500
使用糙米粉、杏仁粉和有機原糖製作的無麩質烤餅，配上自家製的覆盆子果醬。

→藍色忌廉梳打 ₩6,500

MAP 別冊 **M15 A-1**

地址 首爾龍山區龍山洞2街15-13
時 10:00-21:00 (L.O. 20:30)
網 www.laundryproject.co.kr
電 (82)02-6405-8488
交 搭龍山02號巴士，龍山教會入口(남산교회입구)站下車後步行約2分鐘

→店主笑起來很可愛，非常熱情。

㉑ 給未來的一封信
Letter Cafe
널 담은 공간

地址 서울 용산구 용산동2가 19-12

去旅行寄明信片給身邊好友是窩心的一件事，你又有沒有想過要寄一封信給未來的自己呢？「널 담은 공간」是間可以幫你寄信的咖啡廳，一杯飲品再加₩5,000就可以換到一套兩款的明信片、信封及郵票，另外還有不同顏色的封印蠟讓客人封實信封，非常貼心。寫完明信片之後，把信放入指定寄送日期的信架之上就可以了！不過店內大部分都是情侶，看到他們甜蜜地互相寫明信片給未來的對方，單身者可能會被閃盲。

很多情侶雙雙前來寄信，非常甜蜜。

Vegan Ice Cream Croffle ₩8,000

↑寫好後要自己製作封印蠟，一手一腳自製的感覺很好。

↑信件寫好就可以寄出了！

MAP 別冊 **M15 A-1**

地址 首爾龍山區龍山洞2街19-12
時 12:00-20:00
網 www.nuldam.com
交 搭龍山02號巴士，龍山教會入口(남산교회입구)站下車後步行約2分鐘

20

21

WOW! MAP

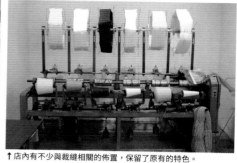

↑店內有不少與裁縫相關的佈置，保留了原有的特色。

22 把毛線球吃進肚子
Le Montblanc

地址 서울 용산구 용산동2가 1-91

這是一間以毛線為主題的咖啡廳，原本是間廢棄的裁縫工廠，因此店內保留了不少毛線與機器，老闆因此啟發靈感，創造出獨一無二的毛線球蛋糕，像真度超級高，每一條毛線都造得非常細緻！其他的餐點如閃電泡芙味道也相當不錯，好吃又好拍！天氣好的話，不妨走到3樓的戶外用餐區，欣賞一下解放村的日夜景吧！

→Coffee Ganach ₩9,500(左)、Raspberry Chocolate ₩10,500 (右)

MAP 別冊 **M15 A-1**

地 首爾龍山區龍山洞2街1-91
時 星期一至五12:00-19:00(L.O.18:30)、星期六日12:00-20:00 (L.O.19:30)
電 (82)0507-1328-3793
交 搭龍山02號巴士，解放村五街 (해방촌오거리) 站下車後步行約4分鐘

23 慘痛經歷
戰爭紀念館

地址 서울시 용산구 이태원로29 (용산동1가)

↑「兄弟像」是依真實事件雕製而成，南韓國軍的哥哥與北韓人民軍的弟弟在戰場上相逢，有和解、親情及寬恕的意思。看後，無力感油然頓生。

↓當年的報紙

於1994年開館，以戰爭為主題，佔地3萬5千多坪，合共3層7個展覽室，展示了五千來與戰爭有關的展品，介紹韓國戰爭史、軍隊發展、各戰爭時期的裝備、戰時的日用品等，當中有實物也有模型。其中以模型展示戰爭時期的悲慘生活，道出戰爭的殘酷，令人心酸。

室外展區有戰鬥機、轟炸機、坦克車等，有的更可以入內參觀和拍照。

↑展出於1948年從美軍交接的韓國空軍創立初期的通訊聯絡機、降落傘、直升飛機等。

地 首爾市龍山區梨泰院路29(龍山洞1街)
時 09:30-18:00 (截止入場 17:00)
休 星期一
網 www.warmemo.or.kr
電 (82)02-709-3081
交 地鐵6號線三角地站(628)12號出口，步行約5分鐘

WOW! MAP

22   23

室外景色非常漂亮。

24 美景盡收眼底

The Royal Food & Drink
더 로열 푸드 앤 드링크

地址 서울 용산구 후암동 406-58

梨泰院近期最人氣的景點非綠莎坪解放村莫屬，一間間餐廳依山而起，客人們都爭取在黃昏日落之前上到天台霸佔位置，看著一排排的小矮屋用餐，氣氛非一般的好！其中The Royal Food and Drink 主打的是輕便西餐，客人點完餐後即會到3樓的天台，其中有個窗口的位置是只用來拍照影相，看來店家完全明白客人的需要。即使不太餓，也可以與同行友人點一兩杯酒，坐在落日餘暉的美景前小喝一杯，另一邊更可以看到首爾塔呢！

↑ 這個位置是影相位，影完就要讓座了。

→Cocktail
₩9,500

MAP 別冊 **M15 A-1**

地 首爾龍山區厚岩洞406-58
時 11:00-20:00 (L.O.19:15)、
星期二 11:00-19:00 (L.O. 18:00)
(冬季 11:00-18:00)
休 星期三、四
網 www.instagram.com/theroyalfad
電 (82)070-7774-4168
交 搭龍山02號巴士，龍山教會入口
(남산교회입구) 站下車後
步行約2分鐘

↑ 雞肉三文治 ₩14,500
↓ 雞胸肉三文治(前) ₩14,500、
雞肉羅勒香蒜三文治(後) ₩14,000

↑ 除了三文治之外，餐廳還提供各式早午餐。

樂天世界・愛寶樂園・
Outlets

롯데월드어드벤쳐 Lotte World
에버랜드 Everland
아울렛 Outlets

必見！
THE HYUNDAI
SEOUL

主題樂園這個玩樂概念在韓國相當流行，像郊區的愛寶樂園Everland，就加入全亞洲區最長、最斜和最高的木製過山車，吸引到不少大膽一族前往，而位於市區的樂天世界，經過新裝修後一樣有噱頭，除了新增多款機動遊戲，感覺煥然一新外，原有的經典設施，如曾拍《天國的階梯》宣傳照片的迴旋木馬，仍保留著，方便遊客前來拍照。

往來樂天世界・愛寶樂園・Outlets交通

東大門站 (421)	2號線 約2分鐘	東大門歷史 文化公園 (205)	2號線 約21分鐘 ₩1,500	蠶室站 (216)

① 優質熟成豬肉
高飯食堂 고반식당

地址 서울 송파구 오금로11길 23-9

在韓燒店林立的首爾，如果沒有真材實料恐怕也無立足之地，高飯食堂以熟成豬肉作招徠，提供豬頸肉、五花肉等部位。熟成的過程讓豬肉產生「蛋白水解酶」，分解豬肉纖維，令肉質更軟柔多汁。高飯食堂沒有常見的生菜和紫蘇葉，提供的是多種醃菜，除了可以品嚐無添加的原味烤肉外，也可用把醃菜與烤肉蘸芥末、鰻魚醬、蒜片和辣醬同吃。

全店均使用炭火烤肉，肉未烤好已透出一陣炭香！

↑ 紅米飯（공기밥）₩1,000
紅米飯揉成壽司的飯底形狀，方便食客自製「烤肉壽司」。

↓ 熟成豬頸肉（숙성 생목살）
₩17,000/160g

豬肉入口甘香豐腴，肉質細膩，連脂肪都甚為誘人。

地址 首爾特別市松坡區烏金路11街23-9
時 星期一至五16:00-23:00、星期六及日15:00-23:00（L.O.22:00）
電 (82)0507-1376-2992
交 地鐵蠶室站10號出口步行約5分鐘

WOW! MAP

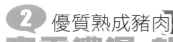

② 優質熟成豬肉
真雪濃湯 참설농탕

地址 서울 송파구 백제고분로 430

韓國人一向喜歡喝酒，隔天如果宿醉怎麼辦呢？他們就創作了一系列營養豐富的解酒料理，例如是豆芽解酒湯、牛骨湯等濃湯，這間24小時營業的真雪濃湯正正就是賣解酒湯的餐廳，由於廿四小時開店，吸引不少年輕人和的士司機光顧。它的牛骨雪濃湯湯底以優質牛骨熬煮48小時以上，濃而不膩，是店內的生招牌。除了牛骨濃湯外，店員還推介限量發售的排骨湯（갈비탕），排骨煮得軟嫩，不過略嫌湯底略鹹，喜歡清淡滋味的還是單點一份牛骨湯好了。

←排骨湯（갈비탕）
₩19,000

↓餃子（왕만두）
₩5,000/3隻、
₩7,000/5隻

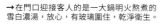
沿地下到一樓的樓梯掛滿不同名人到訪的簽名版，還有KBS的專訪截圖。

↓牛骨雪濃湯（설농탕）
₩12,000（小）、₩15,000（大）
乳奶白的牛骨湯除滿滿蔥花外並無調味，若嫌清淡不妨加入黑椒及岩鹽提味。

→在門口迎接客人的是一大鍋明火熬煮的雪白濃湯，放心，有玻璃圍住，乾淨衛生。

地 首爾松坡區松坡洞135-1
時 24小時
電 (82)02-2203-8824
交 地鐵松坡渡口站
4號出口步行約1分鐘

WOW! MAP
2

③ OL至愛
MARIO Outlet I

地址 서울 금천구 가산동 60-52

3個商場連貫在一起，每個商場都各有特點，不過在國際名牌和本土品牌中，3個商場沒什麼差別，主要是TNGT、LACOSTE、ZOOC、TOMMY等。MARIO Outlet I一共8層，售賣服飾為主，男女裝、上班服及便服都有。

MAP 別冊 **M08 A-3**

地　首爾衿川區加山洞60-52
時　星期一至四 10:30-21:00；
　　星期五至日 10:30-21:30
休　新年及中秋
網　www.mariooutlet.co.kr
電　(82)02-2109-7000
交　地鐵1號線(P142)、7號線(746)加山數碼園區站4號出口步行約3分鐘

③a 主打運動用品
MARIO Outlet II

Outlet II共4層，主要是售賣運動用品，EIDER、K2、MOUNTIA等，哥爾夫球愛好者一定很喜歡這商場，因為2樓全層是售賣哥爾夫球用品。

←粉紅哥爾夫球袋 ₩485,100

③b 挑戰腳骨力
MARIO Outlet III

商場共15層，比起另外兩個商場，這裡的嬰兒及兒童用品店比較多，同時可把他們留在兒童樂園玩耍，有專人照顧，媽媽們可輕鬆逛街，不要錯過呀！另外，也有生活用品店，至於服裝方面，有國際名牌Gucci、COACH、Prada等，也有本土品牌及設計師店。

3　3a　3b

4 亞洲唯一Burberry Outlet
Yeoju Premium Outlets

地址 경기도 여주시 명품로 360

美國的Premium Outlets除了在日本插旗，早前也在韓國開店，取址驪州，它跟首爾市中心相距約1小時的車程，這裡共佔26萬平方呎，有超過120家名店，選擇有Gucci、Bottega Veneta、Vivienne Westwood、Issey Miyake等，不過最令人期待的是亞洲區唯一一家Burberry Outlet。

MAP 封底裡地圖

地 京畿道驪州市各品路360　網 www.premiumoutlets.co.kr
時 10:30-21:00　電 (82)031-1644-4001

往來Yeoju Premium Outlets交通

| 江南站 (D07) | 🚌 新盆塘線 約21分鐘 | 板橋站 (K410) | 🚌 京江線 約47分鐘 ₩3,250 | 驪州站 (K420) | 🚌 912,912-2,912-5號 約15分鐘 ₩1,300 | 驪州 Premium Outlets |

4a 亞洲首家
Burberry Outlet [East H/L]

以往要去Burberry Outlet最近的地區是倫敦，如今卻變成首爾，這裡有亞洲唯一一間Burberry Outlet，而且舖面佔地兩層，連童裝也包括在內，一家大細都有收穫。

← 衣衫種類和配飾齊備，如頸巾和襪尤其受旅客歡迎。

↑ 這家店除了大人衫，還有相當大面積的童裝部，粗格仔短身斗篷，用上最經典的顏色，每件₩320,000。

📱 (82)031-880-1429

4b 筍款最多
Bottega Veneta [West M]

韓國人暫時較鍾情大路的名牌，街上用BV的人並不多，所以outlet有很多靚款。

↑ BV的首飾一向手工精細，這款粗手鈪可是signature的選擇。

↑ 織皮是BV的招牌之選，這對織皮鞋的用色很少見，但出奇配合東方人膚色。

📱 (82)031-8087-2538

WOW! MAP

4

4a　4b

4c 免稅之選
Gucci [East L]

不是每家店都可免稅，但Gucci是其中之一，買完不用填退稅表，方便得多。

📞 (82)031-880-1358

↑這款classic的手袋帶點birkin影子，中間飾以鱷魚皮，更顯得矜貴，每個₩2,518,000。

← Love系列鏈墜吊牌每個₩426,000。

4d 潮拜西太后
Vivienne Westwood [East L]

雖然韓國予人保守的感覺，但這裡的Vivienne Westwood卻沒有太大路的款式，很適合香港人。

📞 (82)031-880-1409

←西太后設計一向出人意表，用絹布做波鞋，還要用紫桃紅色，用色大膽，每對₩375,000。

←經典英國格仔布袋，袋身立體摺疊，有品味。

4e 型牛必選
Diesel [East H]

Diesel一向出品靚剪裁的牛仔衣衫為主，牛仔褲索價亦不便宜，這裡卻有很多折扣。

📞 (82)031-880-1647

←灰色扮鐵銹print的短袖tee，每件售₩64,000。

4c   4d   4e

WOW! MAP

👣 **走遠**一點點 親子

⑤ 自成一角遊樂園
樂天世界 롯데월드

《天國的階梯》韓劇

地址 서울 송파구 잠실동40-1

樂天世界是首爾市中心一個集娛樂休閒於一身的場所，既有驚險的遊樂設施、奇幻滑冰場、民俗博物館，亦可在湖邊散步，無論是一家大細、情侶，還是三五知己也適合。樂園在世界狂歡遊行及宇宙激光舞會上，投資了90億韓圜，同時在戶外也增設了空氣調節機，以解決夏季戶外場地魔幻島的酷熱問題。

↑高空降落可說是樂天世界的新代表，360度圓盤慢慢旋轉向上，升至100米後，只花2秒鐘就降落到地面，挑戰極速離心力。

SNAP

↑在《天國的階梯》出現過N次的金黃色迴旋木馬，權權粉絲們怎可以錯過呢？

←室內遊樂場落雨不怕落雪也不怕，看這輛架空小火車是小孩的熱門之選，排隊至少等半個小時。

↓位於地下3樓的滑冰場，是年輕人最愛的場所，所以不少韓劇也在此取景。

←主題公園的入口也像城堡一樣，雪糕筒尖塔漆上鮮色，讓顧客輕鬆步進樂園。

↓樂園跟地鐵相當接近，甫出地鐵站便看見，相當便利遊客。

地 首爾松坡區蠶室洞40-1
時 星期一至四 10:00-21:00、星期五至日 10:00-22:00
金 全日券 成人₩62,000、小童₩47,000；
　半日券(16:00後進場) 成人₩50,000、小童₩36,000
網 adventure.lotteworld.com/zh-cht
電 (82)02-411-2000
交 地鐵2、8號線蠶室站4號出口。

↑綠樹下的迴旋飛椅速度不算快，又沒有離心力，吸引了很多不敢坐過山車的大人來坐坐。

親子 ⑥ 必玩木頭車
愛寶樂園Everland
에버랜드리조트

地址 경기도 용인시 포곡읍 가실리 310

08年3月在愛寶樂園開設的T-Express木頭車是全球最斜的木製過山車，也是全亞洲最快、最長和最高的，因此成為賣點，若果你不是機動一族，樂園內亦有其他設施適合一家大細，例如小火車、水浴場、Spa等，更有動物園區親親動物，一家大細都適合。

↑時速達104公里，全長1,641米，號稱全亞洲最快及最長的木製過山車。

地 京畿道龍仁市處仁區蒲谷邑前岱里310
時 10:00-22:00 (據季節而異)
金 成人₩46,000起、小童₩36,000起 (據旺淡季而異)
網 www.everland.com
電 (82)31-320-9271
交 盆唐線器興站轉乘愛寶輕軌線弘大站8號出口、明洞站1號出口及東大門歷史文化公園站9號出口均可乘官方接駁車到達(₩9,000起)。

✦首·爾·人·氣·住·宿✦

▲早上安坐房中已可欣賞日出美景，若嫌不夠更可到樓下的湖畔公園晨運散步。

1 蠶室

樂園購物觀光一條龍
Sofitel Ambassador Seoul Hotel & Serviced Residences

서울 송파구 신천동 29-1

要說到最適合家庭入住的酒店，五星級的Sofitel Ambassador Seoul必定是首選。酒店位於蠶室地鐵站兩分鐘路程，毗鄰樂天百貨、超市和樂天世界，一次過滿足食、玩、買三大旅行原則。除了地理位置優越之外，酒店內設有泳池、健身室、天台酒吧、水療中心和餐廳等設施，部分客房更可觀賞到石村湖和公園的優美景致，無論是遊客還是商務旅客都非常合適。

▶浴室用品選用法國品牌Diptyque Paris。

地 首爾松坡區新川洞29-1
金 雙人房W341,000起
網 www.sofitel-seoul.com
電 (82)02-2092-6000
交 地鐵2號或8號線(216/814)蠶室站10號出口步行約兩分鐘

▶酒店餐廳類型豐富，包括法式自助餐法日fusion、咖啡廳、酒廊和天台酒吧。

泳池可以欣賞到摩天大廈的城景。

2 弘大

就腳復古酒店
Nine brick Boutique Hotel

서울 마포구 서교동 354-10

這幢古典的酒店位於弘大商圈，大堂以拱形紅磚天花和磚牆、水晶吊燈和階磚地板營造出一股歐洲復古氛圍。客房貫徹復古格調，淡素簡潔，每間房都附設無線充電裝置，除了方便來自不同國家的旅客使用之外，對於有多個電子裝置的住客亦非常方便，值得一讚。

▼房屋雅致舒適。

◀餐廳地磚和紅磚牆都甚有復古感。

MAP 別冊 **M12 B-1**

地 首爾麻浦區西橋洞354-10
金 雙人房₩138,000起
電 (82)0507-1442-8802
交 地鐵2號線弘大入口站
　 (239)9號出口步行約3分鐘

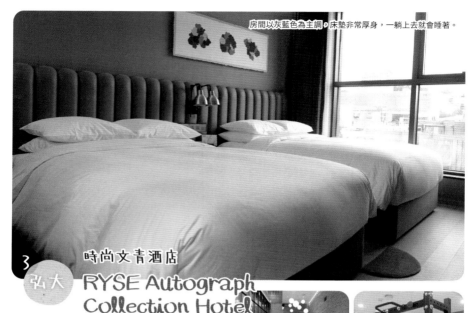

房間以灰藍色為主調，床墊非常厚身，一躺上去就會睡著。

3 弘大

時尚文青酒店
RYSE Autograph Collection Hotel

서울 마포구 서교동 354-5

位置處於最為熱鬧的弘大區，RYS Auto-graph Collection Hotel在眾多酒店之中依然可以突圍而出，全因它的時尚設計！被很多網友形容是「最潮網紅精品酒店」，很多客人都不只是為了住宿體驗，更是為了打卡而來。一走進去，就會見到空間感十足的咖啡廳，Check-In在3樓，職員精通中、英、日、韓、泰文，溝通一點問題也沒有。房間感覺非常闊落，以灰藍色為主調，有種低調的時尚感。在不同配件的選用上也很有心思，無論是音響、茶包、水杯等都充滿質感，絕對不能錯過的還有健身室，器材十分齊全，絕對不是只有幾部跑步機而已！

▶音響設備齊全，晚上邊喝酒邊聽音樂，十分寫意。

▲一樓的咖啡廳設計文青，階級座位非常舒服好坐。

▲玻璃外的景色也不錯，雖然是建築物，但依然可以看到藍天。

▲健身室比想像中闊落，而且有很多不同的設施。

◀就連茶包和咖啡包都很有質感，一定要泡來喝。

MAP 別冊 **M12 B-1**

地 首爾麻浦區西橋洞354-5
金 雙人房₩306,000起
網 www.rysehotel.com
電 (82)02-330-7700
交 地鐵2號線(239)弘
　 大站9號出口步行約
　 5分鐘

晚上會化身為sky bar，可以上去喝一杯。

質感住宿體驗

江南

Hotel Cappuccino Seoul

서울 강남구 논현동 206-1

兩大張雙人床，可以容納4個人。

韓國酒店住宿選擇非常多，除了弘大、明洞等鬧市之外，江南區也有不少充滿質感的特色住宿。大堂以木、黑色為主調，有一面大大的時鐘牆，掛上了不同國家時間的鐘，樓下還有間咖啡廳，如果你入住多天而不需要職員清潔的話，可以把清潔券帶到咖啡廳免費換一杯咖啡！房間內的設施齊全，洗漱用品、毛巾、身體乳液等等，用過喜歡，還可以在樓下商舖購買。早餐位於酒店頂樓，大大片落地玻璃令你可以欣賞四周景色邊用餐，食物選擇雖然不算非常多，但很多都是即叫即製熱辣辣，吃飽飽再出門玩樂。

▲ 沖涼區雖不算大，但乾淨企理。

▲ 早餐區域的景色十分怡人，一大早馬上就醒過來了！

▶ 食物選擇雖然不算很多，但很多都即叫即製。

MAP 別冊 M11 B-3

地 首爾江南區論峴洞206-1
金 雙人房₩130,000起
網 www.hotelcappuccino.co.kr
電 (82)02-2038-9501
交 地鐵9號線(926)彥州站
　 1號出口步行約5分鐘

WOW! MAP

4

尊貴的體驗

SHILLA STAY Seocho

江南

서울 서초구 서초동 1339-1

SHILLA STAY在韓國一共有11間酒店，價錢屬於中價。酒店的佈局十分簡單，房間以灰、白色為主調，感覺簡約舒適，而設施都非常齊全，洗漱用品、吹風機、USB插頭等統統有齊，大堂電腦、健身室都可以免費使用。房價雖然不包早餐，但SHILLA的早餐選擇多，而且味道相當不錯，想吃飽一點再出去玩，建議大家可以訂房時加購！如果budget較多的話，還可以加購行政酒廊Executive Lounge，任飲紅白啤酒及食各種餅乾小食，享受不一樣的尊貴體驗！

▲雖然沒有過多裝飾，但入住體驗十分不錯。

▲酒店的早餐選擇多多，不過就要額外支付。

大大張梳化，讓你有更多休息空間。

行政酒廊內還有啤酒提供呢！

MAP 別冊 **M11 B-4**

地 首爾瑞草區瑞草洞1339-1
金 雙人房₩134,000起
網 www.shillastay.com
電 (82)02-2219-9000
交 地鐵3號線(341)良才站2號出口
　 步行約10分鐘

WOW! MAP

5

房間十分闊落，攤開放行李也沒有問題。

6 弘大 親切家居感旅館 Baroato 2號店

서울 마포구 동교로 204-27

有時候去旅行，會希望可以住一些比較特別的旅館，Baroato就是間很有親切感的旅館，在弘大有兩間分店，都很容易爆滿。它是由一班韓國的年輕室內設計師打造，裡裡外外都可以感受到它的年輕感。房間內不是一式一樣的設計，而是一面班駁的牆、老舊的黃燈，很有懷舊的味道。Baroato每天早上都可以享用到免費的早餐，最特別的，是職員每天早上會把早餐掛在你的房門外，讓你可以不會受到打擾，又可以隨時享用早餐。一般是一盒果汁、一個麵包或蛋糕，以及一個餅乾類的零食，雖然全部都是買回來的，不過還是感受到店家暖暖的心意。

▲與大酒店相比，這裡更有家的感覺！

▲店內的共享空間，可以和朋友們坐著聊天。

MAP 別冊 M12 B-1

地 首爾麻浦區東橋路204-27
金 雙人房₩90,000起
網 www.baroato.com
電 (82)02-336-614
交 地鐵2號線(239)弘大入口
　 站1號出口步行約6分鐘

▲ 每天掛在門外的早餐都不一樣，很令人期待呢！

◀洗手間同樣乾淨企理。

飽覽南山美景

GRAND HYATT SEOUL

서울 용산구 한남동 747-7

GRAND HYATT是無人不知的世界級酒店品牌，而GRAND HYATT SEOUL坐落於南山之上，更可飽覽南山的美景。酒店大堂樓底很高，深木色的裝潢營造了高貴優雅的氣氛，下午陽光自然灑入大堂，又為酒店增添了一點生氣。全酒店有600間房間，房間舒適不在話下，落地玻璃窗可以看到河景山景，窗前的玻璃枱望正靚景，床邊有多個萬能插頭，方便來自不同地方的遊客使用。

▲ 房間內有對著南山美景的玻璃枱，可調校角度的電視機，連萬能插頭都設於床邊位置，十分方便就手。

▲ 選好材料，廚師就會馬上為你動手。

MAP 別冊 **M15 C-1**

地 首爾龍山區漢南洞747-7
金 雙人房₩360,000起
網 seoul.grand.hyatt.com
電 (82)02-797-1234
交 地鐵6號線(630)梨泰院站2號出口乘的士約3分鐘

▲ 酒店很貼心，提供免費接駁車接載住客來回明洞及梨泰院，記住下車的位置，回去時在下車的位置等車就可以了。

8 梨大新村

親民商務酒店
Ever 8 Serviced Residence

서울 서대문구 대현동104-5

這間Ever 8 Serviced Residence無論是tripadvisor、agoda還是Hotels.com都是長踞優秀酒店榜首，不僅因為它位處距離梨大地3鐵站僅5分鐘路程的大街，而是因為它房間內包括的設施相當齊備，如洗衣機、微波爐、大雪櫃和廚房用具等，最難得的是加入這些設施後房間也仍然寬敞舒適，不會有壓迫感！

早餐選擇雖不算多元化，但基本菜式如麵包、水果、麵和飯都一應俱全。

三人房價錢由₩135,000起。酒店的官網會不時推出優惠，令房價抵上加抵。

▲每間房都是簡約明亮，整齊企理，令人住得安心又舒適。

▲酒店提供住客免費使用的健身室。

MAP 別冊 **M13 B-2**

地 首爾西大門區大峴洞104-5
金 雙人房₩128,700起
網 ever8.co.kr
電 (82)02-6946-0887
交 地鐵2號線梨大站(241)
  1號出口步行約5分鐘

▲大廳放了電腦及大量旅遊參考書，旅客還可在這裡討論行程，順道交友。

MAP 別冊 **M03 D-3**

地 首爾中區南山洞3街17
金 雙人房 ₩45,000起/晚
網 www.mdguesthouse.com
電 (82)02-755-5437
交 乘坐6015路機場巴士至明洞地鐵站1號出口下車步行約5分鐘；地鐵4號線(424)明洞站1號出口步行約5分鐘

9 明洞

Guest House首選
Myeong Dong Guest House COMO

서울 중구 남산동 3가17

明洞旅客之家位於黃金地段，跟地鐵、公共汽車、機場巴士等賓館接近，雖然如此但價錢合理，賓館裡備洗衣設備，上網系統，還有免費咖啡和綠茶等，賓館老闆曾任某家銀行東京分行行長，精通英、日等外語。

10 明洞 優越地理位置
SEJONG HOTEL

서울 중구 명동2가 61-3

明洞的老牌酒店，地理位置優越，交通極方便，乘坐機場巴士和地鐵，都能直達酒店門口。酒店有15層，有333間房間，三間餐廳，更有卡拉OK房間，設備齊全。房間頗大，平放大行李箱絕對沒有問題，有些房間更看到南山塔景色呢！自遊人在明洞買得太多，可以先放下戰利品，小休一會，更可以先做一個按摩再戰，非常方便！且鄰近地鐵站，玩得夜也不怕！

▶英式下午茶，可與朋友邊聊天邊品嚐，度過美好時光。

MAP 別冊 **M03 D-3**

地 首爾中區忠武路2街61-3
金 雙人房₩510,000起
網 www.sejong.co.kr
電 (82)02-773-6000
交 乘坐6015路機場巴士至明洞站下車，直達酒店門口；地鐵4號線(424)明洞站10號出口直達酒店門口

---

11 南大門 免費早餐
New Korea Hotel

▲房間不算很大，但空間感加上光線充足，感覺舒服。

서울 중구 회현동1가86-3

位於平民購物區的南大門，跟明洞也只是一站之隔，酒店雖然規模不大，但備有商務中心提供上網服務，還有免費的歐式早餐，加上地利位置頗佳，是不錯的選擇。

MAP 別冊 **M16 B-4**

地 首爾中區會賢洞1街86-3
金 雙人房₩107,817起
網 new-korea-seoul.hotels-seoul.net/en
電 (82)02-776-2266
交 乘坐6015路機場巴士至南大門市場站下車步行3分鐘；地鐵4號線(425)會賢站1號出口步行約2分鐘。

這個房間的牆上寫滿書法，感覺淡雅清新。

12 南大門 平價之選
Seoul Backpackers

서울 중구 남창동205-125

首爾背包客旅社備受外國背包客好評，加上重新裝修後，觀感有耳目一新的感覺，位於南大門市場對面的南山腳下，步行3分鐘便到南大門市場，到首爾站、明洞和南山只需步行5至10分鐘便可。

13 明洞市廳 型格酒店
The plaza

서울 중구 소공로 119(태평로2가)

2010年大翻新後，逐成為搶手酒店。共有410間房間，設計裝潢簡約，以不同顏色區分，讓人一見難忘。最受歡迎的是粉紅色房間，粉紅色的外牆配以黑色的圓框，型格之餘，又不失嬌柔之感，足見設計師之功力。另外，亦有黃色、啡色的房間，酒店連日用品都十分講究，採用巴黎Hermès品牌。地理方面，只需步行3分鐘，可至明洞，非常便利。

▲梳化與床相連，在梳化看電視看累了，一個轉身，便可上床睡覺。

▲Hermès品牌的日用品，突顯酒店的級數。

12

13

睡前親一下烈艷紅唇，
保証一睡至天亮。

14 梨泰院

設計感精品酒店

IP Boutique Hotel

서울특별시 용산구 한남동737-32

是韓國少有的設計精品酒店，新鮮感十足。大堂放有木製藝品、韓式青花瓷、特大梳化、鞦韆椅等，是將美術及時尚結合的設計。酒店共有133間房間，牆壁上都有醒目的裝飾圖案，如西瓜、紅唇、扭計骰、小女孩等，非常逼真，充滿立體感。另外，書桌上設有蘋果系統播放器，可以一邊充電一邊聽音樂，對蘋果迷來說，確實方便。

這樣的裝潢有點像高級商場

MAP 別冊 **M15 C-2**

地 首爾龍山區漢南洞737-32
金 雙人房₩103,550起
網 www.imperialpalaceboutiquehotel.com
電 (82)02-3702-8000
交 地鐵9號線(630號)梨泰院站2號出口步行約10分鐘

WOW! MAP

韓國資訊

韓國坡地理概況

朝鮮半島分為南北兩面，其中南韓佔45%，面積為99,461平方公里，國土的70%為土地，主要集中於北部與東部，而南部與西部由平原與丘陵地帶構成。此外，大部分河流起源於北部或東部，最終流入東海或南海。國土三面環海，擁有長達14,533公里的海岸線，海上分佈著4,198座島嶼，其中南韓擁有3,153個，朝鮮擁有1,945個。

春川
仁川
首爾
慶州
大田
蔚山
光州
木浦
釜山
濟州

貨幣

韓國貨幣為Won韓圓(₩)

貨幣兌換率

硬幣 ▼

| ₩10 | ₩50 | ₩100 | ₩500 |

紙幣 ▼

₩50,000
₩10,000
₩5,000
₩1,000

語言

主要以韓國語為主，其次為日語，由於近年隨著貿易發展，多了韓國人修讀漢語，而英語則不算流行。

日語 漢語 英語
韓語

時差

首爾時間是**GMT+9**，香港是**GMT+8**，即是首爾是比香港快一小時。

10:00　　**11:00**
香港　　　　首爾

自來水

韓國的自來水不宜直接飲用，遊客除了可購水外，不少餐廳商場均提供食用水。

電壓

韓國的電壓是**110/220V**，插頭分為圓狀的C型和SE型式等兩種，跟香港地區不同。部分酒店有變壓器提供，否則可在當地的百貨公司購買，普通的變壓器價錢約₩1,000。

注意事項

韓國地址注意事項

從2014年1月起，韓國政府已經正式把韓國百年沿用的地址系統更替，由以往的「洞」改成「街」，惟民間普遍仍然沿用舊地址，為方便讀者閱讀，本書均採用舊地址，讀者如對新、舊地址有疑問，可參閱以下網址：map.cn.konest.com

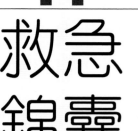

救急錦囊

緊急或重要電話

警局：112（報案專線112提供外語翻譯服務，提供包括英、日、中、俄、法、西及德語翻譯服務。）

消防局：119　電話號碼查詢：區碼+114

遊客申訴中心：(82)02-735-0101

香港入境處（港人在外地求助熱線）：(852)1868

韓國旅遊諮詢熱線：1330

中國駐韓國大使館領事部(首爾)
地 首爾市鐘路區孝子洞54
網 kr.chineseembassy.org/
電 (82)02-738-1038

駐香港地區韓國總領事館
地 灣仔夏慤道16號
　 遠東金融中心5-6樓
網 www.roc-taiwan.org
電 25294141

駐韓國台北代表部(首爾)
地 首爾市鐘路區世宗路211號光化門大樓6樓
網 www.taiwanembassy.org/KR/mp.asp?mp=206
電 (82)2-3992767-9

遺失證件

為安全起見，隨身攜帶護照及身份證之餘，也應準備一份護照及身份證的影印本。如有遺失，憑影印本可加快補領時間。倘若在國外遺失金錢、護照或其他物品，應先向當地警方報案，索取失竊證明，並即時向中國大使館報告有關情況並請求協助。如有需要可聯絡特區政府入境事務處。

入境處港人求助熱線
網 www.immd.gov.hk
電 (852)2829-3010(辦公時間)
　 (852)2543-1958(非辦公時間)
　 (852)1868(24小時)

澳門人在海外遇上證件問題服務
網 www.fsm.gov.mo/psp/cht/psp_left_4.html#left_3_5
電 (853)2857-3333

報失信用咭熱線

VISA：00-308-44-0050
MASTER：0079-811-887-0823

受傷及生病

韓國有很多24小時營業的醫院，大多可以英語溝通。自遊人到診所後，先用護照登記和填妥表格，再耐心等候見醫生。請跟醫生索取醫生紙和收據，以作日後旅遊保險索償之用。

實用交通

-香港或台灣往來首爾交通-

首爾位於韓國的北面，交通四通八達，自遊人可選擇從香港或台灣直飛，亦可由釜山、春川、全州、光州等地乘公車、鐵路或內陸機前往。

飛機

台灣＜＞首爾▼
從台北出發的話可從台灣桃園國際機場直達仁川國際機場，機程約2小時30分鐘。

航空公司	網址	查詢電話
韓亞航空 Asiana Airlines (OZ)　ASIANA AIRLINES	kr.flyasiana.com	800-227-4262 (國際)
真航空 JinAir (LJ)　JINAIR	www.jinair.com	(82)1600-6200(韓國)
易斯達航空 Eastar Jet　EASTAR JET	www.eastarjet.com	(82)1544-0080(韓國)
酷航 Scoot　scoot	www.flyscoot.com	(886) 2-7753 5370 (台灣)

香港＜＞首爾▼
香港每天都會有航班由香港國際機場直抵仁川國際機場，機程約3小時35分鐘。

航空公司	網址	查詢電話
大韓航空 Korean Air (KE)　KOREAN AIR	www.koreanair.com	(852)2366-2001(香港)、(82)2-2656-2001(韓國)
韓亞航空 Asiana Airlines (OZ)　ASIANA AIRLINES	kr.flyasiana.com	800-227-4262(國際)
德威航空 T'way　t'way	www.twayair.com	(82)1688-8686(韓國)

航空公司	網址	查詢電話
濟州航空 JEJU AIR (7C)　JEJU AIR	www.jejuair.net	(852)2185-6499(香港)、(82)64-710-3006(韓國)
國泰航空 CATHAY PACIFIC (CX)　CATHAY PACIFIC	www.cathaypacific.com	(852)2747-3333(香港)、(886)2-2715-2333 (台灣)
大灣區航空 Greater Bay Airlines	flyairseoul.com	(82)1800-8100(韓國)
香港快運 (UO)　express	www.hkexpress.com	(852)3902-0298(香港)
香港航空 Hong Kong Airlines	www.hongkongairlines.com	(852)3916-3666(香港)

- 仁川國際機場交通資訊 -

仁川國際機場於2001年啟用，取替原有的金浦國際機場成為南韓最大的民用機場。機場的主客運大樓約有44個閘口，遊人可選擇乘坐KTX、機場鐵路、高速巴士或的士由機場前往首爾市中心。

AREX ▼

由仁川機場開出的機場鐵路分普通列車及直通列車兩種，普通車中途會停靠12個站，包括機場貨物大樓、雲西站、永宗站、青羅國際城站、黔岩站、桂陽站、金浦機場站、數碼媒體城市站、弘大入口站、以及孔德站；而直通車則會由仁川機場直抵首爾站。前者價錢平但車程長，後者則價錢較貴但車程短，旅客可自行選擇乘坐的列車。

- 快捷方便
- 班次密集

網 www.arex.or.kr

交 **直通列車購票及乘車處：**仁川國際機場2號航站樓站：仁川國際機場交通中心地下一層內的直達列車旅客服務台；
仁川國際機場1號航站樓站：仁川國際機場交通中心地下一層內的直達列車旅客服務台；
首爾站地下二層內直達列車旅客服務台

普通列車購票：使用交通卡、自動售票機或客戶服務中心購票，乘搭普通鐵路前往各處即可

列車型號	車費	車程	班車間距
普通列車	₩1,050 - ₩6,150	59-66分鐘	15-20分鐘
直通列車	大人₩11,000、小童₩8,000	43-51分鐘	25-40分鐘

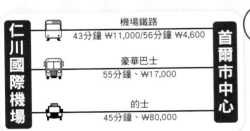

仁川國際機場

機場鐵路 43分鐘 ₩11,000/56分鐘 ₩4,600

豪華巴士 55分鐘、₩17,000

的士 45分鐘、₩80,000

首爾市中心

的士

- 方便快捷
- 舒適

韓國的士分為普通的士、大型的士及模範的士3種，基本車資由₩3,000起跳，由仁川國際機場乘的士到首爾市中心的車費約₩60,000至₩100,000（另需繳付₩8,000高速公路路費），車程大約45至50分鐘。

機場巴士

分為豪華巴士及普通巴士兩種，前者主要往來機場及首爾市內各大酒店，途中停靠站較少，車程短座位亦更舒適；後者大多只在仁川市內行駛，前往首爾市者可不必理會。巴士價錢和班次視乎目的地而有所不同，普遍約由₩10,000起。

- 地點選擇多
- 便利

網 www.airport.kr/ap/ch/tpt/busRouteList.do

交 遊人可於仁川國際機場入境大廳（1樓）3號、4號出口與11號、12號出口之間的諮詢中心，或機場巴士乘車券售票亭購買乘車券。

豪華巴士 Limousine Bus ▼

車號	車費	班車間距	主要路線
6009	₩17,000	15-30分鐘	新沙站(62分鐘)、江南站(71分鐘)、驛三洞(74分鐘)、良才站、大峙洞(80分鐘)、開浦洞、逸院洞(92分鐘)
6701	₩18,000	15-20分鐘	麻浦站、孔德站、光化門、市廳、乙支路站、明洞
6015	₩17,000	12-20分鐘	麻浦站、孔德站、南大門市場、明洞宜必思酒店、乙支路2街、忠武路站、明洞
N6001	成人₩10,000 小童₩8,000	1小時10分鐘	松亭站、鹽倉站、首爾站
N6701	成人₩18,000 小童₩12,000	1小時10分鐘	麻浦站、首爾站、乙支路入口、東大門設計廣場

-市內交通-

首爾市內交通四通八達，乘地鐵可到達大部分景點，巴士則可到達較遠的景點如愛寶樂園、南山、近郊的滑雪場等，而行程較趕急的讀者也可選擇乘搭的士。

地鐵

首爾鐵路主要分16條線，可到達主要遊客區如明洞、弘大、江南、首爾站等，到站時會有韓、日、中、英語廣播，月臺上的站名亦有齊韓、中、英語。收費方面分為3種，一種是乘搭距離不超過10公里，即普通票，費用₩1,400；超過10公里但在50公里以內，每5公里收費₩100；而逾50公里的站距則每8公里收₩100。地鐵運行時間一般從凌晨5:30開始至24:00左右。來車間隔約2至3分鐘，不同路線的運行時刻表會有不同，請先上網確認。

← 韓國人叫地下鐵做subway，而不是MTR或metro，問路時記住。

地鐵收費表 ▼

🌐 www.seoulmetro.co.kr

	大人	菁少年(13歲-18歲)	小童(6歲或以下)	備註
現金	₩1,500	₩900	₩500	10-50公里：每5km加收₩100
交通卡	₩1,400	₩800	₩500	逾50km：每8km加收₩100

巴士

巴士收費表 ▼

	大人	菁少年 (13-18歲)	小童(6歲 或以下)
藍色幹線公車	₩1,500	₩900	₩550
綠色幹線公車	₩1,200	₩600	₩400
黃色幹線公車	₩3,000	₩1,700	₩1,500
紅色幹線公車	₩1,400	₩800	₩500

市內巴士收費由₩1,200至₩3,000不等，由於首爾地區是以距離來計算車資，地鐵轉乘巴士或巴士轉乘巴士均有優惠(必須使用交通卡)，例如在10公里以內輪流搭乘巴士公車與地鐵，若使用交通卡的話，僅需支付₩1,050，一天之內最多可轉乘4次。另外，下車時請緊記要在輕觸感應器上拍卡，否則會被判定為逃票，並於下次乘車時收取雙倍車資。
*2018年3月起首爾巴士將嚴禁乘客攜帶食物及飲料上車,敬請留意。
*使用T-money交通卡可在每次乘搭時減收₩100車資。

的士

市內的士分3種，全部都置有GPS及收據機，乘客更可以用T-money付款。最普遍的銀或白色的士，大多司機屬英語有限公司，宜自備韓文地址；黑色模範的士，司機大多懂說英語，而且均有10年以上駕駛經驗及未發生過事故，車身亦較寬敞，不過收費較普通的士貴，而且經常開天殺價，不建議乘搭；大型的士一般為8人車，適合團體旅客，街上較難遇到，需要預約。

的士收費表 ▼

	起標價錢	後續費用	載客數目
普通的士	日間 ₩4,800、深夜(22:00-04:00) ₩5,700-6,700	₩100/每144米或35秒	4人
大型/模範的士	₩7,000	₩300/每164米或39秒	4人
大型的士	₩5,000（首三公里）	₩300/每164米或39秒	7人

電話應用程式召車

Kakao T

KakaoT是韓國最熱門大的召車APP，服務範圍從首爾涵蓋濟州和釜山。安裝KakaoT可用香港地區電話確認，惟非韓國發行的信用卡不可綁定付車資，故此每次召車均需手動選擇現場付款，韓國的士均設有讀卡器，Apple Pay和非韓國信用卡也付費。使用Kakao T的好處是可以對點接送，遊人可在Google map複製目的地的韓文名稱，再直接貼上，請留意上下車的地點以方便上落為主，建議上車地點選擇便利店或連鎖咖啡店等易見易認的地點，而且市中心人多車多，也請務必留意上車地點的安全。另外，程式暫不支援中文，只有韓文和英文介面，想召的士的話按首頁的「Taxi」，選擇上車及下車地點，除非有特別要求，否則點選最便宜的「General Request」，點選「Pay to the driver」再按「Request」確認叫車即可。

交通卡

T-money

相當於香港的八達通，每張₩4,000,可在仁川機場1樓5號或10號出口的遊客中心、地鐵站、便利店或自動賣賣機購買，增值後可付首爾市區地鐵及巴士車資。增值金額由₩1,000起。用T-Money坐地鐵可獲減免₩100的折扣優惠，在30分鐘內轉乘巴士同樣有優惠。在退還交通卡時會收取₩500的手續費，其餘餘額可全數退還。

🌐 www.t-money.co.kr

KOREA TOUR CARD

專為遊客設計的大眾交通卡,可在仁川機場D-E入境大廳或金浦機場國際站1樓1號出口附近SK漫遊中心，以及部份便利店買到，售價₩4,000，退還時回到購買處或便利商店即可。KOREA TOUR CARD和T-Money一樣可以乘搭交通工具和付款，而最大的差別在於此卡可額外享受購物、美食、公演等旅遊折扣優惠。

🌐 www.koreatourcard.kr/tw

🌐 pay.tmoney.co.kr

Wifi & 通訊

AIRSIM無國界上網卡

如果分頭行動，建議使用SIM卡，最近很受歡迎的AIRSIM漫遊儲值卡絕對值得推薦！韓國5日1GB數據HK$50，2GBHK$78，無限數據都只需HK$85；兼送30分鐘漫遊通話，可打電話返香港地區，打去當地預訂餐廳及酒店又得，香港用戶飛線後更可接聽來電，非常方便！

上網
享受4G極速上網

通話
聽電話打電話

AIRSIM無國界上網卡

· 其他熱門地區低至HK$8/日，NT$30/日。
· 只需出發前到AIRSIM ROAM APP選購目的地數據套餐及選擇使用日數，到埗插卡，等3分鐘，便可上網。
· 覆蓋韓國/日本/泰國等100多個地區，下次旅行可循環使用。
· 每次購買數據套餐，均送30分鐘通話，可以打電話（目的地及本地，包括固網電話），香港地區用戶飛線後更可接聽來電。
· 於APP內以信用卡、PayPal、Apple Pay、Google Pay 直接付款，方便快捷。

＊ **特設 24/7 客戶服務支援專人接聽。**

AIRSIM

🏠 於香港全線7-Eleven、Circle K便利店、豐澤及領域有售

🌐 www.airsim.com.hk ｜ www.airsim.com.tw
www.airsim.com.sg ｜ www.airsim.com.my

租用Pocket WIFI

香港及台灣都有多間公司提供Pocket WiFi租借服務，一日租金約港幣35元，可同時供多人使用，適合需要隨時隨地上網及打卡的自遊人。

· 按日收費
· 多人共享
· 隨時上網

CRAZAYEGG
🌐 www.crazyegg.com.hk

爽WiFi
🌐 www.songwifi.com.hk

＊以上資料只供參考，實際價錢請參閱各電訊商的官方網頁。

免費WIFI打電話

有WIFI，裝Apps就可以免費打／聽電話，不必特地買SIM卡，激慳！

Line

skype

WhatsApp

FaceTime

電話撥打方法

＊電訊公司字頭，視乎使用的電訊公司而有所不同，詳情可各公司查詢

0 0 1　8 2　2　1 2 3 4　5 6 7

└ 電訊公司字頭 ┘ └韓國號碼┘ └區域碼┘ └──── 電話號碼 ────┘

從香港/台灣致電首爾

2　1 2 3 4　5 6 7

└區域碼┘ └──── 電話號碼 ────┘

從首爾致電當地

通訊大比拼

	優點	缺點
免費Wifi	・免費 ・很多商場、車站、便利店都有供應	・需要定點使用 ・網速不穩定 ・下載App或事先登記才能使用
3G/4G Sim卡	・提供多款彈性數據套餐，價錢相宜 ・一人一卡，走散了也不怕失聯 ・附送的30分鐘 AIRTALK 可致電本地及目的地，包括固網號碼	・不支援SMS ・要安裝AIRTALK APP後才能打出及接聽電話
Wifi蛋	・一個Wifi蛋可多人使用	・Wifi蛋需要充電，要留意剩餘電量 ・分開行就無法使用
國際漫遊	申請快捷方便	・費用最貴

實用小知識

國定假期

韓國最大的節慶為農曆新年(農曆1月1日)及中秋節(農曆8月15日)，大部分博物館、古蹟和商店都會在當日休息，留意若農曆新年、中秋連假與其它國定假日包含周日或國定假日重疊時，其後的第1個工作天即為補休日。

1月1日	元旦
1月24-26日	農曆新年
3月1日	三一獨立紀念日
4月30日	佛誕
5月5日	兒童節
6月6日	顯悲日
8月15日	光復日
9月30-10月2日	中秋節
10月3日	開天節
10月9日	韓文節
12月25日	聖誕節

春節、中秋節：前後各休1天

小費

韓國不提倡小費，在酒店、旅館、餐館價格中已包含10%服務費和10%消費稅。

消費稅

韓國各大小商店及食店，大多包含10%消費稅在內。大型食肆則多是額外另收，自遊人要多加留意。

信用卡

在各大餐廳、購物中心、商店和酒店均接受Visa、MasterCard、JCB、American Express等信用卡。但小店和茶餐廳則只收現金。

退稅手續

在韓國購物需付相等於貨物10%附加稅VAT(Value-added tax)，外國旅遊只需在指定商店購買逾W30,000以上貨品，並將於3個月內購買之退稅品攜帶出境，即可辦理退稅手續。自2016年1月起，單筆款項少於W500,000以下商品可在特定商店申請即時退稅服務，毋需在機場辦理任何手續。現時的退稅公司共有6間，包括Global Tax Free、Global Blue、EASY TAX FREE、Cube REFUND等，退稅時有以下步驟：

退稅者必須是：

1. 在指定商店購買逾W30,000以上，並將於3個月內購買之退稅品
2. 攜帶出境
3. 韓國停留6個月內的韓國旅客
韓國停留期3個月內的海外僑胞(持韓國護照、永住權)，以及定居海外3年以上的留學生

市區退稅處：

1. 在位於市中心的退稅處出示所購買的商品、退稅單據、護照、國際信用卡(VISA、MASTER、美國通運卡)。27號(電子稅機)領回稅金。
* 以國際信用卡預刷過卡的金額在確認出境會自動取消。
2. 現場領回稅金

機場退稅：

STEP 1：在貼有Tax Refund或Tax Free標誌的單一購物商店內購買商品超過W30,000韓元以上，可向店員索取退稅單據。

STEP 2：到達機場之後領取登機證，退稅品在行李的話可向職員表明要申辦退稅手續並取回行李，出境前可前往B、D、J或L閘口前的電子退稅機，掃描退稅單及護照(隨記帶備護照和登機證)。

STEP 3：在海關檢驗處出示所購買的商品須退稅單據，蓋上印章。若旅客的退稅金額未滿W75,000，則可使用新推出的KIOSK自助電子退稅機進行退稅，可免海關檢驗及蓋海關確認退稅單，直接跳到Step 4。

STEP 4：在大件行李託運櫃台託運行李後，辦理出境手續，出境檢查後，在登機閘口28號(人手櫃台)或27號(電子稅機)領回稅金。

準備出發

首爾全年氣溫及降雨量圖▼

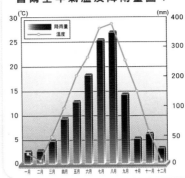

圖例：
■ 降雨量
○ 溫度

韓國天氣預報▼

天氣轉變難以預告，請各自遊人在出發前參考以下網址，查看韓國各地的最新天氣情況：

網 www.accuweather.com/zh/kr/south-korea-weather

氣候及衣物

春季（3月至5月）▼
帶備羽絨、頸巾和手套，因室內地方有暖氣，適合內薄外厚的洋蔥式穿法。

-5-11℃

夏季（6月至9月）▼
適合穿透氣質地的T-shirt、背心和短褲。

18-30℃
雨季

秋季（10月至11月）▼
早晚溫差大，要帶備冬天衣物。

11-19℃

冬季（12月至2月）▼
帶備羽絨、頸巾和手套，因室內地方有暖氣，適合內薄外厚的洋蔥式穿法。

-5-11℃

韓國旅遊簽證

持特區護照人，前往韓國觀光均可免簽證在韓國停留90天。

地 夏慤道16號遠東金融中心5至6樓
時 09:00-12:00（辦理簽證）
休 星期六、日、公眾假期及特定假期休息
網 hkg.mofat.go.kr
電 (82)2529-4141

旅遊保險

要注意所買旅遊保險的保障範圍，為了方便索償，如不幸遭竊盜時，緊記向警察申請竊盜證明書，如遇交通意外時也需申請交通意外證明書。

藍十字保險
網 www.bluecross.com.hk

豐隆保險
網 www.hl-insurance.com

飛行里數

經濟客位來回香港至首爾可賺取2,570里飛行里數，以下是儲飛行里數的主要陣營：

飛行里數兩大陣營▼

亞洲萬里通 Asia Miles
（包括國泰、港龍等）
網 www.asiamiles.com/tc

星空聯盟 Star Alliance
（包括ASIANA AIRLINES）
網 www.staralliance.com

全天候準備行李清單

明白收拾行李之難，WOW！特別為讀者準備了一份極詳細的行李清單，適用多種不同性質和目的之旅行，可到WOW！的網頁下載。

全天候準備行李清單

輕鬆入境

自助通關系統
Smart Entry Service
(S.e.S)

以往在韓國機場入境必須排長龍等候，現在終於有一個一勞永逸快速入境的方法了！韓國的智能入境服務S.e.S就像香港地區的e道，只要旅客年滿17歲、持有效護照，並且在韓無不良紀錄，即可在入境後有備護照親身辦理（約需 5-10分鐘即可完成），雖然這次入韓不能使用，不過一旦申請成功，登記資訊有效期為該護照的到期日，日後可從自助通道快捷入境。

辦理申請的地點及辦公時間：

地點	詳細位置	開放時間
首爾站	B2 樓層機場鐵路部門	星期一至五 09:00 - 18:00
仁川國際機場	一號客運大樓 2/F 公務機關服務區出入境事務所（管制區外）	星期一至日 07:00 - 19:00
	二號客運大樓 2/F 公務機關服務區出入境事務所（管制區外）	
金浦國際機場	2/F 出入境管理事務所（管制區外）	星期一至五 09:00 - 18:00
釜山金海國際機場	2/F 鄰近出境證件檢查區域（管制區內）	
濟州機場	3/F 鄰近出境貴賓室（管制區外）	
大邱國際機場	2/F 機場入境辦公室	

辦理S.e.S.手續：
❶ 出示護照
❷ 輸入原居地電話號碼
❸ 掃描左右手的食指指紋
❹ 在職員協助下拍攝正面照片
❺ 完成申請後職員會在護照上貼上S.e.S.貼紙以茲識別

出境

智能通行證 SmartPass

仁川機場在2023年7月開放智能出境系列「SmartPass」，旅客只要在出境前30分鐘，於ICN SMARTPASS中登記人臉辨識和護照資料，即可快速通過出境閘門或登機口，過程無須登機證及護照，登記資訊有效期為登記日起5年，即旅客在5年內再之到訪首爾均無需重新登記，可謂非常方便。

* 旅客仍須持有護照和登機證前往航空公司登機閘口

❶ 下載「INC SmartPass」App
❷ 掃描護照資料
❸ 用手機內NFC掃描護照
❹ 登記人臉資料
❺ 出境加入航班資訊

Google play   App Store

韓文教室

數字篇

하나 一	둘 二
셋 三	넷 四

다섯 五	여섯 六	일곱 七
여덟 八	아홉 九	열 十

日期時段篇

월요일 星期一	화요일 星期二
수요일 星期三	목요일 星期四
금요일 星期五	토요일 星期六
일요일 星期天	아침 早上
점심 中午	저녁 傍晚
밤 夜晚	오늘 今天
내일 明天	어제 昨天

一般會話篇

중국어(영어,일본어,독어,불어,스페인어)하실 수 있습니까?
你會說漢語(英、日、德、法、西班牙語)嗎？

잠깐만 기다려 주십시오 請你稍等一會	안녕히 계십시오 再見，請慢走
다시 한번 (천천히) 말씀해 주세요 請你慢慢地再說一遍	여기에 써주세요 請寫在這裡

만나서 반갑습니다 見到你真高興	안녕하십니까? 你好嗎？	감사합니다 謝謝

모르겠습니다 我不知道	알겠습니다 我知道了	예/아니요 對/不是	좋습니다 好
서둘러 주세요 請你快一點	미안합니다 對不起	괜찮습니다 沒關係	천만에요 別客氣

問路篇

위로/ 아래로 上面/下面	얼마나? (距離)多遠？	먼/ 가까운 遠/近

지하철역 어떻게 갑니까? 地鐵站怎麼走？	왼쪽/ 오른쪽 左邊/右邊

여기 어디있습니까? 這兒是哪裡呢？	언제? 甚麼時候	어디? 哪兒	곧장 一直

XXX이 어디있습니까 ? 請問XXX怎樣去？	이 버스는XXX 에 갑니까? 這路公共汽車往XXX嗎？

飲料篇

인삼주국 人蔘酒	더운물 熱水	찬물 冷水	소주 燒酒
오미자차 五味子茶	생강차 生薑茶	인삼차 人參茶	녹차 綠茶
차 茶	막걸리 米酒	유자차 柚子茶	커피 咖啡
꿀삼 차 蜜參茶	코카콜라 可口可樂	맥주 啤酒	우유 牛奶
두유 豆漿	포도 葡萄酒	구기자차 枸杞子茶	오렌지 주스 橙汁

WOW! 達人天書系列

最強日本系列

亞洲地區系列

更多新書敬請期待…

誠徵作者

愛自遊行的您，何不將旅行的經歷、心得化成文字、圖片，把出書的夢想變為真實，請將簡歷、blog文章、電郵我們，或者從此你會成為一位旅遊作家呢！立即以電郵與我們聯絡。

wowmediabooks@yahoo.com

多謝您的貼士！

如本書有任何錯漏之處，或有旅遊新料提供，歡迎電郵至：wowmediabooks@yahoo.com你的「貼士」是我們加倍努力的原動力，叫我們每天都做得更好一點！！

wow.com.hk

Wow!Media編輯部致力搜集最新的資訊，惟旅遊景點、價格等，瞬息萬變，一切資料以當地的現況為準。如資料有誤而為讀者帶來不便，請見諒。本公司恕不承擔任何損失和責任，敬希垂注。

自遊達人系列7

首爾達人天書

文、編	Wow!編輯部、旺財
攝影	Wow!攝影組、旺財
創作總監	Jackson Tse
編輯	旺財、Wow!編輯部
美術設計	Kan
出版者	WOW MEDIA LIMITED Room 507, Kowloon Plaza, 485 Castle Peak Road, Cheung Sha Wan, Kowloon, Hong Kong

廣告熱線
広告のお問い合わせ

(852)2749 9418
歡迎各類廣告 / 商業合作
wow.com.hk@gmail.com

網址	wow.com.hk facebook.com/wow.com.hk wow_flyers
電郵地址	wow.com.hk@gmail.com
發行	港澳地區 - 書局 **香港聯合書刊物流有限公司** 荃灣德士古道220-248號 荃灣工業中心16樓 **查詢/補購熱線:** **(852) 2150 2100** 台灣地區 **永盈出版行銷有限公司** 231新北市新店區中正路499號4樓 **查詢/補購熱線:** **(886)2 2218 0701** **傳真:** **(886)2 2218 0704**
定價	港幣HK$128元　新台幣NT$499
初版 總第93版	2011年7月 2024年1月

WOW! 首爾達人天書2024-25　　　江南區・瑞草區

Goldenbalance Clinic
P228-229

優惠：憑券以現金支付可享9折優惠
地址：首爾江南區江南大路468, 12階
網址：www.goldenratiospm.com
電話：(82)02-516-7148

有效期限：**31st March 2025**

10%off

WOW! 首爾達人天書2024-25　　　江南區・瑞草區

星眸宅 별양집
P226-227

優惠：憑券惠顧每桌贈送大醬湯一份
地址：首爾江南區德黑蘭路43街17號
電話：(82)02-501-2937
有效期限：31st March 2025

有效期限：**31st March 2025**

free soup

WOW! 首爾達人天書2024-25　　　江南區・瑞草區

SuShi maiu 總店
스시마이우 본점
P233

優惠　憑券顧可獲免費飲料優惠券一張
地址　首爾瑞草區新盤浦路200號
　　　高速巴士客運站地下商街G29-30號
電話　(82) 02-537-3608

有效期限：**31st March 2025**

free drink

WOW! 首爾達人天書2024-25　　　江南區・瑞草區

MATILDA BBQ CHICKEN
마틸다 바베큐치킨
P232

優惠　憑券惠顧可獲免費飲料優惠券一張
地址　首爾瑞草區新盤浦路219盤浦購物中心
　　　8洞地下1樓6、6、7、8號
電話　(82)02-594-7592

有效期限：**31st March 2025**

free drink

WOW! 首爾達人天書2024-25　　　江南區・瑞草區

爐膵月食堂總店
온유월식당 본점
P233

優惠　憑券惠顧可獲免費飲料優惠券一張
地址　首爾瑞草區新盤浦路177
　　　盤浦購物中心3洞地下1樓20號
電話　(82)02-534-3608

有效期限：**31st March 2025**

free drink

WOW! 首爾達人天書2024-25　　　江南區・瑞草區

南營洞兩門盤浦直營店
남영동양문 반포직영점
P232

優惠：憑券惠顧可獲免費飲料優惠券一張
地址：首爾瑞草區新盤浦路189盤浦購物中心4洞地下1樓6、7、8、9號
電話：(82) 02-592-1994

有效期限：**31st March 2025**

free drink

WOW! 首爾達人天書2024-25　　　明洞

趙成珉眼鏡 隱形眼鏡
조성민안경·콘텍트
P162

優惠：憑券惠顧可享7折優惠
地址：首爾中區南大門路2街123號明洞地下商場
　　　Da(다라)-4、La(라)-4
電話：(82)02-777-7820

有效期限：**31st March 2025**

30%off

WOW! 首爾達人天書2024-25　　　聖水洞

TACO TUESDAY 聖水店
TACO TUESDAY 성수점
P84-85

優惠：憑券惠顧每桌可享免費贈送兩瓶飲料
地址：首爾城東區往十里路10街10號,1樓
電話：(82) 02-462-7776

有效期限：**31st March 2025**

free drink

WOW! 首爾達人天書2024-25　　　明洞

大家BBQ 대가BBQ
P159

優惠：憑券以現金支付可享9折優惠；以信用卡結帳即可獲95折優惠
地址：首爾中區明洞8GA街32,1-3F
電話：(82)02-777-8088

有效期限：**31st March 2025**

10%off

WOW! 首爾達人天書2024-25　　　明洞

水晶社 수정사
P164

優惠：憑券可享8折優惠；以現金支付可享7折優惠
地址：首爾中區小公路102小公地下購物中心65號
網址：www.okjoocrystal.com
電話：(82)02-774-5797

有效期限：**31st March 2025**

30%off

WOW! 首爾達人天書2024-25　　　明洞

牛兄弟 우형제
P173

優惠：憑券於HAPPY HOUR (15:00-19:00)惠顧，可享95折優惠
地址：首爾中區退溪路127,B1F
電話：(82)02-3785-0744

有效期限：**31st March 2025**

5%off

WOW! 首爾達人天書2024-25　　　明洞

SUSHIKASE 스시카세
P175

優惠：憑券惠顧可獲免費飲料優惠券一張
地址：首爾中區南大門路81，樂天百貨商店店地下1層
電話：(82) 0507-1351-9260

有效期限：**31st March 2025**

free drink

首爾達人天書

WoW!

送 **WoW! COUPON 優惠** 首爾優惠券！玩到邊、平到邊！

為多謝各位讀者對Wow的支持，我們在首爾特地為大家搜羅最新優惠情報，
各位醒目自遊人帶這本書去以下店舖，可以有免費贈品或優惠！

歡迎商家提供優惠　wowmedia.japan@gmail.com
特典の提供は右のメールまでご連絡ください

首爾達人天書2024-25
優惠條款

Terms and Conditions:
· Cannot be used in conjunction with other offers
· Wow is not responsible for any of the products/services
· All disputes are subject to the final decision of merchants companies
· One coupon for 1 team(適用全體同行只限一張優惠券)
· This coupon could not be photocopied

首爾達人天書2024-25
優惠條款

Terms and Conditions:
· Cannot be used in conjunction with other offers
· Wow is not responsible for any of the products/services
· All disputes are subject to the final decision of merchants companies
· One coupon for 1 team(適用全體同行只限一張優惠券)
· This coupon could not be photocopied

首爾達人天書2024-25
優惠條款

Terms and Conditions:
· Cannot be used in conjunction with other offers
· Wow is not responsible for any of the products/services
· All disputes are subject to the final decision of merchants companies
· One coupon for 1 team(適用全體同行只限一張優惠券)
· This coupon could not be photocopied

首爾達人天書2024-25
優惠條款

Terms and Conditions:
· Cannot be used in conjunction with other offers
· Wow is not responsible for any of the products/services
· All disputes are subject to the final decision of merchants companies
· One coupon for 1 team(適用全體同行只限一張優惠券)
· This coupon could not be photocopied

首爾達人天書2024-25
優惠條款

Terms and Conditions:
· Cannot be used in conjunction with other offers
· Wow is not responsible for any of the products/services
· All disputes are subject to the final decision of merchants companies
· One coupon for 1 team(適用全體同行只限一張優惠券)
· This coupon could not be photocopied

首爾達人天書2024-25
優惠條款

Terms and Conditions:
· Cannot be used in conjunction with other offers
· Wow is not responsible for any of the products/services
· All disputes are subject to the final decision of merchants companies
· One coupon for 1 team(適用全體同行只限一張優惠券)
· This coupon could not be photocopied

首爾達人天書2024-25
優惠條款

Terms and Conditions:
· Cannot be used in conjunction with other offers
· Wow is not responsible for any of the products/services
· All disputes are subject to the final decision of merchants companies
· One coupon for 1 team(適用全體同行只限一張優惠券)
· This coupon could not be photocopied

首爾達人天書2024-25
優惠條款

Terms and Conditions:
· Cannot be used in conjunction with other offers
· Wow is not responsible for any of the products/services
· All disputes are subject to the final decision of merchants companies
· One coupon for 1 team(適用全體同行只限一張優惠券)
· This coupon could not be photocopied

首爾達人天書2024-25
優惠條款

Terms and Conditions:
· Cannot be used in conjunction with other offers
· Wow is not responsible for any of the products/services
· All disputes are subject to the final decision of merchants companies
· One coupon for 1 team(適用全體同行只限一張優惠券)
· This coupon could not be photocopied

首爾達人天書2024-25
優惠條款

Terms and Conditions:
· Cannot be used in conjunction with other offers
· Wow is not responsible for any of the products/services
· All disputes are subject to the final decision of merchants companies
· One coupon for 1 team(適用全體同行只限一張優惠券)
· This coupon could not be photocopied

首爾達人天書2024-25
優惠條款

Terms and Conditions:
· Cannot be used in conjunction with other offers
· Wow is not responsible for any of the products/services
· All disputes are subject to the final decision of merchants companies
· One coupon for 1 team(適用全體同行只限一張優惠券)
· This coupon could not be photocopied

首爾達人天書2024-25
優惠條款

Terms and Conditions:
· Cannot be used in conjunction with other offers
· Wow is not responsible for any of the products/services
· All disputes are subject to the final decision of merchants companies
· One coupon for 1 team(適用全體同行只限一張優惠券)
· This coupon could not be photocopied

WoW! 首爾達人天書2024-25　　明洞

明洞海鮮湯 명동해물탕
P158

優惠：憑券以現金付款可享95折優惠
地址：首爾中區明洞8街21-7,2F
電話：(82) 02-3789-3334

有效期限：31st March 2025

5%off

WoW! 首爾達人天書2024-25　　明洞

河南豬肉家明洞總店 하남돼지집 명동본점
P174

優惠：憑券以現金付款可享95折優惠
地址：首爾中區明洞9街12,1F
網址：www.hanampig.co.kr
電話：(82) 02-772-9995

有效期限：31st March 2025

5%off

WoW! 首爾達人天書2024-25　　明洞

首爾烤肉 서울불고기
P164

優惠：憑券惠顧牛肉及以現金付款可享95折優惠
地址：首爾中區明洞2街57,1F
電話：(82)02-779-3000

有效期限：31st March 2025

5%off

WoW! 首爾達人天書2024-25　　明洞

草原BBQ 초원BBQ
P158

優惠：憑券以現金付款可享9折優惠
地址：首爾中區南大門路68,半地下
電話：(82)02-752-5900

有效期限：31st March 2025

10%off

WoW! 首爾達人天書2024-25　　明洞

鳥達里家 明洞1號店 오다리집 명동1호점
P163

優惠：憑券以現金付款可享9折優惠
地址：首爾中區明洞8na街28，2-3F
網址：www.odarijip.com
電話：(82)02-778-6767

有效期限：31st March 2025

10%off

WoW! 首爾達人天書2024-25　　明洞

鳥達里家 明洞2號店 오다리집 명동2호점
P163

優惠：憑券以現金付款可享9折優惠
地址：首爾中區明洞8na街10,SAVOY HOTEL 2-3樓
網址：www.odarijip.com
電話：(82)02-778-6769

有效期限：31st March 2025

10%off

WoW! 首爾達人天書2024-25　　麻浦區

Zio ZZang Seafood BBQ 지오짱조개구이
P138

優惠：憑券以現金付款可享9折優惠
地址：首爾西大門區延世路5街15號,1樓
電話：(82)02-333-2236
有效期限：31st March 2025

有效期限：31st March 2025

10%off

WoW! 首爾達人天書2024-25　　麻浦區

月火食堂麻浦總店 월화식당 마포본점
P146-147

優惠：免費贈送炒飯1人份和米酒1瓶
地址：首爾麻浦區桃花街29,1-2樓
網址：https://www.xn-ok1b941a82cr7u.com/
電話：(82) 02-701-7592

有效期限：31st March 2025

free rice
free drink

WoW! 首爾達人天書2024-25　　麻浦區

給豚的男人弘大總店 돈주는남자 홍대본점
P145

優惠：憑券惠顧每枱贈送大醬湯一份
地址：首爾市麻浦區真達理路6街34-9
電話：(82) 02-6677-0499
有效期限：31st March 2025

free soup

WoW! 首爾達人天書2024-25

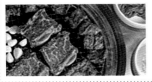

青瓦城 CHUNG KI WA TOWN 청기와타운

優惠：憑券以現金或信用卡付款可享9折優惠（最多可享1萬韓元折扣）
地址：地址：店舖分店多達30間,地址詳情請查看書底二維碼
電話：電話：店舖分店多達30間，電話詳情請查看書底二維碼
有效期限：31st March 2025

10%off

送 首爾優惠券！
玩到邊、平到邊！

為多謝各位讀者對Wow的支持，我們在首爾特地為大家搜羅最新優惠情報，
各位醒目自遊人帶這本書去以下店舖，可以有免費贈品或優惠！

歡迎商家提供優惠　wowmedia.japan@gmail.com
特典の提供は右のメールまでご連絡ください

首爾達人天書2024-25
優惠條款

Terms and Conditions:
· Cannot be used in conjunction with other offers
· Wow is not responsible for any of the products/services
· All disputes are subject to the final decision of merchants companies
· One coupon for 1 team(適用全體同行只限一張優惠券)
· This coupon could not be photocopied

首爾達人天書2024-25
優惠條款

Terms and Conditions:
· Cannot be used in conjunction with other offers
· Wow is not responsible for any of the products/services
· All disputes are subject to the final decision of merchants companies
· One coupon for 1 team(適用全體同行只限一張優惠券)
· This coupon could not be photocopied

首爾達人天書2024-25
優惠條款

Terms and Conditions:
· Cannot be used in conjunction with other offers
· Wow is not responsible for any of the products/services
· All disputes are subject to the final decision of merchants companies
· One coupon for 1 team(適用全體同行只限一張優惠券)
· This coupon could not be photocopied

首爾達人天書2024-25
優惠條款

Terms and Conditions:
· Cannot be used in conjunction with other offers
· Wow is not responsible for any of the products/services
· All disputes are subject to the final decision of merchants companies
· One coupon for 1 team(適用全體同行只限一張優惠券)
· This coupon could not be photocopied

首爾達人天書2024-25
優惠條款

Terms and Conditions:
· Cannot be used in conjunction with other offers
· Wow is not responsible for any of the products/services
· All disputes are subject to the final decision of merchants companies
· One coupon for 1 team(適用全體同行只限一張優惠券)
· This coupon could not be photocopied

首爾達人天書2024-25
優惠條款

Terms and Conditions:
· Cannot be used in conjunction with other offers
· Wow is not responsible for any of the products/services
· All disputes are subject to the final decision of merchants companies
· One coupon for 1 team(適用全體同行只限一張優惠券)
· This coupon could not be photocopied

首爾達人天書2024-25
優惠條款

Terms and Conditions:
· Cannot be used in conjunction with other offers
· Wow is not responsible for any of the products/services
· All disputes are subject to the final decision of merchants companies
· One coupon for 1 team(適用全體同行只限一張優惠券)
· This coupon could not be photocopied

首爾達人天書2024-25
優惠條款

Terms and Conditions:
· Cannot be used in conjunction with other offers
· Wow is not responsible for any of the products/services
· All disputes are subject to the final decision of merchants companies
· One coupon for 1 team(適用全體同行只限一張優惠券)
· This coupon could not be photocopied

首爾達人天書2024-25
優惠條款

Terms and Conditions:
· Cannot be used in conjunction with other offers
· Wow is not responsible for any of the products/services
· All disputes are subject to the final decision of merchants companies
· One coupon for 1 team(適用全體同行只限一張優惠券) · This coupon could not be photocopied

---

首爾達人天書2024-25
優惠條款

Terms and Conditions:
· Cannot be used in conjunction with other offers
· Wow is not responsible for any of the products/services
· All disputes are subject to the final decision of merchants companies
· One coupon for 1 team(適用全體同行只限一張優惠券) · This coupon could not be photocopied